초능력자들

초능력자들

초판 1쇄 인쇄 2024년 8월 10일
초판 1쇄 발행 2024년 8월 15일

지은이 이윤섭
펴낸이 이윤섭
펴낸곳 석열출판사
신고번호 제2023-000045호

주소 서울시 관악구 양지2길 17 (신림동 201호)
이메일 lys1917@naver.com

값 15,000원
ISBN 979-11-983782-1 7 (03900)

대한민국 안보 위기와

초능력자들

노무현, 문재인, 윤석열 그리고 박정희의 눈물

이윤섭 지음

석열출판사

| 머리말 |

요즈음 대한민국 정계는 세계에서 가장 법조인 출신이 많다. 이른바 '민주화 시대' 이후 시간이 갈수록 법조인 출신 정치인들이 늘어 한국 정치를 장악했다. 노무현, 문재인, 박원순, 윤석열, 한동훈, 이재명, 송영길, 오세훈, 이재정 등등. 모두 사법고시 합격 경력으로 지금의 자리에 오른 이들이다.

그런데 이런 이들이 대한민국에 안보 위기를 불러오고 있다. 건국 이후 대한민국은 한시도 멈추지 않고 안보 위기를 맞아왔다. 갖은 고난 끝에 세계 수준의 국방력을 보유하게 되어 외침(外侵)으로 인한 안보 위기에는 자신을 가지게 되었으나 내침(來侵)으로 인한 안보 위기는 가중되고 있다.

이 내침으로 인한 안보 위기와 각종 고등고시, 특히 사법시험이 밀접한 관계가 있다.

대한민국에서 계층 상승의 지름길로 여겨지는 행정고시, 외무고시, 사법고시, 공인 회계사 등을 흔히 고등고시라고 한다. 이 가운데 합격하느라 힘들어 수험생이 가장 고생하는 것이 사법고시이다.

청춘을 바쳐 희생하여 합격하면 다행이지만, 실패하여 다른 길을 찾기에는 나이가 들어 이른바 '고시 낭인'이 되는 개인적 사회적 손실도 큰 시험이다. 그런데 이른바 '민주화운동', '학생 운동', '노동 운동', '통일 운동' 등으로 세월을 보낸 이들이 너무도 단기간에 합격하여 정계에 뛰어든 자들도 많아 고개를 갸우뚱하게 만들기도 한다. 수재 소리를 듣는 이 가운데 청춘을 희생하며 오랜 세월 죽어라 공부했는데도 합격하지 못하는 경우가 대부분인데, 대학 수업도 듣지 않고 그저 데모만 하던, 공부하고 담을 쌓은 삶을 살던 사람들이 단기간에 합격하니 놀라지 않을 수가 없다. 일부 사람들은 다른 방법으로 합격한 것이 아닌가 하는 의심마저 한다.

의심하지 않던 저자도 노무현, 문재인의 언행이 너무나 무지한, 최소한의 교양 지식도 없는 것을 알고 생각이 달라졌다. 고시 합격에 대한 이들의 글을 자세히 읽어보고 이들이 '초능력자'라는 결론을 내리게 되었다. 이 나라 사람들에게 이를 알리고 비판도 받아보려는 생각으로 글을 쓰게 되었다.

1부에서는 외침으로 인한 안보 위기를 해결하려 각고의 노력을 한 박정희 대통령의 정책을 개관했다. 마치 김일성 왕조의 위협이 전혀 없었던 것으로 한국 현대사를 날조하는 '민주화 세력'의 사술에 속고 있는 이들이 너무도 많아 1부를 구상했다. 문재인, 노무현의 글을 제대로 이해하려면 1부를 먼저 읽어야 한다.

2부에서는 이런 상황에서도 오직 반정부 데모로 대학 생활을 보낸 문재인이 '초능력'을 발휘하여 사법시험에 합격한 것, 우등생과 거리가 멀던 노무현이 군대를 제대하고 갑자기 행정고시 사법시험에 응시, 1차 시험을 너무도 가볍게 합격한 것을 분석해 보았다.

이윤섭

| 차 례 |

머리말/ 4

1부 · 박정희 대통령의 안보 위기 극복
  1장 _ 한일 국교 협상과 반대 투쟁/ 8
  2장 _ 한국과 베트남 전쟁/ 34
  3장 _ 6대 대통령 선거/ 56
  4장 _ 북한의 무력 도발/ 63
  5장 _ 닉슨 독트린과 자주국방의 시작/ 84
  6장 _ 미국과 중국의 접근/ 118
  7장 _ 오원철과 번개 계획/ 129
  8장 - 미사일과 핵무기 개발의 시작/ 136
  9장 _ 유신 선포/ 144

2부 · 초능력 분석
  10장 _ 문재인 자서전 분석/ 164
  11장 _ 노무현 합격 수기 분석/ 322

끝맺는 글/ 361

1부
박정희 대통령의 안보 위기 극복

1장 · 한일 국교 협상과 반대 투쟁

1963년 12월 17일 박정희 당선자는 5대 대통령에 취임하였다. 다음은 취임 연설의 일부이다.

(전략)

인간사회에는 피땀 어린 노력의 지불 없는 진보와 번영이란 존재하지 않는 것입니다. 격동하는 시대, 전환의 시점에 서서, 치욕과 후진의 굴레를 벗어나기 위해 오늘의 세대에 생존하는 우리들의 생명을 건 희생적 노력을 다하지 않는 한, 내 조국 내 민족의 역사를 뒤덮은 퇴영의 먹구름은 영원히 걷히지 않을 것입니다.
　정치적 자주와 경제적 자립, 사회적 융화 안정을 목표 대혁신 운동을 전개하여야 하겠습니다.
　국민은 한 개인으로부터 자주적 주체의식을 함양하며, 자신의 운명을 스스로 개척한다는 자립·자조의 정신을 확고히 하고, 이 땅에 민주와 번영, 복지 사회를 건설하기에 민족적 주체성과 국민의 자발적 적극 참여의 의식, 그리고 강인한 노력의 정신적 자세를 바로잡아야 하겠습니다.
　불의와의 타협을 배격하며, 부정부패의 소인(素因)을 국민 스스로가 절대 청산해야 하겠습니다. 탁월한 지도자의 정치적 역량이나, 그의 유능한 정부라 할지라도 국민대중의 전진적 의욕과 건설적 협조 없이는 국가 사회의 안정도 진보도 기대할 수 없는 것입니다.

(중략)

민주정치는 몇 사람의 지도자나, 특수 계층의 교양에 의해 가능한 것이 아니라 개인의 자각과 책임, 그리고 상호의 타협과 관용을 통한 사회적 안정 속에서 이루어지는 것입니다.
국민은 질서 속에서 살며, 정부로부터 시혜를 기대하기에 앞서, 스스로의 의무를 다하며, 때늦은 후회 이전에 현명하고 용감하게 권리의 자위를 도모하기에 힘써야 하겠습니다. 또한 대국적 안목과 이성적 통찰로써 '초가삼간의 소실'을 초래하는 우를 범하는 일이 없어야 하겠습니다.
질서와 번영 있는 사회에 영광된 새 공화국 건설의 기치를 높이 들고, 다시는 퇴영과 빈곤이 없는 내일의 조국을 기약하면서, 나는 오늘 사랑하는 동포 앞에 다시 한번 '민족의 단합'을 호소하는 바입니다.

(중략)

나는 이 자리에서 우리가 당면한 현실적인 제 문제를 일일이 논급하지는 않겠습니다. 그러나 경제 문제를 비롯한 난국 타개의

숙제는, 이미 공약을 통해 자청한 바 있으며, 신정부는 이를 위하여 능률적 태세로써 문제 해결에 임할 것입니다.

시급한 민생 문제의 해결, 그리고 민족자립의 지표가 될 경제개발 5개년 계획의 합리적 추진은 중대한 국가적 과제로서 여야 협조와 정부 국민간의 일치단결된 노력으로써 그 성과를 기대할 수 있을 것입니다.

우리는 우리가 세운 목표를 향하여 인내와 자중으로 성실하고 근면하게 살아가는 근로정신의 소박한 생활인으로 돌아가, 항상 성급한 기대의 후면에는 허무한 낙망이 상접함을 명심하고, 착실한 성장을 꾀하는 경제국민이 되어야 하겠습니다.

이제 여기에 우람한 새 공화국의 아침은 밝았습니다.

침체와 우울, 혼돈과 방황에서 우리 모든 국민은 결연히 벗어나 '생각하는 국민', '일하는 국민', '협조하는 국민'으로 재기합시다. 새로운 정신, 새로운 자세로써 희망에 찬 우리의 새 역사를 창조해 나갑시다.

끝으로 하느님의 가호 속에 탄생되는 새 공화국의 전도에 영광 있기를 빌며, 이 식전에 참석하신 우방 친우들에게 감사의 뜻을 표함과 아울러 동포 여러분의 건투와 행운 있기를 축원하는 바입니다.

감사합니다.

1963년 12월 22일 오전 5시 독일 뒤셀도르프 공항에 한국에서 온 광부 1진 123명이 도착했다.

이들은 북부 함보른 탄광과 뒤셀도르프 서쪽 아헨 지역에 있는 에슈바일러 탄광에 배정됐다. 파독광부들은 지하 갱도 곳곳에서 땀과 눈물을 흘렸다. 심지어 목숨까지 잃는 경우도 있었다. 이들은 연금 저축 생활비를 제외한 월급을 고스란히 조국에 있는 가족에게 송금했다. 1977년까지 독일로 건너간 광부는 7천932명, 간호사는 1만226명이다.

이들의 수입은 한국 경제 성장의 종잣돈 역할을 했다. 이들이 국내로 송금한 돈은 연간 5,000만 달러로 처음에는 한국 국민총생산(GNP)의 2%에 달했다. 이들의 급여는 모두 독일 코메르츠방크(Commerzbank)를 통해 한국에 송금됐다. 이 코메르츠방크가 지급 보증을 서서 차관 도입이 이뤄진 것이다.

【1961년 12월 서독에서 상업차관을 얻는 데 성공했지만 은행의 지급보증 문제가 생겼다. 천병규 재무부장관은 홍콩과 런던에 가서 지급 보증을 해줄 해외 은행을 수소문했지만 국가 신인도가 제로였던 한국에 지급 보증을 해주겠다는 은행은 없었다. 기적적으로 성공한 차관 도입이 물거품이 되는 듯했다.

국가재건최고회의는 백영훈 교수에게 지급 보증할 은행을 찾으라는 임무를 부여했다. 백 교수는 유학 시절 사귄 독일 친구들을 만나러 다녔다. 당시 서독 노동부에서 과장으로 일하고 있던 대학에서 같이 공부했던 친구 슈미트가 찾아 왔다. 슈미트는 서독에는 광부와 간호조무사가 필요하다며 한국이 이들 인력을 파견하면 그 급여를 담보로 돈을 빌릴 수 있다고 말해 주었다. 백영훈은 즉시 신응균 주독 대사를 찾았다. 신응균 대사는 한국 정부에 긴급 전문을 넣었고 한국에서는 바로 모집공고가 났다.

당시 서독 광부의 한 달 임금은 국내 임금의 7~8배에 달했다.

고임금을 받고 서독 같은 선진국에서 일할 수 있다는 생각에 수많은 사람이 몰렸다. 한국의 실업률은 40%에 육박했으며 1인당 국민소득은 79달러로 필리핀(170달러), 태국(260달러)에도 크게 못 미쳤다. 한국은행 외환보유고 잔액이 2,000만 달러도 되지 못했다.

1차 광부 500명 모집에 2,894명이 몰렸다. 선발 자격을 2년 이상 경력을 가진 사람으로 내걸었는데도 도시에 사는 경험 없는 대학 졸업자들이 신청했다. 탄광을 구경도 못한 '가짜 광부'들이 서류를 가짜로 만들어 응모했다. 1963년 9월 13일자 『경향신문』은 이렇게 보도했다.

신체검사에서 실격된 1,600명을 제외한 1,300여 명 중 절반이 광부 경력이 없는 고등실업자임이 밝혀졌다. 노동청 관계자에 의하면 이들 광부 모집에 응모한 가짜 광부들이 300원 내지 500원으로 가짜 광산취업증명서를 사서 제출했으며 이 증명서 중에서 유령 광산 20여 개소가 발견되었다. 노동청은 전국 광산지역에 감독관을 파견해 유령광산에 대한 조사를 할 계획이다.

실제로 1963년부터 1966년까지 독일에 입국한 광부의 30%가 대학 졸업자였다. 서독 루르 지방으로 파견된 광부들은 거의 대학 졸업자였다. 노동청은 1차 모집에 합격한 응시자들을 마치 고시합격자 발표하듯 각 신문에 명단을 실었다.】

1960년대 초 한국의 경제 상황은 하루 세 끼를 쌀밥으로 먹으면 부자 소리를 들을 정도였다. 학교에 점심 도시락을 싸오지 못하는 학생이 도시락을 싸오는 학생보다 더 많았다. 정부 예산에서 미국의 무상 원조가 차지하는 비중이 이전보다 줄어들었어도 50%는 되었다(1948년 건국 초기에는 한국 정부 예산에서 미국 원조가 차지하는 비중은 90%나 되었다). 미국의 원조가 없으면 군인, 교사, 공무원 등에게 봉급을 줄 수 없어 국가가 정상적으로 운영될 수 없는 형편이었다.

1961년 군사혁명이 성공하자 박정희 최고회의 의장은 즉시 경제개발 5개년 계획을 짜서 이듬해인 1962년 1월 5일 발표했다. 경제개발 계획은 1월 13일부터 실행에 들어갔다. 연도별 경제성장 목표는 1962년 5.7%, 1963년 6.4%, 1964년 7.3%, 1965년 7.8%, 1966년 8.3%였다.

경제개발을 하기 위해서는 막대한 자금이 있어야 하는 데 무상 원조마저 줄고 있었다. 외국자본 유치가 절실했다.

서독으로부터 얻은 차관으로는 한참 부족했다.

한국에 대한 미국의 무상 원조는 1963년 2억1,640만 달러에서 1964년 1억4,930만 달러로 대폭 줄어들었다. 1963년 대통령 선거로 민간 정부로 탄생한 박정희 정권은 일본과 국교를 맺고 일제의 한반도 지배와 관련된 청구권 자금을 받아내어 그 돈으로 경제개발 5개년 계획을 추진하려 했다.

미국도 이를 지원했다. 미국은 한국전쟁 이후 일본을 중심으로 하는 지역 통합 전략을 동아시아 정책의 기조로 삼고 있었다. 미국 정부는 1950년대부터 한일 국교 회복을 적극 권고했다. 이에 따라 이승만 대통령도 마지못해 일본과 협상하기도 했다. 4·19

로 탄생한 장면 정권도 일본과의 국교 수립을 적극 추진했다.
 박 대통령은 주위 사람들에게 한일 국교 회복에 대하여 자신의 의견을 다음과 같이 밝혔다.

 미국이 도와주고 있다고는 해도 원조 액수를 배로 늘려줄 리도 없고 또 언제까지 원조를 해줄지도 믿을 수가 없다. 하지만 일본한테는 우리가 당당히 받아 낼 돈이 있지 않은가. 그것을 반일 감정이니 굴욕이니 하며 망가뜨리는 일은 대단한 국가적 손실이다. 너무 감정만 앞세우면 안 된다. 일본이 미국에 머리 숙이고 배웠듯 우리도 그런 자세로 배워야 한다. 게다가 가장 가까운 이웃이 으르렁거리기만 하면 둘 다 손해다. 아무튼 빈곤 추방이란 대업을 성취하기 위해선 한일회담이란 역사의 틀에 순응해야 한다.

 박 대통령은 1964년 2월 28일부터 3월 4일까지 연달아 기자회견과 대변인 발표를 통해 그동안 비밀리에 추진해 오던 한일회담을 3~5월 중에 타결, 조인, 비준을 한꺼번에 마치겠다고 발표했다.
 그러나 일본과의 수교는 일본이라면 치를 떠는 국민 정서를 거스르는 일이었다. 한일 국교 수립을 반대하는 학생운동으로 민간 정부로 막 출범한 박정희 정권은 위기를 맞았다.
 3월 6일 야당, 사회 종교 문화단체 대표 200여 명은 '대일 굴욕외교 반대 범국민투쟁위원회'를 발족시켰다.
 3월 9일 서울 종로예식장에서는 각계 정치인, 재야인사 등이 모여 구국선언을 채택하고 반대투쟁에 전심전력으로 총궐기할 것을 다짐했다. 대일 굴욕외교 반대 범국민투쟁위원회 의장인 윤보선 전 대통령이 구국선언문을 낭독했다. 장택상은 한일회담을 한·일 합방에 비유하면서 "한·일 합방은 저들의 뜻대로 될 리가 없다"고 비난했다.

3월 24일 서울대 학생들은 교정에서 '제국주의자 및 민족반역자 화형 집행식'을 열고 '대일 굴욕외교'에 반대하는 운동에 돌입했다. 이날 연세대와 고려대 학생들도 한일 회담 중지를 요구하는 시위를 벌였다.

3월 25일 서울에서 11개 대학과 4개 고교, 지방에서는 6개 대학이 한일 회담 반대 시위를 벌였다.

일본이 한일회담 진행 과정에서 보여준 오만함이 한일 회담 반대 운동이 일어난 주요 원인이었다. 한국 정부는 외무 장관급 이상을 일본에 보내 협상했으나 일본 정부는 외무성 아시아국장이 나오는 형편이었다. 한 마디로 일본은 한국을 미국 덕에 독립한 과거 식민지로 보고 있었다. 그런데도 박정희 정권이 이를 감수한 것은 순전히 돈 때문, 즉 나라가 가난한 탓이었다. 돈을 빌리려는 사람의 자세는 저자세인데, 이는 국가 간에도 해당한다.

3월 26일 박정희 대통령은 한일 회담에 관한 특별 담화문을 발표했다.

친애하는 국민 여러분! 지난 며칠 동안 한일 회담문제로 일부 학생들이 거리에 나와 시위를 가짐으로써, 시민 여러분에게 불안한 심려를 끼치게 되어 나는 위정자로서 매우 송구스럽게 생각합니다.

민주주의 국가인 이 나라에서 더욱이나 국가장래를 위한 호국 상정의 일념에 불타는 젊은 학생들이 한일 문제에 대하여 깊은 관심을 가지고 시위에 나선 그 심정은 나도 충분히 이해하고도 남음이 있습니다. 그러나 국사 해결에 있어서, 더구나 외교문제에 있어서 시위가 문제해결의 능사가 아니며, 이 이상의 시위 계속은 우리에게 도움이 되지 않는다는 사실을 나는 말하지 않을 수 없습니다.

(중략)

국민 여러분은 적어도 그러한 무능한 정부 그러한 배신적인 정부를 여러분들 스스로의 손으로 선출하지 않았다는데 굳은 자신과 안심을 가져야 할 것입니다. 나는 지난 3·1절에 한 일 회담에 임한 나의 확고한 대일태도와 신념을 밝힌 바 있습니다. 국토가 남북으로 갈라져, 북한에도 괴뢰정권이 있음을 기화로, 양쪽에 각각 추파를 던지고 있는 일본의 지나친 상인적 태도에 경고하면서, 나는 한일 양국이 과거를 청산하고 새로운 아세아 반공의 사명에 충실할 것을 서로 다짐해 왔습니다. 한일 회담은 아직도 많은 우방들의 큰 기대와 주시 속에서 진행 중에 있으며, 양국은 서로 상반되는 주장을 내세우고, 협상에 협상을 거듭하고 있습니다.

그 결과는 아직 아무도 예측할 수 없는 것입니다. **나는 이 회담의 진행상황을 모두 국민 앞에 공개하지 못함을 매우 안타깝게 생각합니다.** 국가 대 국가의 외교관계에 있어서는 보다 유리한 외교적 실리를 위하여 비밀을 보전하여야 하는 것이며, 더구나 때에 따라서는 정부 의도와는 상반된 사실마저 진실인양 말해야 하는 등 고도의 기술과 기밀보지를 가져야 한다는 외교의 특성을 국민 여러분은 이해하여야 할 것입니다. 이러한 외교적 과정에 있어서 오직 국민의 현명한 태도는 국민 여러분이 여러분의 정부를 신뢰하고, 격려해 주는 것입니다.

(중략)

일부 인사들은 한일 회담에 있어서 우리의 태도가 저자세니, 굴욕적이니 하고 비난들을 하고 있습니다. 국민 여러분! **내가 만일 그들이 말하듯이 저자세 외교를 하였더라면 또 지나친 양보를 거듭하였더라면 한일 회담은 이미 군정 초기에 결말이 나고 말았어야 할 것이지, 왜 오늘까지 주장의 대립 속에 강경협상이 계속되어야 하겠습니까?** 우리는 과거의 어느 때보다도 더욱 확고한 신념과 기본 방침, 그리고 양보의 한계선을 확실히 한 주장으로써 한일 회담에 임하고 있다는 사실을 국민 여러분은 믿어야 할 것입니다. 회담의 경위를 누구보다 소상히 알고 있는 역대정권의 한일 회담관계자들이 지금도 이 회담에 대표로서 참여하여 진지하게 일하고 있으며, 그들은 한일 회담 시초부터 그 기본정신을 충실히 지켜 일하고 있다는 이 엄연한 사실을 국민 여러분은 확실히 인식하여야 할 것입니다. 어떤 정당의 대표는 한일 회담에 있어서 청구권을 27억(불)을 받아야 한다느니, 또 어떤 정당의 인사는 그가 과거 집권 시, 일본 측에서 8억5,000만 불을 주겠다는 것을 거절하였다고들 말하여 선량한 국민의 판단을 어지럽게 하고 있습니다.

나는 확실히 말해 두되, 이 모두가 다 터무니없는 엉터리 소리들입니다. **누구는 돈을 적게 받고 싶어 하는 사람이 어디 있겠습니까?** 나는 그들에게 반문하겠습니다. 민주당 정권당시, 일본 측이 8억5,000만 불을 지불하겠다는 제의가 있었다면, 그 당시 이 나라 외교책임자로서, 그 제의해 온 문서는 지금 어디에 보관되어 있으며, 또 그 기록은 어디에 수록되어 있는가를 그는 밝혀야 합니다. 진정 그것이 사실이라면 오늘 그 사람은 국가이익을 위하여 밝힐 의무가 있는 것입니다. 국민 여러분! 우리 정계에는 아직도 이러한 무책임한 발언을 다반사로 하고 있는 정치인들이 있다는 사실을 직시하여야 할 것입니다.

(중략)

친애하는 국민 여러분! 우리는 오늘날 분명히 큰 시련 앞에 서 있습니다. 그것은 하루 바삐, 헌정의 토대를 공고히 하고, 정치적 정도를 확립하는 것입니다. 시위는 의사를 표시하여, 정부시책에 그 뜻을 반영시키도록 하는 한 수단을 될지언정, 전체 국민의 의사로써 세운 정부는 제약하고, 그 뜻대로 해 줄 것을 강요해서는 안 되는 것입니다.

더욱이 그 방법이 도를 넘은 위법일 경우에는 다수 국민의 이익과 질서를 위하여 정당한 대책을 마련하지 않을 수 없을 것입니다. 친애하는 애국시민 여러분! 그리고 학생 여러분! 우리는 긴 안목으로 대국을 내다보아야 하겠습니다. 우리는 국제사회에서 고독하지 말아야 할 것이며, 또 더욱이 극동에 몰아치고 있는 차가운 국제적 정세 속에서 우리의 위치를 정확히 파악하여야 할 것입니다.

(중략)

친애하는 국민 여러분! 제 2차전이 종결된 지 20년, 모든 민족에게 새로운 세계가 전개되고 있는 이때에 우리는 아직도 남북대립의 소비적 침체 속에서 헤어나지 못하고 있습니다. 우리는 이제 (신세계)를 추구하여야 합니다. 우리는 조국을 개방하고 이북동포를 받아들일 차비를 차려야 합니다. 그것은 스스로 문을 개방할 수 있는 경제적·사회적·이념적 자신의 위치를 구축하는 것입니다. 학생 여러분! 지성인 여러분! 우리는 냉정히 다가오는 사명을 인식하고 이에 대한 준비가 있어야 하겠습니다.

(중략)

확실히 학생 여러분의 사심 없는 애국시위는 일본의 반성을 촉구하고 10여년 계류 중에 있었던 한일 회담 진전에 큰 힘이 되었다고 생각합니다. 이제 학생 여러분은 부디 각자 학원에 돌아가 다시 학업에 충실해 줄 것을 간곡히 당부해 마지않습니다. 끝으로 나는 오늘 외무부와 관계당국에, 모든 학교의 학생대표들에 대하여 그들의 양식을 믿고 한일 회담의 진행상황을 그대로 소상히 설명해 줄 것을 지시하였음을 참고로 밝혀두는 바입니다.

3월 30일 서울의 11개 대학의 학생대표들이 박 대통령을 면담하고 요구사항을 전달하여 학생 시위는 일단 진정되었다.

이즈음은 춘궁기였다. 많은 사람들이 아사를 면하려고 산으로 가서 칡뿌리를 캤다. 야산의 칡뿌리를 다 캐서 30~40리를 걸어 깊은 산으로 들어가야 구할 수 있었다.

4월 들어 학생 시위는 잠잠해졌으나 4월 19일을 전후하여 다시 일어났다.

5월 20일, 서울대 문리대 교정에서 '한일굴욕회담반대 학생총연합회'가 주최한 '황소식 민족적 민주주의 장례식'이 열렸다. 학생들은 선언문에서 반외세, 반독재, 반매판의 민족민주정신과 민족자립의 중요성을 강조하고, 5·16 군사혁명은 4·19 혁명을 부정하는 것으로 규정했다.

1961년 5월 16일 새벽 총성과 함께 이 나라의 모든 권력은 일군의 청년 장교들에게 장악되었다… 그로부터 3년, 무(無)비판의 뒷장막에서 온갖 화려한 계획과 공약 뒤에 도사리고, 중앙정보부를 비롯한 권력기관의 모골이 송연한 공포정치와 수도방위사령부 등의 총칼의 보호를 받으면서 너무나 엄청난 죄악을 저지르고, '역사적 퇴보'를 이 나라 민족사에 강요하였다… **피로서 되찾은 한국을 일본 의존적 예속의 쇠사슬에 묶는 것이 근대화요, 자립이라고 거짓말하는 자 소위 '민족적 민주주의'를 장사 지내자!** 영원히 잠들게 하자.

이어 문리대 미학과의 김지하가 지은 조사(弔辭) 낭독이 있었다.

시체여!
너는 오래전에 이미 죽었다.
죽어서 썩어가고 있었다.

넋 없는 시체여!
반민족적, 비민주적, 민족적 민주주의여!

시체여!
죽어서까지도 개악과 조어와 전언과 변의와 난동과
불안과 탄압의 명수요 천재요 거장이었다.

5월 16일만의 민족적 민주주의여! 백의민족이 너에게 내리는
마지막의 이 새 하얀 수의를 감고 훌훌히 떠나가거라!
너의 고향 그곳으로 돌아가거라.
안개 속으로 가거라!
이제 안개가 걷히면 맑고 찬란한 아침이 오리니
일찍 죽어 복되었던 네 운명에 감사하리라!

그러나 시체여! 지금 너는 무엇을 하고 있는가?
바로 지금 거기서 네 옆 사람과 후딱 주고받은 그 입가의 웃음은
무엇을 뜻하고 있는가?
대량 검거의 군호인가? 최루탄 발사의 신호인가?

그러나 시체여! 우리는 믿는다.
그것은 목 메이도록, 뜨거운 조국과 너의 최초의 악수인 것을!

우리는 안다.
그것은 죽은 이의 입술 가에 변함없이 서리는 행복의 미소인 것을.
시체여!

이후 1964년 한일협정반대운동은 반정부투쟁의 성격을 강하게 띠기 시작했다. 이후 전국 31개 대학 학생회는 '난국타개 학생대책위원회'를 결성하고 5월 25일과 26일 각 대학별로 '난국타개 궐기대회'를 가졌다.

5월 30일 서울대학교 문리대생들이 교정에서 자유쟁취 궐기대회를 열어 한일회담 성토와 박정희 정권 성토식을 한 다음 단식농성에 들어갔다. 학생회장인 김덕룡(金德龍)은 '오늘의 단식투쟁은 내일의 피의 투쟁이 될 지도 모른다'는 선언문을 낭독하고 단식농성에 들어갔다.

시간이 흐를수록 단식농성에 참여하는 학생들 수가 점점 늘어갔다. 무저항적인 학생들의 농성 현장에는 교수들과 시민들이 줄을 이어 찾아와 그들을 격려했다.

6월 2일 고려대, 서울대 법대, 서울대 상대생들이 가두로 진출하여 데모를 주도하자 서울의 각 대학생들이 이에 호응하여 거리로 나왔다. 이날 학생들은 박 대통령의 하야를 요구했다.

6월 3일 정오, 일제히 거리로 나온 서울의 18개 대학 학생들 1만2천 명은 국회의사당 앞에서 연좌시위를 했다. 이어 경찰과 충돌하면서 도심으로 진출했는데, 7천여 명은 중앙청 앞까지 나아갔다. 동아방송은 상황을 실시간으로 생중계했다. 학생들은 주로 "박 정권 하야, 악덕재벌 처단, 학원사찰 중지, 여야 정객의 반성

촉구, 부정부패 원흉 처단" 등의 구호를 외쳤다. 경찰은 청와대로 올라가는 통의동 앞에 대형 널빤지로 겹겹이 바리케이드를 세웠다. 그 뒤에는 군용 트럭이 대기하고 있었다.

이날 학생 시위는 한 마디로 제2의 4·19를 목표로 한 것이었다.

오후에 청와대에서 국무총리, 내무부장관, 국방부장관, 합참의장 등이 참석한 국가안보회의가 열렸다. 김성은 국방부장관이 계엄령 선포를 주창하자 모두 동의했다.

박 대통령의 부름에 오후 4시 30분 경 버거 미국대사와 해밀턴 하우저(Hamilton H. Howze) 유엔군 사령관 겸 주한미군 사령관이 헬기를 타고 청와대에 도착했다. 대통령은 한국군을 계엄군으로 동원하여 서울로 진입하는 것을 유엔군 사령관이 승인해 달라고 요청했다. 그리고 버거 대사에게는 미국 정부에 통보해 달라고 말했다.

저녁 6시경, 시위대는 청와대 바로 앞까지 진출했다.

시위대는 바리케이드 앞에 주저앉아 연좌에 들어갔다. 경찰이 최루탄을 마구 쏘면서 진압을 시작하자 대학생들은 동숭동의 서울대 문리대 단식 농성장으로 이동했다.

밤 9시 40분 정부는 1시간 40분을 소급한 오후 8시를 기해 서울 전역에 비상계엄령이 발효됐다고 선포했다. 이는 박정희 정권 최초의 계엄령이었다. 방송 담화로 계엄령을 선포하면서 박정희 대통령은 자책하면서도 학생들을 비판했다.

때로는 의욕의 과잉으로 무리한 시책을 강행한 나머지 다소간 민심과 유리된 바도 없지 않아 있었고 경험의 미흡으로 뜻 아닌 결과를 초래한 것도 있고 하여 한없이 자책의 심회(心懷)를 금할 수 없습니다. 이러한 결과적 책임은 모두 나에게 있는 것이며 그 누구에게도 책임을 전가할 생각은 없습니다. 정녕 나대로 성의를 다하여 한다는 일이 결과는 반대현상으로 나타났던 일도 있었습니다. 내가 이런 말을 하는 것은 둔사(遁辭)도 변명도 아닙니다. 다만 솔직한 고백에 불과합니다.

… 그야말로 가난한 나라의 학생들이 후일의 웅비에 대비하기는커녕, 조국을 사랑하고 민족의 앞날을 걱정한다는 소위 현실참여가 바로 이것이라면 실로 가공할 모순이며, 가증스러운 작폐라 아니 할 수 없는 것입니다. …

6월 4일 6사단과 28사단이 계엄군으로 서울로 진입하여 수도경비사령부 병력과 함께 시내의 요소를 장악했다. 일체의 옥내외 집회·시위의 금지, 대학의 휴교, 언론·출판·보도의 사전검열, 영장 없는 압수·수색·체포·구금, 통행금지시간 연장 등의 조치가 취해졌다.

계엄사령부는 1,120명을 연행하여 학생 168명, 민간인 173명, 언론인 7명을 구속했다. 김덕룡, 이명박, 이재오, 손학규, 현승일, 이경우 등이 구속된 학생 지도부였다.

7월 29일 박 대통령은 서울에 선포된 계엄령을 해제했다. 그러나 한일 회담은 곧장 재개되지 않았다. 일본 정부가 한국의 정세를 관망하겠다며 물러났기 때문이다.

【11월 말이 되어야 회담이 재개되었다.】

9월 18일, 박정희 대통령은 언론과의 관계를 수습하기 위해 한격만(韓格晚) 한국 신문윤리 위원회 위원장을 초청하여 청와대 집무실에서 언론 문제와 관련하여 격의 없는 대화를 나누었다. 다음은 대화 가운데 박정희 대통령의 언론관을 엿볼 수 있는 대목이다.

▲박정희 : 민주주의의 기본바탕이 언론자유에 있다는 생각에 변함이 없습니다. 누구나가 다 아는 사실이지만 언론자유 없이 민주주의가 이룩되겠습니까.

그만큼 언론자유란 소중하고 비중이 큰 것인데, 여기에 따르는 것이 책임입니다. 과거 우리나라 언론이 물론 일제 시대엔 민족수난에 대비해서 싸운 업적이라든지 그 후에도 민주주의에 바탕을 이룩하기 위해 투쟁의 선봉에선 공로는 높이 평가하고 있습니다.

그러나 공로가 있는 반면에 과오도 많았습니다. 언론의 자유를 벗어나 얼마나 많은 잘못을 저질렀습니까. 국가 이익에 벗어나는 언론이 많았습니다.

5·16후 최고위원 때 한국 언론의 정화 문제가 논의된 적이 있습니다. 그때 혁명정부는 언론자유는 부르짖으면서도 어느 정도의 규제가 필요하다고 주장하는 측이 많았습니다.

그런데 5·16 혁명이 올바른 민주주의를 위한 거사였다면, 민주주의의 등불인 언론을 탄압해서는 안 된다는 내 의견으로 규제를 하자는 제의는 좌절되었습니다.

언론인 스스로에게 맡겨보자는 내 의견은 2년 반 동안의 군정에서 완전히 실망을 가져왔습니다. 그래도 계속 강경하게 입법을 주장하는 사람들을 후퇴 시킨 후 참다못해 군정 중간에 규제법 초안을 마련하기 위해 회의를 가진 적이 있습니다.

그때 언론인 몇 분이 그 사실을 알고 찾아와 우리 일은 우리에게 맡겨라 자중하고 깨달아 자율적으로 하겠다 해서 그러면 맡겨보자고 치워버렸습니다. 1962년 초에 다시 윤리위 강화문제가 논의되었지만, 그땐 선거가 가까워 온 시기였기 때문에 흘려버리고 민정 후에는 전혀 규제법을 논의해 본 적이 없습니다.

6·3 사태 이후의 야당의 공격과 군정의 비위사실이 신문에 폭로되고 정부가 두들겨 맞기 시작할 때 나는 내가 집권하고 있는 동안 잡으려던 질서를 못 잡은데 대한 양심의 가책도 받고 괴로웠습니다.

그런데 갈수록 신문들은 비판의 도를 지나쳐 학생들의 데모를 선동하고 영웅처럼 선전했습니다. 결국 아무 대책 없이 일부 불순한 학생들의 데모에 신문이 편승하기 시작했습니다. 결국 그때 나는 신문이 현 정부를 물러서라는 말이냐, 물러선 후엔 어쩌겠다는 것이냐는 것을 묻고 싶었습니다.

부득이 계엄령을 선포했습니다만, 그때 데모한 학생들은 대부분 선량한 학생이었고, 이름만 학교에 걸어놓은 몇몇 불량학생이 교내의 주도권을 잡고 선동을 했던 게 아닙니까.

그래서 이대로 가다간 누가 집권을 하든지 시정하지 않으면 도저히 나라의 질서를 잡을 수 없다고 생각한 끝에 언론입법을 착상한 것입니다. 이 기회에 언론이 지금까지 지녀온 타성을 버리게 하려면 최소한의 규제는 필요하다는 것을 느꼈고, 질서가 잡힌 후는 차츰 들어줄 작정을 하고 시작한 겁니다. 처음엔 당내에서 퍽 강경하게 나오는 것을 깎고 다듬어서 만든 것인데 입법 때 담화에도 있었지만 언론을 위축시키거나 정부의 부정을 감추려는 생각은 추호도 없었습니다.

한격만 : 신문이 6·3사태 때 지나치게 선동적이었다는 것은 저도 인정합니다.

▲박정희 : 6·3사태 때 학생들의 돌에 어린이가 맞아 머리가 깨어진 것을 경찰 곤봉이 철없는 어린이를 쳤다고 자극적인 기사를 쓰는가하면, 그런 것을 마치 3·15부정선거 당시의 마산에서의 김주열 군 사건같이 선동하며 우발적 기회를 노리는 것을 보고 한심스러웠습니다.

한격만 : 만일 대통령께서 신문의 발행인이나 편집인이 되신다면 어떤 신문을 만드시겠습니까.

▲박정희 : 이상적인 신문을 하나 만들 거예요. 공정하게 쓰고, 주관을 개입하지 말고, 야당인이고 여당인의 편이 아닌 국민의 편에 서고, 어떤 정치집단을 도와주는 것이 아니라 국가이익을 위주로 하는 신문을 만들겠어요.

1964년 10월 14일 소련공산당의 최고지도자 흐루쇼프(Никита Сергéевич Хрущёв, 1894~1971)가 최고회의의장 브레즈네프에 의해 자진 은퇴 형식으로 실각하였다. 김일성에게 개인숭배 비판을 강요했던 흐루쇼프의 실각은 김일성에게 희소식이었다.

【김일성은 흐루쇼프의 스탈린 격하 운동을 못마땅해 했다. 1963년에 들어 북한은 소련을 직접적으로 비난하기 시작했다. 소련 지도부의 '수정주의적 경향'과 '분열주의적 책동', '고압적 자세', '과거 개인숭배 비판을 강요하며 각국 내정에 간섭했던 대국주의적 태도', '사회주의적 국제 분업을 일방적으로 강요하고 자립적 민족경제 노선을 중상하며 제국주의나 하는 비방을 늘어놓는 행위' 등을 비판했다.

북한이 소련을 비판하는 목적은 군사 및 경제 원조나 개인숭배 비판 등을 통해 북한 내정에 간섭하려는 소련에 대해 자율성을 확보하는 것이었다. 1962년 가을부터 1964년 10월까지 북한과 소련의 관계는 양국 간에 단 한 차례의 정부대표단 방문도 없을 정도로 악화되었다.】

흐루쇼프의 실각을 계기로 북한과 소련의 관계는 복원되기 시작했다. 11월 김일성은 10월 혁명 47주년 기념행사를 위해 내각 제1부수상 김일을 단장으로 하는 대표단을 소련에 파견했다. 북한 대표단은 새로 집권한 브레즈네프 당 중앙위원회 제1서기와 코시킨 수상을 면담했다.

11월 30일 한국은 수출 1억 달러를 달성했다. 가발이 주요 수출 품목이었다.

12월 6일 서독 카를 하인리히 뤼프케(Karl Heinrich Lübke, 1894~1972) 대통령의 초청으로 박 대통령은 서독으로 떠났다.

【이 방문은 우여곡절이 많았다. 서독 언론은 헌신적으로 일하는 한국 광부들에 대한 보도를 자주했다. 지하 갱도 1,000m에서

도 시간외 근무를 마다않고 일하는 광부들의 모습이 TV에 방영되자 독일인들은 감명을 받았다. 서독 국회의원들은 의원용 병원에서 한국인 간호조무사들의 도움을 많이 받았다. 국회의원들이 국회에서 '한국에 관심을 가져야 한다. 한국의 대통령을 초청해 우리의 마음을 전하자'는 결의안을 채택했다. 뤼프케 대통령도 개발도상국에 관심이 많았으므로 한국 대통령을 초대했다.

그런데 서독 방문 10일 전에 일이 터졌다. 5만 달러를 주고 20일 동안 미국의 노스웨스트 항공사에서 비행기를 빌렸는데 미 의회가 쿠데타로 집권한 한국 군인이 미국 비행기를 이용하면 다른 나라를 자극한다고 하여 갑자기 취소되었다.

백영훈 교수가 대통령 특사로 비행기 제공을 부탁하려고 서독에 갔다. 서독에 두터운 인맥이 있는 최두선 전 동아일보 사장과 같이 갔다. 백영훈 특사는 박정희 대통령의 서독 방문일정을 상의하겠다며 서독 대통령 비서실장과 노동부 차관을 함께 만났다. 이 자리에서 비행기 이야기를 꺼내려니 차마 입이 떨어지지 않았지만 용기를 내서 말했다. "비행기가 없다. 서독이 잘 사는 나라이니 비행기 좀 제공해 주면 안 되겠느냐?"

독일 관료들은 한동안 물끄러미 쳐다보더니 일단 돌아가라고 했다. 백영훈 일행이 떠나기 직전 비행기를 제공하겠다는 연락이 왔다. 결국 홍콩을 경유해 서독으로 들어가는 루프트한자 소속 여객기(보잉 707)가 경로를 변경해 1964년 12월 3일 서울에 착륙했다.】

박정희 대통령 일행은 12월 6일 이 여객기를 타고 홍콩-방콕-뉴델리-카라치-카이로-로마-프랑크푸르트를 거쳐 28시간 걸려 12월 7일 아침 독일 쾰른 공항에 도착했다. 조선일보 정치부

이자헌 기자는 이 비행을 다음과 같이 회고한다.

대통령과 장관들은 1등석에 타고 다른 일행은 이코노미 석에 탔다. 화장실에 가보니 이상하게 생긴 물건이 거울 앞에 있었다. 이게 무슨 용도냐를 두고 논란이 일었다.
그때 여기자로 유일하게 수행기자로 포함됐던 한국일보 정광모 기자가 '물비누'라고 설명해 줘 실소를 금치 못했다. 기자들도 국제적 촌놈이었고 대통령 일행도 참 초라한 행차였다. 기내의 박 대통령 표정도 밝지는 않았다.

12월 8일 박정희 대통령은 뤼프케 대통령과 회담을 가졌다.
12월 9일 오찬에서 서독 에르하르트(Ludwig Wilhelm Erhard (German, 1897~1977) 수상과 박정희 대통령은 두 시간 동안 한국 경제에 대해 서로의 의견을 말했다. 백영훈 교수가 통역했다.
백영훈 교수는 그날 박 대통령의 모습을 평생 잊을 수가 없었다. 47세의 박 대통령은 서독 수상에게 '우리 국민 절반이 굶어 죽고 있다'고 울먹이며 말했다. 그러면서 '우리 국민들은 거짓말 안 한다. 빌린 돈은 반드시 갚는다. 도와 달라. 우리 국민 전부가 실업자다. 라인 강의 기적을 우리도 만들겠다'고 했다.
"왜 쿠데타를 했느냐?"라고 묻는 에르하르트 수상의 질문에 박 대통령은 이렇게 말했다.

우리 한국도 서독과 마찬가지로 공산국가들로부터 위협을 받고 있다. 공산국가들을 이기려면 우선 잘 살아야 한다. 내가 혁명을 한 이유는 정권을 탐해서가 아니다. 정치가 어지럽고 경제가 피폐해져 이대로는 대한민국이 소생할 수 없다는 위기의식 때문이었다. 그런데 우리에게는 돈이 없다. 돈을 빌려 주면 반드시 국가 재건을 위해 쓰겠다.

박대통령의 말이 끝나자 에르하르트 수상은 그의 손을 꼭 잡더니 이렇게 말했다.

내가 경제장관 할 때 한국에 두 번 다녀왔다. 한국은 산이 많더라. 산이 많으면 경제발전이 어렵다. 독일을 보라. 히틀러가 아우토반(고속도로)을 깔았다. 한국에도 고속도로를 깔아야 한다. 고속도로를 깔면 그 다음엔 자동차가 다녀야 한다. 자동차가 다니면 고용이 늘고, 새로운 산업이 일어나고 세금이 들어온다. 국민차 폭스바겐도 히틀러 때 만든 것이다.

그런데 자동차를 만들려면 철이 필요하다. 그러니 제철공장을 만들어라. 정유공장도 필요하다. 자동차 연료로도 필요하지만, 앞으로는 석유화학공업 시대다. 나일론 섬유, 플라스틱 공업 등 연관산업이 일어난다. 독일은 마이스터라고 하는 기능장(技能長) 제도가 있다. 한국도 기술 인력을 육성하는 제도가 필요하다. 한 나라의 경제가 안정되려면 중산층이 탄탄해야 하는데 그러려면 중소기업을 육성해야 한다. 우리가 돕겠다. 경제고문을 보내주겠다.

이어 에르하르트 수상은 잠깐 뜸을 들이더니 말했다.

마지막으로 부탁이 하나 있다. 일본과 손을 잡아야 한다. 이것은 공산주의를 막기 위해 중요한 일이다.

독일은 프랑스와 32번을 싸웠다. 독일은 한 번도 전투에서 진일이 없다. 그러나 전쟁에선 모두 패했다. 독일인은 지금도 한이 맺혀 있다. 그러나 제2차 세계대전이 끝나자 우리 콘라트 아데나워 수상은 프랑스 드골 대통령을 찾아가 악수했다. 한국도 그렇게 했으면 좋겠다. 그것이 공산주의를 막는 길이기도 하다.

박 대통령은 "우린 일본과 싸운 일이 없다. 매일 맞기만 했다. 얼마 전까지만 해도 일본이 한국을 36년 동안 지배했다"고 반박했다. 그러자 에르하르트 수상은 "지도자는 미래를 봐야 한다"고 말했다.

박 대통령은 "일본이 사과하면 받아줄 수는 있다. 우린 아량이 없는 국민은 아니다"라고 말했다.

에르하르트 수상은 박 대통령의 손을 마주 잡으며 자리에서 일어났다. 그리고 회담 후 담보가 필요 없는 1억5,000만 마르크를 한국 정부에 제공하겠다고 했다.

12월 10일 박 대통령은 뤼브케 대통령의 안내로 한국의 광부들이 일하는 루르 탄광을 방문했다. 한국에서 온 대통령을 기다리며 선 광부들의 얼굴엔 온통 석탄이 묻어 있었고 작업복은 흙투성이였다. 박 대통령과 육영수 여사가 단상에 올랐다. 현지 광부들로 구성된 밴드가 애국가를 연주하기 시작했다. 그런데 아무도 애국가를 따라 부르지 않았다. 500여 명의 광부 등 모두 고개를 숙이고 어깨를 들먹였다. 연주가 끝나자 박대통령이 손수건으로 눈물을 훔치고 코를 풀더니 연단으로 걸어 나와 말했다.

만리타향에서 이렇게 상봉하게 되니 감개무량합니다.…
이 구석 저 구석에서 흘러나오던 흐느낌이 통곡으로 변해 가자 박대통령은 연설 원고를 옆으로 밀친 뒤 이렇게 말했다.
이게 무슨 꼴입니까? 내 가슴에서 피눈물이 납니다. 광부 여러분, 가족이나 고향 생각에 괴로움이 많을 줄 알지만… 비록 우리 생전에는 이룩하지 못하더라도 후손들에게 만큼은 잘 사는 나라를… 물려줍시다. 열심히 합시다. 나도 열심히…

결국 박 대통령은 말을 맺지 못하고 소리 내어 울어 버렸다. 그 자리에 함께한 뤼브케 대통령도 눈시울을 적셨다.
11일에는 서베를린으로 가서 베를린 징벽을 보고 서베를린 시장 브란트와 면담했다.
서독에서 머문 일주일(12월 7~14일)동안 박 대통령은 주로 서독 산업 시설을 시찰했다. 자동차 전용도로로 아우토반을 달렸고 제철소를 견학했다. 아우토반에 가장 관심을 보였다.
백영훈 교수는 서독 방문에서 박 대통령이 나라와 국민을 위해 목숨을 걸었다는 느낌을 받았다.

2장 · 한국과 베트남 전쟁

1954년 7월 21일 제네바협정이 조인됨으로써, 베트남은 북위 17도선을 군사분계선으로 하여 남북으로 양분되었다. 그러나 남부의 베트남 공화국에서는 계속되는 군사 쿠데타로 정국이 불안했고, '남부 베트남 민족해방전선(베트콩)'과 일부 민족세력 및 반정부주의자들은 연합세력을 형성했으며, 북부의 월맹(越盟, 베트남 독립 동맹)은 본격적으로 무력침공을 개시하였다.

한편, 미국은 군사원조, 군사고문단의 파견에 뒤이어 미 군사원조 사령부를 설치함으로써 베트남전에 적극 개입하는 처지가 되어 버렸다. 그러던 중 1964년 5월 2일 사이공 항에 정박해 있던 미국 수송선이 베트콩에 의하여 격침되고, 이어 8월 2일과 4일 제1·2차 통킹 만 사건이 일어났다.

미국은 다음날 2척의 항공모함을 급파하여 반격과 함께 월맹의 유류저장소를 집중적으로 공격함으로써 베트남전은 본격적으로 확산되었다. 이어 린든 존슨(Lyndon Baines Johnson, 1908~1973) 미국 대통령은 한국을 포함한 우방 국가들에게 협조와 참전을 요청하는 '다국적 동맹 캠페인'을 벌였다.

이에 따라 한국 정부는 비전투부대를 베트남에 보내는 계획안을 수립하고 베트남 파병에 따르는 제반 준비에 착수했다. 구엔 칸 베트남 수상도 한국군의 지원을 호소하는 공식 서한을 보내 왔다.

그리하여 1964년 9월 11일 제1 이동외과병원(130명) 및 태권도 교관단(10명)이 해군 LST편으로 부산항을 출발해서 9월 22일 베트남의 사이공에 도착했다.

10월 16일 중국이 신강 위구르 자치구의 사막에서 원자폭탄 실험에 성공하여 미국, 소련, 영국, 프랑스에 이어 세계에서 다섯 번째로 핵무기 보유국이 되었다.

【1945년 미국 원자폭탄 개발, 1949년 소련 원폭 실험 성공, 1952년 영국 원폭 개발, 같은 해 미국 수소폭탄 개발, 1953년 소련 수소폭탄 개발, 1957년 영국 수소폭탄 개발, 1960년 프랑스 원폭 개발.】

중국의 핵무기 개발은 1955년 1월 15일 열린 공산당 중앙 서기처 확대회의에서 결정됐다.

당 주석 겸 국가주석 겸 당 중앙군사위원회 주석인 모택동(毛澤東, 1893~1976)이 전격 소집한 이 회의에는 국가 부주석 주덕(朱德, 1886~1976), 중국공산당 중앙위원회 부주석 유소기(劉少奇, 1898~1969), 국무원 총리 겸 외교부부장 주은래(周恩來, 1898~1976), 중국인민정치협상회의 전국위원회 부주석 팽진(彭眞, 1902~1997), 당 중앙군사위원회 부주석 겸 국무원 부총리 겸 국방부부장 팽덕회(彭德懷, 1898~1974), 국무원 부총리 등소평(鄧小平, 1904~1997) 등 중국 공산당 최고 지도부가 참석했다.

이 회의에서 중국 최고의 지질 전문가 이사광(李四光, 1889~1971)과 프랑스 유학파로 퀴리 연구소에서 근무했던 핵물리학자 전삼강(錢三强)이 핵무기 개발 가능성을 보고했다. 이사광은 광서-장족(廣西·壯族) 자치구에서 풍부한 우라늄 매장을 확인했다며 우라늄 표본을 선보였다. 전삼강은 소련으로부터 원자핵 파괴 장치인 가속기(사이클로트론)와 원자로 제조기술만 습득하면 핵무기를 만들 수 있다고 말했다. 모택동은 참석자들의 의견을 물었고 3시간에 걸친 회의는 핵무기 개발을 만장일치로 결정했다. 중국은 한국전쟁 때 미국의 첨단무기에 놀란 나머지 소련에 핵무기 개발 지원을 요구했으나 거절당한 바 있다.

1956년 2월 흐루쇼프는 스탈린 격하 운동을 시작했고 서방과의 평화공존을 주장했다. 이에 모택동은 수정주의라고 반발했다. 계속 관계가 악화되어 1959년 6월 소련과 중국은 공식적으로 군사 기술 협력 관계를 끝냈다.

모택동은 소련과의 관계가 냉각되면서 자립을 추구했는데 문제는 중국이 현대 문명의 기반이 되는 석유가 나지 않는 나라였다는 것이다. 그러나 지질학자 이사광은 중국에 석유가 매장되어 있다고 주장하며 만주 지역 탐사를 주장했다. 이에 엔지니어 왕진희(王進喜, 1923~1970)가 지휘하는 채굴반은 50년대 중반부터 겨울에 영하 40도까지 내려가는 늪지대인 흑룡강 성의 송요(松遼) 분지를 탐사했다.

1959년 9월 26일 흑룡강 성의 송요 분지에서 엄청난 매장량의 유전이 발견되었다. 이사광의 가까운 벗인 중국 국무원 총리 주은래는 감격스러워 '큰 경사'라는 뜻의 대경(大慶)을 유전의 이름으로 지었다. 대경 유전의 매장량은 정확히 알려지지 않았는데 220억 배럴 이상의 어쩌면 400억 배럴이 넘는 초거대 유전(super-giant oil field)이었다. 매장량 100억 배럴 이상의 초거대 유전은 전 세계에서 10개 정도에 불과하다. 대경 유전은 사우디아라비아의 가와르(Ghawar) 유전, 쿠웨이트의 부르간(Burgan) 유전 다음가는 대형 유전이다.

대경 유전은 1963년부터 생산을 개시하여 중국 공업을 떠받친 원동력이 되었다. 이로써 중국은 국내 자급을 달성함과 아울러 북한 및 북베트남에 수출하기도 했다. 유전건설지휘소를 중심으로 하는 40개의 마을이 건설되고 이 주위에 다시 농업과 중소공업을 겸한 공농촌이 168개나 들어서 불모이던 늪지대인 송요 분지는 번화한 대경 시로 변모해 갔다.

대경 유전은 중·소 국경의 가장 가까운 곳에서 불과 400km밖에 떨어지지 않은 곳에 있어 소련이 중국을 공격하는 경우 최우선의 공격목표가 될 것이었다. 이 때문에 중국은 발견 후 10년이 넘도록 비밀로 했다. 석유저장 탱크의 지붕이 얼룩 페인트로 위장되었고 주요 시설들을 콘크리트로 싸서 지하 3m 속에 감추었다.

그리고 1961년 산동성 북동부의 발해만 연안 지역에서 매장량 300억 배럴이 넘는 승리 유전(勝利油田)이 발견되고 1964년부터 원유가 채굴되어 중국은 석유에 대한 고민에서 벗어날 수 있었다.

1961년 출범한 미국 케네디 행정부는 중국의 핵무기 개발을 우려해 중국의 핵시설을 같이 폭격할 것을 소련 정부에 제안했으나 흐루쇼프는 관심을 기울이지 않았다. 이런 가운데 중국 공산당은 독자적으로 원폭 실험에 성공했다.

그러나 중국이 1964년에 만든 원자폭탄은 너무 커서 미사일 탄두로 탑재할 수 없었고 폭격기에도 실을 수 없었다. 다시 말해 실전용으로 쓸 수 없는 것이었다. 중국 핵과학자들은 폭탄 소형화에 매진했다. 【중국은 원자폭탄을 소형화하여 1966년 중거리 탄도 미사일 동풍(東風)-2A에 핵탄두로 달아 발사 실험에 성공했다.】

김일성은 중국 핵실험 직후 북경에 가서 모택동을 만나 핵실험 성공을 축하했다. 모택동은 "중국은 인구도 많고 나라도 크다. 체면이 필요하다. 그래서 핵실험을 했다. 북한은 그럴 필요가 있나"라고 응대했다.

모택동은 김일성이 보는 앞에서 인민해방군 핵실험 책임자를 불러 "이번 실험에 들어간 돈이 얼마냐"고 물었다. 그가 낮은 소리로 귀엣말하자, 모택동은 "김일성 동지 앞에선 괜찮다"면서 "20억 달러"라고 솔직히 말해줬다. 20억 달러는 이 해에 열린 도쿄 올림픽 전체 예산 28억 달러의 3분의 2가 넘는 액수였다.

11월 3일(미국 시간) 45번째 미국 대통령 선거가 실시되었다. 현직 대통령인 민주당 후보 존슨이 4,312만여 표(61.1%)를 득표하여 2,717만여 표(38.5%)를 득표한 공화당의 배리 골드워터(Barry Goldwater) 후보에게 압도적인 표 차로 승리했다.

1964년 12월 18일 윈스럽 브라운(Winthrop Gilman Brown, 1907~1987) 주한 미국대사가 박정희 대통령에게 베트남 상황을 설명하고, 한국군을 증파해 줄 것을 요청했다. 박정희 대통령은 이를 받아들여 국방부는 그 준비에 착수했다.

1965년 1월 2일 베트남 정부는 제2차 추가 지원을 요청하는 공식 서한을 한국 정부에 보내 왔다. 이에 따라 육군준장 조문환(曺文煥)이 지휘하는 1개 공병대대, 1개 경비대대, 1개 수송중대 및 1개 해병·공병 중대로 구성된 비둘기부대가 구성되었다.

1월 26일에는 국회에서 베트남 파병안이 통과되었다.

3월 10일 비둘기 부대는 인천항을 떠나 3월 16일 사이공에 도착, 다얀으로 이동하여 임무를 수행하기 시작하였다. 미국도 이 해 3월부터 지상군을 증강하기 시작했다.

4월 3일 한일 양국 정부는 '어업', '청구권', '재일한인의 법적 지위' 등 3개 현안을 일괄 타결하고 각각 협정에 조인했다. 이에 야당과 학생들은 4월 13일 대규모 가두시위를 벌였다. 이 시위에서 동국대생 김중배가 부상을 입었는데, 15일 밤 사망하여 시위는 격화되었다. 이에 박정희 정부는 4월 16일 오후 휴교령을 지시했다.

5월 2일 진해 제4 비료공장 준공식이 있었는데 이날 참석한 박 대통령은 연설에서 한국 지식인과 대학생의 행태를 다음과 같이 비판했다.

과거 일제 시대에 우리가 일제와 싸우던 것과 마찬가지인 정신자세, 즉 왜적(倭賊)이 와서 우리를 점령하고 우리를 식민지화하고 우리가 남의 노예가 되었을 때, 우리가 일제에 대항하던 이러한 정신자세는 근본적으로 뜯어고쳐야 되는 것입니다.

…지금 우리 한국의 지식인 가운데, 인텔리 가운데는, 정부가 하는 일은 무조건 반대해야만, 그 사람이 아주 인텔리이고 지식

인이고 애국자연합니다.

정부가 하는 일은 그네가 아무리 생각해도 옳다고 여럿이 있는 앞에서 이야기하였다가는 "저 사람은 정부에 아부하는 사람이며 소위 요즘 말하는 사꾸라요, 저 사람은 무슨 정부의 앞잡이다"하는 이런 우리 한국의 인텔리들의 사고방식이 근본적으로 뜯어 고쳐지기 전에는 한국의 근대화라는 것은 어렵습니다.

오늘 이 자리에 학생들도 좀 얼굴을 보이기 때문에 내 좀 더 얘기를 하려 합니다. 학생들! 지금 정치인들이 국회에서 뭐라고 떠들면 내용도 모르고 덮어놓고 거리에 나와서 플래카드를 들고, 무슨 학교에서 성토대회도 하고, 「무슨 정부 물러가라, 매국하는 정부 물러가라」하는 등 이런 철없는 짓도 하는데, 나는 학생제군들에게 솔직히 이 자리에서 얘기해 두거니와, 제군들이 앞으로 이 나라의 주인공이 되자면, 적어도 10년 내지 20년 후에야라만 제군들이 이 나라의 주인공이 되는 것입니다. 제군들의 시대가 오는 것입니다.

오늘 이때에 우리들 기성세대가 모든 것을 책임지고 여러분들 못지않게 나라에 대한 것을 걱정하고 근심을 하고 노력을 하고 있다는 것을 여러분들은 잊어서는 안 되는 것입니다. **내가 학생 여러분들을 절대 무시하는 것이 아니라 나도 여러분들과 같이 한 20대 젊은 시절의 학생시절을 생각 좀 해보는데 여러분들은 아직까지도 공부를 하고 배워야 되고 모든 것을 훈양을 해야 되고 자기의 실력을 배양할 시절입니다.**

여러분들이 정부가 하는 일, 정치적인 문제, 사회적인 문제에 낱낱이 직접 간섭하거나 참여하거나 직접 행동해온 길, 그런 시기도 아니고 또 그런 것이 여러분들의 책임도 아니라는 것을 확실히 알아야 합니다.

그런데 지금 학생들은 4·19 정신 운운하며 뛰어나옵니다. 여러분들의 선배가 4·19 당시에 거리에 나와서 한국의 민주주의를 같이 지키기 위해서 뛰어나온 그 정신은 그야말로 백년에 한번, 수백 년에 한번 있을까 말까한 이런 숭고한 정신인 것입니다. 어떠한 사소한 정치적인 문제가 국회나 사회에서 논의가 될 때 그 문제 하나하나를 들고 학생들이 거리에 뛰어나와서 그것이 4·19 정신이라고 이렇게 떠든다면 그야말로 4·19 정신을 그 이상 더 모독하는 것이 없을 뿐더러 4·19 정신은 절대 그것이 아니다는 것입니다.

작년 연말에 내가 독일에 방문했을 때 독일 대통령이 첫날 저녁에 나를 만나서 한 얘기를 지금도 기억하고 있습니다. "한국엔 왜 학생들이 거리에 뛰어나와서 정치문제에 대해서 자꾸 간섭하기 좋아합니까?" 나한테 이렇게 질문합니다. 나는 다소 창피스럽기도 하고 부끄럽기도 해서, "한국의 학생들은 일부 그런 학생이 있지만, 대다수 학생들이 다 건실하고 나와서 하는 것은 일부 학생들뿐이다. 당신 나라에도 그런 학생들이 있을 수 있지 않느냐", 이런 답변을 했더니 독일 대통령이 하는 말이 "내가 알기에는 학생들이 거리에 나와서 정치문제를 가지고 데모를 하고 떠드는 나라치고 잘 되는 나라가 없습디다." 나한테 이렇게 이야기합니다.

'자기 나라 독일은 1차 대전 이후 그동안의 전쟁을 두 번 했고 정권이 몇 번 바뀌고 사회에 여러 가지 혼란이 있었지만 1919년에 한번 함부르크 항에서 영국 배와 독일 배가 충돌을 했을 때 한 번 학생 데모사건이 있은 연후에 그 뒤에 학생들은 한 번도 거리에 나온 일이 없다. 학생들은 어디까지든지 이 시기에는 공부를 해야 되고 배우는 시간이고 실력을 양성해야 하는 시간인데 자기들이 직접 이런 일에 참여할 시기가 아니라는 것을 확실히 알고 있다. 그런데 왜 한국의 학생들은 거리에 나오기 좋아합니까? 학생들이 거리에 떠든다고 해서 난 절대 그 사람들이 애국주의 학생이라고 보지 않습니다.'

혹 대통령이 이런 소리 한다고 해서 일부 학생들이 불만을 품을지 모르지만은 오늘 이 자리에서 우리 한국의 일부 철부지한 학생들에게 확실히 이야기합니다. 여러분들이 오늘날 한일문제를 가지고 거리에 나와서 떠든다는 것은 그야말로 일부 정치인들의 앞잡이 노릇밖에 안 된다는 것을 확실히 인식해야 합니다. **한일회담의 내용이 어떻게 되는지 어떤 점이 여야 간에 싸우고 있는 쟁점인지, 내용이라도 알고 떠들어야지 덮어놓고 뭐라고, 요즘에 바깥의 세상이 뒤숭숭하니까 학생들이 거리에 나와서 한번 기분을 풀기 위해서 나가보자는 이런 사고방식을 가진 학생들이 있다면 이것은 한국의 장래를 위해서, 우리 조국의 앞날을 위해서 대단이 걱정되는 일이라 이겁니다.**

5월 16일 박정희 대통령은 존슨 미국 대통령의 초청으로 미국을 방문하였는데 전례 없는 대환영을 받았다. 미국의 동맹국 가운데 유일하게 한국만 대규모 전투부대 파병에 적극적이었기 때문이었다. 존슨은 그 보답으로 한국군 현대화를 지원하고 경제

원조를 해 줄 생각이었다. 박 대통령은 워싱턴에서 존슨 미국 대통령과 정상회담을 가지고 5월 18일 공동 성명서를 발표하였다.

내용은 우호관계의 증진, 대한원조 계속, 한·일 국교정상화, 한국경제개발을 위한 1억 5,000만 달러의 장기개발차관 공여, 한·미 공동으로 과학기술연구소의 설치, 한·미 행정협정 조기타결 등이었다.

당시는 주목하는 이가 거의 없었지만 이 가운데 의미가 남다른 것이 한·미 공동으로 과학기술연구소를 설치한다는 항목이었다. 존슨 대통령은 박정희 대통령에게 개인적으로 큰 선물을 주고 싶어 자신의 과학고문인 도널드 호닉(Donald Honig) 박사에게 자문을 구했는데, 그는 공과대학 설립을 제안했다. 그러나 박 대통령은 정상회담에서 간곡히 과학기술연구소를 만들어 달라고 부탁했다.

6월 14일 한국 정부는 베트남으로부터 한국군 1개 전투사단 지원요청서를 접수했다.

6월 22일 한국과 일본은 한일 수교에 관한 기본 협정에 조인하였다.

한국 정부는 무상 원조 3억 달러, 유상 원조 2억 달러, 상업 차관 3억 달러의 청구권 자금을 얻어냈다. 이는 당시 한국 정부 예산의 몇 배나 되는 거액이었다. 한 푼이라도 더 받으려는 한국은 불리한 입장이었으나 미국 존슨 행정부가 한국 편을 들어 중재하여 예상보다 많은 액수를 받을 수 있었다.

6월 23일 한국 정부는 한국군 1개 전투사단 베트남 파병에 관한 대미합의각서를 베트남에 수교했다.

8월 13일 한국 국회에서 전투사단 파병안이 통과되었다. 야당은 결사반대하였는데, 여당인 공화당에서도 정구영, 서인석, 박종태 의원은 반대표를 던지거나 기권했다.

8월 14일 한일협정비준동의안이 여당 단독으로 국회를 통과했다. 이에 대학생들은 한일협정 비준을 무효화를 주장하며 시위를 벌였다. 모든 학교가 개강한 8월 23일 시위 규모가 커졌는데, 이들은 박정희 정부 타도 구호를 다시 외쳤다.

8월 26일 경찰병력으로 치안유지가 불가능하다고 판단한 서울특별시장 윤치영(尹致暎)의 요청으로 박 대통령은 서울 일원에 위수령을 선포했다.

8월 29일 맹호부대(수도사단)가 파월부대로 결정되었으며, 채명신(蔡命新) 소장을 지휘관으로 파월부대 편성에 착수하여 4주간의 국내 훈련이 실시되었다.

9월 25일 위수령이 해제되었다. 이날 중앙정보부는 국가전복을 기도했다는 혐의로 학생 11명을 구속 기소하고 6명을 수배했다.

10월 16일 맹호부대 본대는 부산항에서 출국하여 그 해 10월 22일 퀴논 항에 도착한 다음, 11월 3일 미 제1공수사단으로부터 전술 책임지역을 인수받았다.

한국 정부가 베트남에 파병한 이유는 여러 가지이지만 경제적 이득을 얻기 위한 것도 주요 목적이었다. 베트남 파병으로 이른바 '베트남 특수'가 일어났다.

베트남 파병의 경제적 효과

한국은 베트남전쟁에 참전함으로써 대외원조삭감정책으로 전환하고 있던 미국으로부터 군사원조 삭감중지와 1억5천만 달러의 장기차관 도입에 성공했다. 이로써 5만5천 명 규모의 전투요원과 노무자·기술자 등 민간인 1만6천 명이 베트남에 파견되고, 이에 따라 베트남과의 무역액이 증가함과 동시에 베트남 특수라는 새로운 무역외수입이 생겼다. 1965~70년 사이 한국정부는 미국 정부로부터 총액 9억2,700만 달러의 원조를 받았다.

1965년의 수출총액이 1억7천 5백만 달러 정도였다는 것을 생각하면 이 같은 규모는 엄청난 액수였다. 베트남 특수는 1960년대 후반~70년대 초 주요 외화 획득원이었다.

베트남 파병은 당시 심각한 사회문제였던 높은 실업률을 줄이는 데도 큰 도움이 되었다. 1965~1972년 사이 한국 기업들이 베트남 전쟁과 관련하여 벌어들인 돈과 군인, 노무자들이 받은 봉급은 모두 7억5천만 달러에 달했다.

또한 한국 정부는 파병에 대한 반대급부로 미국으로부터 좋은 조건의 공공차관을 도입할 수 있었다. 1966~1972년 사이 11억 달러의 공공차관이 들어왔는데, 주로 사회간접자본 건설에 투입되어 한국 경제 발전에 큰 역할을 했다.

1966년 2월 10일 한국과학기술연구소(KIST, Korea Institute of Science and Technology)가 재단법인으로 설립되었다. 이 연구소에는 미국 정부와 한국 정부가 각각 1천만 달러를 출연했다. 박 대통령도 개인 돈 100만 원을 기부했다. 초대 연구소장으로는 최형섭(崔亨燮, 1920~2004) 원자력 연구소 소장이 임명되었다.

한국원자력연구소(韓國原子力硏究所)

1950년대 한국의 에너지 사정은 너무나 열악했다. 전력 부족으로 허덕이고 있었고 대도시도 수시로 정전이 되었다.

1956년의 경우 총 에너지 소비량은 8756 TOE(TOE=석유환산톤)에 불과했다. 이 가운데 숯이나 땔감이 6475 TOE로 전체 소비량의 74%나 차지했다. 석탄은 1634 TOE로 18.6%를 차지했다. 석유와 액화천연가스(LNG)로 얻는 에너지는 6%도 되지 않았다. 에너지 확보가 되어야 산업 발전도 가능할 터였다.

1956년 국제 전력계의 거물인 워커 리 시슬러(Walker Lee Cisler) 박사가 방한했다. 그는 2차 세계대전 후 유럽의 전력망 복구에 기여한 인물이다. 시슬러 박사는 이승만 대통령을 만났는데 우라늄과 석탄이 들어있는 작은 나무상자를 열어 보여주었다. 그는 "이 우라늄 1g으로 석탄 3t의 에너지를 낼 수 있다. 한국은 자원 빈국이 아니냐. 석탄은 땅에서 캐는 에너지이지만 원자력은 사람의 머리에서 캐내는 에너지다. 한국처럼 자원이 적은 나라에서는 사람의 머리에서 캐낼 수 있는 에너지를 적극적으로 개발해야 한다. 우라늄을 이용한 원자력발전을 하려면 인재를 육성해야 한다. 지금부터 젊은 사람을 키운다면 한국은 20년 후 원자력발전으로 전깃불을 켤 수 있는 나라가 될 것이다"라며 원자력산업에 투자할 것을 권고했다.

이승만 대통령은 평소 "앞으로 국방·안보적 차원에서도 원자력이 반드시 필요하다"고 강조했었으나 한국이 과연 원자력 발전을 할 수 있느냐에 대해서는 확신을 갖지 못했다. 시슬러의 설명을 듣고 원자력 산업에 적극적으로 도전했다.

1956년 이승만 대통령은 한·미 원자력협정을 체결했다. 이후 4년간 237명의 국비유학생을 뽑아 미국과 영국으로 보냈다. 1인당 유학비로 6,000달러 이상이 들었다. 당시 1인당 국내총생산(GDP)이 70달러였던 것을 고려하면 국가 차원에서 사활을 걸었던 것이다.

1968년 3월에는 원자력법을 제정했고, 1959년 1월 대통령 직속기관으로 원자력원이 출범했고 3월 산하의 원자력연구소가 설립되었다. 그리고 이 해에 서울대에 원자력공학과가 신설되었다.

1959년 7월 14일 출력 100kw의 연구용 원자로 트리가 마크-Ⅱ 기공식이 거행되어 1962년 설치가 완공되었다. 이 연구용 원자로로 기초실험과 교육훈련을 하고 동위원소를 생산해 의료에 사용했다. 1969년 4월 원자력연구소는 출력 1MW의 트리가 마크-Ⅲ를 도입해 두 개의 실험용 원자로를 운영하게 되었다.

1973년 방사선의학연구소, 방사선농학연구소와 통합되어 과학기술처 산하의 정부출연 연구소인 한국원자력연구소로 새롭게 출범했다.

1980년 한국핵연료개발공단과 통합되어 한국에너지연구소로 명칭이 변경되었으나 1989년 한국원자력연구소로 처음 이름으

> 로 환원되었다.
>
> 1990년 한국 원자력안전기술원이 분리되었고, 1996년 원자로 계통 설계 사업, 핵연료사업, 방사성 폐기물 사업을 산업체로 이관했다. 2004년 한국원자력통제기술원이 분리되었고, 2006년 정읍 방사선과학연구소를 설치했으며, 2007년 원자력의학원이 분리·독립되는 한편 한국원자력연구원으로 이름을 바꾸었다.
>
> 2차 세계대전 후 신생 독립국 중 원자력 기술 자립은 물론 해외수출까지 달성한 나라는 대한민국이 유일하다.

최형섭 박사는 1920년 11월 2일 경상남도 진주에서 출생했다. 1936년 대전 중학교를 졸업하고, 일본 와세다 대학에서 금속 공학을 전공하여 1944년 채광야금과 공학사 학위를 받았다. 이후 서울대학 이공학부 전임강사(1946~1947), 해사대학 교수(1947~1948), 국산자동차주식회사 기술고문(1948~1950)을 역임하였다. 공군 항공수리창장(1950~1953)으로 재직하던 중 미국 유학을 떠나, 1955년 미국 노트르담 대학원에서 물리야금 전공 공학석사, 1958년 미국 미네소타 대학원 화학야금 전공 공학박사 학위를 받았다.

1959년 귀국하여 국산자동차주식회사 부사장(1959.7~1961.1)이었다가 1962년 4월 원자력연구소 소장으로 임명되었다.

박 대통령은 최형섭 박사에게 임명장을 주는 자리에서 과학기술에 대한 자신의 견해를 다음과 같이 밝혔다.

나는 평소 우리가 살 길은 기술 개발 밖에 없다고 생각하고 있습니다. 이미 한 말이지만 이번 연구소 사업만은 내가 직접 돌봐 줘야겠습니다.

그러나 법인만 설립된 것이었지 연구소 부지(敷地)도 아직 정해지지 않았다.

1966년 3월 4일 윈스럽 브라운 주한 미국대사는 한국군의 베트남 추가파병에 대한 미국 측의 보상조치를 약속한 문서를 한국정부에 전달했다. 이것이 이른바 브라운 각서이다.

이 각서는 브라운 주한 미국대사가 이동원 외무부 장관에게 보낸 A4용지 5장 분량의 편지 형식으로 돼 있다. 보상 내용은 군사원조 10개 항과 경제원조 6개 항인데, 그 내용은 다음과 같다.

군사원조

(1) 한국군의 현대화 계획에 수년간 상당량의 장비를 제공한다.
(2) 추가 파병 병력에 필요한 장비를 제공하고 그 경비를 미국 정부가 부담한다.
(3) 파병 병력을 대체할 보충 병력 장비와 소요 재정을 미국 정부가 부담한다.
(4) 한국의 대(對)간첩 활동능력 개선 요구를 충족한다.
(5) 탄약 생산 증가를 위한 병기창 확장용 시설을 제공한다.
(6) 한국 공군에 C-54 항공기 4대를 제공한다.
(7) 파병 장병의 해외근무수당을 제공한다.

(8) 전사자 부상자에 대한 보상금을 2배 지급한다.

경제원조

(1) 추가 파병에 소요되는 추가 비용 전액 지원
(2) 주 베트남 미군 일부 구매품목의 한국 발주
(3) 한국에 대한 기술 원조 강화
(4) 추가 개발차관 제공
(5) 1,500만 달러의 프로그램 차관 제공

한국 외무부는 1966년 상반기부터 1969년 말까지 매달 국방부와 재무부 등 관계부처와 협의를 갖고 각서 이행 실적을 분기별로 꼼꼼히 점검했다.

1966년 6월 1일 월남 증파 전투사단으로서 백마부대(보병 제9사단)가 구성되었으며, 육군소장 이소동(李召東)을 지휘관으로 부대 증편 및 파월을 위한 4주간의 교육이 실시되었다. 백마부대 지휘부는 9월 22일 여의도공항에서 나트랑으로 공수되어 9월 23일 지휘소를 열고 작전업무를 수행하기 시작했다.

베트남 주둔 한국군이 담당한 작전지역은 월남 중부 동해안지역으로 정치·군사·경제면에서 볼 때 가장 중요한 지역이었다. 이 지역은 해안선을 따라 너비 50km에 이르는 최남단 백마부대 담당지역으로부터 맹호부대 담당의 북단에 이르는 길이 372km에 달하는 넓은 지역이었다.

이 넓은 지역에서 불과 4만8천여 명의 병력으로 전선 없는 전장에서 공산게릴라의 침투를 막아 내는 큰 전과를 거두었다.

해군은 백구부대와 해병대인 청룡부대를 베트남에 보냈다. 귀국할 때까지 백구부대는 베트남의 1,000여 마일에 달하는 해안선에 있는 크고 작은 항구와 부산에서 베트남까지 총 462회의 수송작전을 전개하여 모두 56만2,000톤의 군수물자를 수송했다.

청룡부대는 여단급 작전 55회, 대대급 작전 106회, 소부대급 작전 14만4,173회 등 수많은 크고 작은 작전을 통하여 전과를 올렸다.

한국은 1966년까지 베트남에 2만3,865명을 파병하고 1969년에는 파병 인원을 대폭 늘려 1969~1972년 사이에 최대 4만7,872명의 한국군이 베트남에 상시 주둔했다. 1965년부터 1973년까지 베트남 참전 8년간 총 31만2,853명의 병력이 파견되었다.

8월 브라운 주한 미국대사는 윌리엄 번디(William Bundy, 1917~2000) 미 국무부 아시아 태평양 담당 차관보(Assistant Secretary of State for East Asian and Pacific Affairs)에게 한국이 '은둔의 왕국'에서 탈피하여 국제무대로 도약하는 모습을 서술한 서한을 보냈다.

오늘날 한국의 국가적 태도는 외부세계에 대한 의심과 의존으로부터, 갈수록 높아지는 스스로에 대한 자신감과 희망으로 변환되고 있다. 이제 한국은 더 이상, 그리고 어쩌면 다시는 결코, 그처럼 오랜 세월 동안 그러해 왔던 '은둔의 왕국'으로 되돌아가지 않을 것이다.

전통적으로 한국은 앞을 보기보다는 뒤를 돌아보고, 밖을 내다보기보다는 안을 들여다보며, 자신이 먼저 손 내밀고 다른 국가들에 영향을 주기보다는 다른 국가들과의 관계를 회피하고 외면하는 나라였다. 오늘날 한국은 외부세계에서 자신의 위치를 적극 주장하고, 영향력 행사를 열성적으로 추구하며, 권리의 문제로서 강대국들이 자신과 협의하고 자신의 의견을 존중해 주기를 진심으로 기대하고 있다.

(하략)

8월 8일 중국공산당 중앙위원회에서 모택동이 '프롤레타리아 문화대혁명에 관한 결정안 16개조'를 발표함으로써 본격적인 문화대혁명이 시작되었다.

모택동은 대약진 운동의 실패로 1959년 국가주석 직을 유소기에게 넘겨주고 당 주석과 당 중앙군사위원회 주석 직만 가지고 있었다. 권력을 상당 부분 잃은 모택동은 유소기 등 반대파를 쓸어버릴 생각이었는데, 이에 어린 학생들로 구성된 홍위병(紅衛兵)을 이용했다.

8월 18일 전국 각지에서 온 100만의 홍위병들이 천안문 광장에 모였다. 홍위병들에게는 붉은 완장이 지급되었는데, 이들은 자정부터 모택동을 기다렸다. 동이 틀 무렵 모택동이 나타나 잠시 홍위병들과 악수를 나누었고 국방부부장 임표(林彪, 1907~1971)가 "착취 계급의 모든 낡은 사고와 낡은 문화, 낡은 전통, 낡은 관습을 타도하라!"라고 연설했다.

모택동을 직접 보게 된 홍위병들은 고무되어 무리지어 북경 시내를 돌아다니며 '혁명의 적'을 처단하기 시작했다. 북경 3여자 중학교에서 홍위병이 교장을 때려죽였고 북경 사범대학 산하 중학교에서는 교사들에게 끓는 물을 끼얹는 고문을 가했다. 홍위병들은 교사들을 붙잡아 못과 배설물을 삼키게 하고 서로 따귀를 때리게 강요했다. 교사들뿐만 아니라 모택동의 눈에 거슬렸던 지식인들도 타도 대상이 되었다.

【1976년 10월 모택동 사망 시까지 10년 간 지속된 문화혁명은 대한민국에게는 축복이었다. 문화혁명으로 중국의 경제는 물론 과학기술, 문화예술도 퇴보했다. 문화혁명 없이 중국 공산당이 개방 체제로 갔다면 한국이 국제 시장에서 중국을 이기기는 매우 어려웠을 것이다.】

1966년에 들어서 급격히 냉각되던 북한-중국 관계는 중국에 문화혁명의 광기가 불어 닥치자 갈등 관계가 되었다. 문화혁명 주도자들과 홍위병들은 북한 지도부를 수정주의자로 몰아붙였다. 일부 홍위병들이 두만강을 건너 북한으로 들어와 문화혁명을 선전하는 대자보를 붙이기까지 했다. 이에 북한 지도부는 중국 공산당을 교조주의자, 종파주의자로 비판했다.

1966년 10월 6일 한국과학기술연구소 건물 설립 기공식이 열렸다.

부지는 농림부 산하 홍릉 임업시험장이었다. 동구릉 지역, 홍릉 임업 시험장, 말죽거리 숲 등이 후보였는데, 모두 조림 사업과 관련된 임업시험장으로 쓰이고 있어 농림부의 반대가 심했다. 박정희 대통령이 직접 나서서 30만 평의 홍릉 임업시험장 가운데 8만5천 평을 썼다. 처음으로 근대적 연구소 건물을 세우는 것이라 중요성이 컸는데, 당시 변변한 건설회사도 없어 육군 공병에 맡겼다. 대통령 특명으로 육군공사 조정 통제단이 발족되어 공사를 맡았다. 설계에서 완공까지 기간으로 5년을 잡았다. 설계, 자금 사용과 절차, 자재 구매에 이르기까지 전 과정을 한미 공동 사업으로 추진했다. 공사 감리는 미국 제도를 따랐다.

10월 31일 존슨 대통령은 서울을 방문했다. 수백만 서울 시민이 길거리에 나와 열광적으로 환영했다. 박 대통령과의 정상회담에서 베트남에 대한 지원, 한국 경제발전을 위한 계속지원, 한국 안보 및 국군 현대화를 위한 군사지원 계속 등에 합의했다.

1967년에 들어서서 홍위병들은 김일성을 흐루쇼프와 같은 수정주의자로 비난하고 북한에서 김일성을 반대하는 '정변'이 일어났다는 등의 허위사실을 유포하기 시작했다. 북한 지도부는 이에 대응해서 1967년 1월에 해명 성명을 발표하고, 북한 군부에 대해서는 당과 수령에 대한 충성을 한층 강조했다. 중국과 북한의 관계는 악화되어 서로 현지 대사를 소환하기까지 했다.

1967년 3월 정일권(丁一權) 국무총리가 미국을 방문하여 미 정부 고위층과 일련의 회담을 가졌다.

이 방문의 주요 목적은 지지부진한 브라운 각서 1항 '한국군 현대화 계획'의 이행을 촉구하기 위함이었다. 정일권은 로버트 맥나마라(Robert McNamara) 미 국방장관에게 조속한 이행을 촉구했다.

베트남에 대한 공동협조, 한국군의 현대화 계속, 경제개발 5개년계획에 대한 지원 계속, 대한민국 국제차관단의 구성, 한·미간 무역증대를 위한 연례 상무장관회의(常務長官會議)의 개최 등을 합의한 공동 성명서가 발표되었다.

3월 30일 박 대통령은 과학기술 진흥을 위해 과학기술처를 신설했다. 같은 날 원자력 청도 신설되었다. 과학기술처 초대 장관으로는 김기형(金基衡) 박사가 임명되었다.

【김기형 박사는 미국 펜실베이니아 주립대학에서 요업 공학박사 학위를 받고 세계 각국에서 특허를 40개 이상 얻는 업적을 쌓았다. 1966년 8월 박 대통령의 특별 초청으로 11년 만에 귀국했다.】

6월 5일 이스라엘이 이집트, 요르단, 시리아를 선제공격하여 3차 중동전쟁이 일어났다. 이스라엘의 기습 공격이 예상외의 대성공을 거두어 며칠 만에 가자 지구, 요르단 강 서안, 시나이 반도를 점령했다.

6월 10일 전쟁 당사국들이 UN의 정전 결의를 받아들여 6일 만에 이스라엘의 압승으로 전쟁이 끝났다.

6월 17일 중국은 수소폭탄 실험에 성공했다.

【프랑스는 1968년 수소폭탄을 개발했다.】

3장 · 6대 대통령 선거

1967년 6대 대통령 선거에서 박정희와 윤보선 후보는 다시 대결했다. 윤보선 후보는 통합 야당 신민당(新民黨)의 대통령 후보였다. 박정희 대통령은 4월 15일 대통령 출마를 밝히는 연설을 하면서 자립에의 의지를 다시 강조했다. 다음은 그 일부이다.

민족 주체성의 확립이나 자립은 말로서만 되는 것이 아니라, 그 생산적 실천에서만 가능한 것이며, 더구나 현실과 동떨어진 원리적인 이론에 찾을 수 있는 것이 아니라, 일하는 직장에서 찾을 수 있다는 것을 나는 강조하지 않을 수 없습니다.
국민 여러분!
민족적 민주주의의 제1차적 목표는 자립에 있습니다. 자립이야말로 민족 주체성이 세워질 기반이며, 민주주의가 기착(寄着) 영생할 안주지인 것입니다. 민족자립이 없이 거기에 '자주'나, 무슨 '주의'나가 있을 수 없으며, 자립에 기반을 두지 않는 민족주체성이나 민주주의는 한갓 가식에 불과하다는 것이 나의 변함없는 신조입니다.
따라서 노력은 자립성취를 위해 집주(集注)되어 왔으며, 앞으로도 민족자립이 성취될 때까지는 그 노력의 방향에 변함이 없을 것입니다.

국민 여러분!

우리에게 자립의 날은 가까이 오고 있습니다.

국민 여러분의 주변을 살펴보십시오. 거의가 우리 손으로 만든 국산품들입니다. 나라 살림도 대부분 국민 여러분의 세금으로써 꾸려나갈 수 있게 되었습니다. 우리 신용으로 얼마든지 외국에서 돈을 빌려 올 수도 있게 되었으며, 정부가 가진 외화도 여러분들에게 빌려 줄 수 있게 되었습니다.

남의 원조에 기대야 할 것은 극히 적은 부분으로 줄어들었습니다. 이 얼마나 금석지감(今昔之感)이 있는 이야기들이겠습니까?

국민 여러분!

수년 전 내가 자립을 강조하고 민족적 민주주의를 제창했을 때, 많은 사람들은 우리에게 자립은 달성할 수 없는 먼 곳에만 있는 줄만 알고, 원조 없이는 곧 죽는 것으로만 생각하고 있었습니다.

미국의 원조 액수가 얼만가에만 관심이 있고, 우리가 수출할 액수가 얼만가에는 생각조차 없었던 것이, 솔직히 말해서 그 때의 우리 정치인들의 태도가 아니었습니까? 이제 원조 액수보다 수출 액수에 관심을 쏟고 있는 것이 오늘의 한국 국민의 모습이 아닙니까?

그런 국민 여러분!

우리는 아직도, 더 많은 공장을 건설해서 국민 생활을 더욱 풍요케 해야 하겠으며, 더 많은 수출을 하여 경제적 완전자립을 성취해야 하겠으며, 더 많이 증산하고 기업농을 발전시켜 농가소득을 올려야 하겠습니다. …

우리 공화당이 내놓은 백 가지 공약사업도 중요하지마는, 보다 근본적인 문제는 내가 얼마나 일하고, 또 국민 여러분이 얼마나 일하는가에 달려 있는 것입니다.

어떠한 당의 공약사업도 그 당이 할 수 있는 것이 아니라, 결국 국민 여러분들이 하는 것임을 나는 분명히 밝혀 두는 바입니다.

우리가 나갈 진로나 계획은 이미 우리가 정성을 다해 만든 제2차 5개년 계획에 다 담겨 있습니다. 문제는 얼마나 노력하고 일하는가에 달려 있습니다.

나는 앞으로 4년 동안 더욱 분주히 지방을 다녀 국민 여러분을 격려할 것이며, 또 더욱 일할 것을 국민 앞에 약속합니다.

나는 일하는 대통령이 될 것을 국민 앞에 약속합니다.…

선거 운동 기간 중 박정희 후보는 지방 발전 공약은 일체 하지 않았다.

4월 18일 전주에서 2차 유세를 가진 박정희 후보는 경제 성장과 관련해서 자신의 청사진을 밝히면서 "이러한 일을 거짓말과 소란만 떠는 야당에 맡겨 잘해 나갈 것이라고 생각하는 분이 있으면 아무 생각 말고 야당에 표를 찍으시오. 그러나 박 대통령과 공화당만이 일을 잘할 수 있다고 생각한다면 나에게 표를 찍어주시오"라고 했다.

4월 21일 신민당 대변인 김대중은 "약 100억 원으로 예상되는 공화당 선거 자금의 출처를 밝히라"는 성명을 발표했다. 김대중은 "대통령 선거운동비가 규정에 따라 2억 8천만 원으로 제한되고 있는데 공화당은 그 몇 십 배를 사용하고 있다"고 주장했다.

4월 23일 대구 수성천 변에는 약 30만 명의 청중이 모여들었다. 박정희 후보는 연설을 끝내면서 "야당은 거짓말, 생떼, 중상모략을 하는 데 세계에서 둘째가라면 서러워한다"고 비난했다.

4월 27일 광주에서 10만 청중이 몰린 가운데 박정희 후보는 야당의 주장을 반박했다.

"요즘 민주주의가 사망했다고 하는데 '수염이 석 자라도 먹어야 산다'고 배가 불러야 민주주의도 할 수 있는 겁니다."

"야당 사람의 몸은 20세기 것이나 머리는 19세기 것입니다. 이 야당인(野黨人) 머리의 근대화가 우리나라 근대화의 첩경입니다."

"야당 유세에 관이 방해해서 청중이 안 모인다는데 우리 국민은 관이 방해하면 샛길로 해서라도 더 많이 모입니다."

5월 3일 실시된 6대 대통령 선거에서 박정희 후보는 윤보선 후보에 116만 표 차로 압승을 거두었다.

1967년 제 6대 대선 지역별 득표 현황

	박정희		윤보선	
서울	59만 5513	45.2%	67만 5716	51.2%
부산	33만 8135	64.2%	16만 4077	31.2%
경기	52만 5676	40.9%	67만 4964	52.6%
강원	42만 9589	57.1%	34만 9807	41.7%
충북	26만 9830	46.6%	25만 2469	41.2%
충남	48만 9516	45.3%	50만 5076	46.8%
전북	39만 2037	39.7%	45만 1611	48.7%
전남	65만 2847	42.0%	68만 2622	43.9%
경북	108만 3939	64.1%	44만 7082	26.4%
경남	83만 8426	68.6%	28만 1545	23.4%
제주	7만 3158	56.5%	4만 1572	32.1%
합계	568만 8666	51.4%	452만 6541	40.9%

박 후보가 윤 후보를 크게 이길 수 있었던 것은 1차 경제개발계획(1962~1966)이 성공한 때문으로 볼 수 있다.

대선에 이어 6월 8일 실시된 7대 국회의원 선거는 3선 개헌추진 징후였다.

공화당이 압승을 거두기 위해 지나친 무리수를 벌였다. 중앙정보부장, 내무부장관뿐만 아니라 중앙 부처의 고위 공직자들이 대거 지방으로 내려가 선거운동에 동원되었다.

선거 결과는 공화당의 압도적인 승리였다. 공화당 131석, 신민당 41석으로 개헌선인 117석을 10석 이상 초과하는 것이었다. 기타 군소 정당은 당선자가 없어 몰락했다(군소 정당의 당수 6인이 낙선했다). 극심한 여촌야도(與村野都) 현상이 나타나 공화당은 서울 14개 지역구에서 겨우 1석을 얻었고 부산에서도 7개 지역구 가운데 2

석만을 얻었다. 농민들이 보릿고개에 고생하던 것에 비해 도시민은 식량난이 덜했다. 이 때문에 농민이 적극적으로 박 정권을 지지했다.

7대 국회의원 선거결과에 신민당은 "유령 유권자 조작, 관권과 폭력에 의한 공포분위기 조성, 공개투표·대리투표 등으로 부정을 자행한 6·8선거는 완전 범죄적 선거"라고 주장하면서 전면 재선거를 요구했다.

6월 13일 박정희 대통령은 김대중의 정치인으로의 행태와 선거 수법을 비난하였다. 명망 높은 변호사로 박 정권에 참여하여 당 총재를 지내고 이때는 당 의장이었던 정구영씨는 회고록에서 이를 기록했다.

그때 근 두 시간 간곡하게 진언을 했어. 대통령도 여러 가지 보고 느낀 점을 얘기해. 지나친 타락 선거였다는 점도 인정해. 그렇지만 야당의 주장은 또 뭐냐는 거야. 전면 재선거를 하라는데, 그거 정권 내놓으라는 소리 아닙니까, 그러는 거야.

「제가 이번 선거에서 몇 사람은 국회에 들어오지 못하기를 바래서 특히 그 지역의 공화당 후보를 특별 지원했습니다. 그 몇 사람은 내게 반대한다 해서 그런 것 아닙니다. 6대 국회 4년 동안 보니까 그 사람들은 이면에선 뒷거래다 뭐다 해서 제 실속을 차립니다. 그런데 표면에서는 저만이 애국자고 깨끗한 사람인양 행세합니다. 차관 승인 같은 것도 양해한다고 뒤에서 업자에게 약속하고 정작 공식회의에선 내가 언제 그랬더냐는 듯 시치미를 떼고 특혜 아니냐고 짐짓 때리고 그럽니다. 이런 거짓말쟁이들이 국민한테 도리어 인기가 있고 표를 더 받습니다. 이번 선거에서 여당만 돈을 썼습니까. 야당에도 여당 못지않게 돈을 쓴 사람이 있습니다. **김대중 같은 사람 선거 운동한 것은 온통 마타도어 흑색선전입니다. 당해낼 재간이 없어요. 잔꾀와 속임수로 선거를 치러요. 그래 놓고 부정선거다, 재선거하라는 소리 이 사람이 앞장서서 하고 있습니다.**

어느 선거나 어느 정도의 타락과 부정은 있기 마련입니다. 우리 같은 형편에선 더욱 그렇습니다. 그렇지만 이번 선거에서 투표 부정, 개표 부정은 없었지 않습니까.」 그러는 거야.

「선생님 말씀 충분히 이해는 합니다만 그 방식으로 이 문제 해결은 않겠습니다」 대통령이 아주 단호하게 잘라 말해.

(『정구영 회고록, 실패한 도전』 중앙일보사, 1987, 제10장 67년 선거와 그 후유증 P174~175)

신민당은 전면 재선거를 요구하며 국회 등원을 거부하였고 11월 여야 간에 협상이 벌어졌다. 이때 박정희 대통령은 김대중에 대해 "고지서가 발부된 세금까지 깎아달라고 청탁했다. 흥정하고도 약속대로 안하고 딴전부리기 일쑤다. 겉으로 저만 깨끗하고 애국자고 민주주의자다. 국민들은 그런 걸 모른다"고 말하며 비난했다.

4장 · 북한의 무력 도발

 1967년 북한에서는 정치·사회·문화 방면에서 큰 변화가 일어났다.

 1967년 5월 조선노동당 중앙위원회 제4기 15차 전원회의가 열렸다. 이 회의를 계기로 정치적으로는 상당수 고위간부들이 숙청당했고, 전체 사회적으로 김일성 사상을 의미하는 유일사상 체계의 확립이 강조되었으며, 개인숭배 캠페인이 대대적으로 전개되었다.

 모든 행사와 의식은 김일성 수령에 대한 찬양으로 시작되었고, 대중 학습은 김일성의 혁명 활동 암송 중심으로 이루어졌으며, 언론은 김일성의 '위대성'을 증명하는 것을 자신의 제1의무로 삼게 되었다.

 북한의 개인숭배 캠페인은 김일성 개인의 '탁월성' 강조를 넘어 김일성 가계를 우상화하는 방향으로까지 나아갔다. 김일성 가계의 우상화는 1967년 9월 여성동맹이 김일성의 어머니인 강반석을 모델로 한 「강반석 여사의 모범을 따라 배울 데 대하여」를 토론하면서 본격화되었다.

 북한의 대남노선도 '군사화'되었다. 북한은 1970년대의 이른바

'결정적 시기' 조성을 위하여 '혁명적 대사변을 주동적으로 맞이하자'는 구호아래 모든 정책을 군사력 강화에 집중했다.

1967년 3월 노동당 중앙위원회 4기 15차 전원회의에서 경제건설 중시파로 알려진 노동당 비서국 대남 담당 비서 이효순(李孝淳, 1907~미상)이 대남 공작 실패와 김일성 사상에 투철하지 않다는 이유로 사퇴했다. 4월 조선노동당 직할 남조선국이 신설되니 대남 공작기구의 확대였다. 인민군 총정치국장 허봉학(許鳳學)이 남조선국장으로 임명되었다. 이후 북한은 대남공작 사업에 더욱 중점을 두었고 특수부대가 창설, 확대되었다.

8월 12일 북한은 민족보위성 정찰국 직속의 대남 공작 특수 부대를 창설했다. '124군 부대'란 명칭을 가진 이 부대는 2,400명으로 구성되었고 300명씩 8개 기지로 나누어 유격 훈련을 받았다. 각 기지는 남한의 1개 도(道)를 담당했는데 제6 기지는 서울과 경기도를 담당했다. 또한 1967년 12월 16일 최고인민회의 제4기 1차 회의에서는 남한혁명화를 강조하는 '10대 정강'을 발표했다.

【과다한 군사비 지출로 북한 경제는 성장이 더뎌졌다. 공식 통계에 따르더라도 북한은 1967년~1969년 사이에 전체 예산의 30% 이상을 국방비에 쏟았다. 당시 북한의 예산 규모가 국민총생산의 70% 정도였음을 고려하면, 국방비 지출은 국민총생산의 20~30%에 달하는 수준이었다. 어느 나라든지 국민총생산의 20~30%를 국방비에 지출하고도 경제를 발전시킬 수는 없는 법이다.】

베트남 전쟁에서 난관에 봉착한 미국 정부는 1967년 한국군의 추가파병을 요청했다. 북한은 이 같은 미국의 의도를 최대한 저지하기 위해 남한에 게릴라 파견을 적극 추진했다. 1967년 한 해에만 휴전선과 남한 후방에서 218건의 교전이 있었다. 북한군은 228명이 전사하고 57명이 포로가 되었으며 한국군과 미군은 131명이 전사, 294명이 부상했다. 한국 측 민간인 사상자는 22명, 부상 53명이었다.

1967년에는 북한의 무장 게릴라가 침투한 사건 또는 간첩단 사건이 한 달 평균 10건 이상으로 빈번하게 신문에 실렸다. 신문사에서는 이들 사건을 중급 기사 수준으로 취급했다.

이러한 가운데 1968년 1월 21일 박정희 대통령 살해를 목적으로 한 북한 특공대의 청와대 기습사건이 일어났다. 이에 미국 정부는 미지근한 반응을 보여 박정희 대통령의 미국에 대한 불신이 커졌다.

북한군 특수부대 출신인 31명의 북한 특공대는 휴전선을 통과한 후 얼어붙은 임진강을 건넜다. 1968년 1월 21일 밤 10시경 서울 시내에 침입했다. 북한 특공대는 서울 세검정에서 청운 2동쪽으로 침입하려했다. 이들을 처음 검문하려 했던 세검정 파출소 소속 경찰관은 종로 경찰서에 수상한 자들이 나타났다고 보고했다. 종로 경찰서의 경찰이 출동하여 검문을 요구하자 일당 중 1명이 종로 경찰서장을 사살하고 수류탄을 터뜨렸다. 이후 북한 특공대는 뿔뿔이 흩어져 북한 특공대는 파주와 고양 방면으로 도주했다.

대간첩작전 본부는 군과 경찰, 헬리콥터 등의 장비를 동원, 밤새 수색작전을 벌였다. 결국 군경합동부대는 1월 30일까지 27명을 사살하고(자폭 1명 포함) 1명을 생포했다. 생포되어 유일한 생존자가 된 이가 김신조이다. 남한 민간인 7명이 사망하고 국군 23명이 전사했다. 북한 특공대가 이들이 청와대로부터 1km가 채 안 되는 지점까지 접근하였던 것은 너무나 충격적일 일이었다.

박정희 대통령은 이 사건에 분개하여 북진보복을 생각할 정도였다.

사건 당일 밤늦게 주한 미 대사 윌리엄 포터(William Porter)를 불러 미국의 즉각적인 보복을 요구했다. 박정희 대통령은 흥분한 목소리로 "대사! 북한군 30명이 쳐들어와 나를 죽이려 했소"라고 말했다. 북한의 도발에 효과적으로 대응을 하지 못하고 끌려가다가는 한국과 미국은 계속해서 당하게 될 것이라고 경고하면서 박 대통령은 "북을 공격해야겠소. 이틀이면 평양에 닿을 수 있다고 생각하오"라고 결의를 표명했다.

포터 대사는 "하시려거든 혼자 하십시오"라고 받아넘기고 청와대를 나왔으나 내심 몹시 걱정했다. 그러나 실제로는 이 때 대한민국은 북한을 공격할 역량을 갖추지 못했었다.

한국 정부의 기대에도 불구하고 미국은 청와대 습격 사건에 대응하는 아무런 조처도 취하지 않았을 뿐 아니라 오히려 박 대통령의 단독 보복책을 경계했다.

이틀 후인 1월 23일에 미국 해군의 정보수집보조함 푸에블로(Pueblo) 호가 승무원 83명과 함께 북한에 납치되었다.

작은 화물선을 개조하여 만든 푸에블로 호는 배수량 106톤의 작은 배로 캘리버 50mm 기관포 2문을 갖추었을 뿐 별다른 무장이 없었다. 이날 1월 23일 1시 45분에 동경 127°54′3″, 북위

39° 25′ 공해상에서 무장한 4척의 북한 초계정과 출동한 미그기 2대의 위협 아래 나포되어 원산항으로 강제 납치되었다. 함장 중령을 비롯한 6명의 해군장교와 수병 75명, 민간인 2명을 포함한 총 83명이 승선하고 있었다.

푸에블로 호는 이 날 정오 무렵 추적하는 북한 초계정으로부터 "국적을 밝혀라"라는 요구에 미국 함선이라고 답변했다. 북한 초계정이 다시 "정지하라. 그렇지 않으면 발포하겠다"는 요구에 "공해상에 있다"는 답변으로 이를 거절했다. 약 1시간 뒤 북한 초계정의 연락을 받고 3척의 무장 초계정과 2대의 미그 기가 출동해 왔다. 미그 기가 푸에블로 호 우현을 선회 비행하며 위협 신호를 보내고 있는 동안, 오후 1시 40분 북한 무장 수병들이 푸에블로 호에 승선하여 곧 원산으로 갈 것을 강요했다.

2시 10분 푸에블로 호는 무력 저항을 하지 않고 원산항으로 끌려간다는 보고를 했다.

2시 32분 "엔진이 모두 꺼졌으며 무전연락도 이것이 마지막이다.", "원산 항으로 끌려간다"는 최종 보고를 했다. 미 해군 함정이 공해상에서 납치되기는 미국 역사상 106년 만에 처음 있는 일이었다.

미국 정부는 즉각 국가안보회의(NSC)를 소집하고 극동 주둔 제5공군에 비상출격 대기령을 내리는 한편, 핵추진 항공모함 엔터프라이즈 호를 원산 근해로 보내는 등 강경조처를 강구했다.

공해상의 납치 행위를 규탄하는 세계 여론이 들끓는 가운데 사건 다음날인 1월 24일 11시 판문점에서 군사정전위원회 본회의가 열렸다. 이날 회담에서 유엔군 측 대표는 북한 무장 특공대의 서울 침입을 규탄하고 푸에블로 호는 북한 육지로부터 16마일 떨어진 동경 127° 54′3″, 북위 39° 25′ 공해상에서 납북되었다고 지적했다. 그는 "미국은 국제법상 배상을 요구할 권리를 가지고 있다"고 주장하면서 승선원 전원과 푸에블로 호의 즉각 송환을 요구했다.

이에 북한 대표 박중국(朴重國)은 납북 지점은 동경 127° 46′, 북위 39° 17′으로 북한 영해를 침범했다고 주장했다.

미국은 사건이 나자 즉시 소련에게 중재를 요청했으나 소련은 거절했다. 사건 해결을 위한 국제적십자사의 북한적십자사와의 접촉도 실효를 거두지 못했다.

이러한 북한의 무력 도발에 한국 국민뿐 아니라 주한 외국인마저 크게 동요했다.

1월 27일 윌리엄 포터 대사는 미 국무부와 태평양사령부, 주한미군사령부등에 '도피·탈출 작전(Escape and Evasion Plan)'이라는 비밀전문을 보냈다. 그는 '도피·탈출 위원회'가 주한미군사령부와 협조해 도피·탈출 작전을 검토하고 있다고 보고했다. 그러나 그는 "주한미국대사관은 조심스럽게 상황을 검토했으며 지금 시점은 도피·탈출 작전에서 공식적으로 경고할 단계는 아니라고 믿는다"고 자신의 의견을 개진했다.

도피·탈출 작전은 한반도 유사시 한국에 거주하는 미국 국민을 한반도 밖으로 비상 소개시키는 작전을 말하는 것으로 주한미군사령부의 작전 계획 가운데 하나이다.

2월 1일 포터 대사는 국무부에 다시 도피·탈출 작전에 대해 보고했다. 그는 "한국에 체류 중인 미군 가족과 비필수 미국 국민이 약 1만1천 명에 이르는 것으로 추정된다"고 했다. 또 네델란드와 일본, 독일, 스웨덴, 그리고 유엔 산하 기구도 미국이 만약 미국 국민을 한국에서 탈출시킨다면 자국민들도 그 대상에 포함시켜 달라고 요구했다고 알렸다.

미국은 푸에블로 호 승무원의 석방을 위해 박 정권을 따돌리고 판문점에서 비밀협상을 벌였다. 미국이 군사력이 아닌 협상으로 해결하려 한 것은 베트남전으로 발목이 묶인 때문이었다.

2월 2일 3번째 비밀협상에서 미국이 영해 침입을 시인, 사과하는 조건으로 승무원을 송환한다는 조건에 합의했으나 북한은 승무원 석방에 따른 대가를 요구했다.

미국과 북한과의 비밀교섭이 진행되고 있던 1968년 2월 6일, 정일권 국무총리는 포터 대사와 본스틸(Charles Hartwell Bonesteel) 유엔군 사령관 겸 주한미군 사령관을 불러 청와대 기습 사건을 우선적으로 다루지 않는 데 대해 항의하고 자위권 행사도 불사하겠다는 강경한 결의를 전달했다.

이와 때를 같이하여 국회에서도 1·21사건을 국가 안전을 위협하는 중대 사건으로 단정, 한국 단독으로라도 단호한 조처를 취할 것을 촉구하는 결의안을 만장일치로 통과시켰다.

2월 7일 진주 – 순천을 잇는 경전선 개통식이 있었다. 이 자리에서 박 대통령은 인사말을 통하여 '일하면서 싸우고, 싸우면서 건설하는' 향토방위 태세의 정비를 위한 250만 재향군인의 무장을 천명했다.

한국정부의 강경한 자세에 미국의 존슨 대통령은 2월 11일 1964~67년 사이 국방부 차관(Deputy Secretary of Defense)을 지낸 사이러스 밴스(Cyrus Roberts Vance, 1917~2002, 카터 행정부 시절 국무장관 역임)를 특사로 파견하여 한국 정부를 누그러뜨리려 했다. 밴스 특사가 존슨 대통령에게 받은 지시는 간단했다.

"박이 북한을 공격하지 못하도록 하라(Do what is necessary to stop Park from invading North Korea.)"

미국 대통령 전용기를 타고 2월 12일 서울에 도착한 밴스 특사는 박 대통령에게 1억 달러의 추가 군사 원조와 M16 소총 공장의 건설을 약속했다. M16 공장은 박 정권이 1년에 걸쳐 미국에 요구해온 것이었으나 미국은 시간만 끌고 있었다. 미국은 남한의 군사력이 강해지는 것을 원치 않았기 때문이다. 이때 한국군의 기본 화기는 제2차 세계대전 때 미군이 쓰던 M-1소총이었다. 이에 비해 북한은 이미 1960년대에 자동소총은 물론이고 탱크와 대포까지 만들고 있었다.

밴스의 약속에 박 대통령도 많이 누그러져 "한국 단독으로 북을 공격하지 않겠다"는 약속을 했다. 미국 정부가 밴스 특사를 파견하고 방위 지원을 약속하는 등 저자세를 취한 것도 한국이 당시 월남에 4만 명이 넘는 병력을 파견하여 미국을 도와주고 있었던 객관적 현실 때문이었다. 박 정권은 미국이 한국을 계속해서 무시한다면 파월 병력을 철수하겠다는 뜻을 미국에 시사했었다.

그러나 미국은 실제로 입장이 변한 것은 아니었다. 본스틸 주한미군 사령관 겸 유엔군 사령관은 한국군의 단독 행동을 막기 위해서, 한국군에 대한 유류 공급을 일시 중단하는 등 사전 견제 조치를 취했다.

2월 21일 미 국무부는 주한 미국 대사관에 전문을 보냈다. 네덜란드 대사관이 한국에서 소개가 필요할 경우 자국민을 도와달라고 미국정부에 요청했다며 한국체류 네덜란드인은 서울 16명 등 모두 21명이라고 했다. 미 국무부는 이 전문에서 "만약 소개 작전이 진행되고 네덜란드인들이 도움을 요청한다면 (비행기) 좌석에 여유가 있으면 비용 본인 부담조건으로 주한 미국대사가 이들을 탈출대상에 포함시켜 주라"고 지시했다.

3월 31일(미국 시간) 존슨 미국 대통령은 TV 연설에서 평화 협상을 위해 북베트남 폭격을 중지한다고 밝혔다. 이어 연설을 마치면서 대통령 불출마 선언을 하여 세계를 놀라게 했다.

4월 1일 대전공설운동장에서 향토 예비군이 창설식이 있었다. 1·21사건에 충격을 받은 한국 정부가 북한의 비정규전에 대비하기 위하여 만든 것으로 군 전역자 250만 명이 향토 예비군으로 편성되었다.

1968년 4월 중순 하와이 호놀룰루에서 세 번째로 박정희-존슨 정상회담이 열렸다. 이 회담에서는 북한의 도발이 아시아의 평화와 안전에 위협이 되며, 중대사태가 발생할 경우 이에 대한 조치를 즉각 결정키로 합의하고, 국군 현대화의 필요성을 인정, 한·미 국방각료회의를 개최하기로 하는 한편 주한미군의 계속 주둔을 재확인하는 공동성명을 4월 18일에 발표했다. 5월에는 워싱턴에서 한미 국방장관의 회담이 열려 1억 달러의 군사원조를 추가로 한국에 제공하기로 결정되었다.

5월 13일 베트남전을 종식시키기 위한 휴전협상이 미국과 월맹 사이에서 시작되었다.

1968년 7월 20일 중앙정보부는 목포 앞 임자도(荏子島)를 거점으로 하여 활동해 온 북한 고정간첩단을 적발, 간첩 27명을 구속하여 검찰로 보냈다고 발표했다(수배자는 118명).

발표문에 따르면 지하당 전남도책(全南道責)인 정태홍(鄭泰洪, 일명 정태묵)·최영길(崔永吉)·김종태(金鍾泰)·윤상수(尹相秀) 등 간첩단은 1962~1967년 사이 고기잡이를 가장하여 뱃길로 연 13회 북한을 오가며 지령을 받고 1,845만 원의 공작금을 받아 후방 유격기지 건설을 목표로 활동했다. 이들은 목포와 서울에 동방수지공업·동성 서점·삼창 산업 등 3개 위장업체를 운영하며 연락기지로 삼았다. 임자도 주민들이 신고하지 못할 정도로 임자도에서 이들의 세력은 컸다.

임자도 간첩단이 북한으로부터 받은 지령 내용은 다음과 같다.

① 남로당 조직을 재건하여 지하당 조직을 확산할 것
② 사회주의자 서클을 조직할 것
③ 공작 조직의 간부를 양성할 것
④ 혁신계 등 중도 정치노선의 정당에 침투할 것
⑤ 1967년 5월의 대통령선거에는 제1야당을 지원하고 모 혁신 정당의 당수를 사퇴시킬 것
⑥ 1967년 6월의 국회의원 선거에는 극렬적인 야당 인사를 지

원할 것
⑦ 지하당은 장차 유격대로 발전시키고 이에 대비하여 도서지역에 유격기지를 설정할 것
⑧ 출판사를 경영하되 장기적인 안목으로 반공법에 저촉되지 않는 범위 안에서 반미·반정부 사상을 고취시킬 것
⑨ 반공법·국가보안법 사건을 주로 맡는 변호사를 적극 포섭할 것

1942년생인 정태홍은 전남 목포 출생으로 목포상고를 졸업하고(김대중의 목포상고 1년 선배) 보성 전문에 진학했으나 중퇴했다. 정태홍은 남로당 전남도당 위원장으로 활동하다가 체포되어 10년형을 받아 복역하고 나왔다.

1965년 3월 정태홍은 고정 간첩 김수영에게 포섭되어 북한으로 갔다. 노동당 대남 담당 비서 이효순을 만나 노동당에 입당하고 지하당 조직 방법 등을 교육받고 무전기 3개, 난수표 1매를 받아 복귀했다. 정태홍은 북한에 4회 왕복하며 공작금 800만 원 받고 활동했다.

최영길은 임자면의 전 면장으로서 임자도의 공작 기지를 관할했다. 1967년 총선에서는 김대중의 선거 참모로 활동해 목포에서 당선 시키는데 공헌했다.

정태홍·최영길·김종태·윤상수는 이듬해 모두 사형을 선고받았다.

이 사건은 아편 중독자였던 정태홍의 아우 정태연이 1968년 6월 중앙정보부에 자수하여 수사가 시작되었다. 정보부원들은 엿

장수로 위장해 목포와 임자도에 들어가 체포에 나섰다.

최영길은 김대중의 선거 참모였으므로, 김대중은 큰 위기에 몰렸다.

중앙정보부장 김형욱은 김대중을 세종 호텔로 불러 직접 만난 후에 무혐의 처리했다. 김형욱은 회고록에서 이 장면을 다음과 같이 묘사했다.

나는 이른 점심을 하러 간다는 말을 남기고 열한 시경 사무실을 나섰다. 몇 분 안에 세종호텔에 도착하여 「엘리베이터」에 올라탔다. 중앙정보부가 특별조사를 위해 확보하고 있던 특수방 앞에 서서 방 번호를 확인하고 노크를 했다. 거기에는 이미 김대중이 와 있었다. 우리는 간단히 그리고 사무적으로 악수를 교환하였다.

『나, 김대중 의원과 단독으로 얘기 할 것이 있으니까 자네들은 나가 있도록.』

나는 옆에 배석하고 있던 조사관들에게 명령하였다. 김대중은 매우 긴장해 있었다. 그는 내가 왜 그에게 점심식사를 같이하자고 초대했는지를 잘 알고 있는 듯이 보였다.

『사실은 오늘 초대한 것은 점심식사를 하기 위한 것이 아니라 최영길에 대한 것을 몇 가지 다짐하고 넘어가야 할 것이 있어서입니다. 괜스레 중앙정보부로 호출을 하면 귀찮은 일이 생길 것이고 김 의원의 정치적 장래에 본의 아닌 흠도 생길 것 같아서.』

『그 점, 고맙게 생각합니다. 김 부장님.』

『최영길로부터 무슨 이상한 낌새를 느낀 적은 없었습니까? 무슨 특별한 부탁이나 반정부 발언을 하도록 종용받았다거나.』

『김 부장께서 잘 아시다시피 반정부발언이라면 이 김대중이 대한민국에서 두 번째가라면 서러워할 만큼 많이 한 사람입니다. 구태여 최영길의 도움이 없었더라도 말입니다. 나도 정치가로서 대망을 가진 사나이요. 최영길이가 그따위 조직에 가담했다는 걸 사전에 알았다면 내가 그를 중용했다는 것이 될 법이나 한 일이겠습니까.』

『그건 내가 아오. 그러길래 나도 김 의원을 다른 정치인과 달리 취급하고 있오. 하나 이번 문제가 된 임자도 사건은 북한이 한국 내 야당을 선동하려는 공작을 그 중심목표의 하나로 하고 있오. 더구나 김 의원과 같이 인기있는 진보적 야당 중진은 그들에게 매력적인 목표물이라는 것은 아셔야 할 것이오.』

『알겠습니다. 그러나 그 논법대로 하자면 대한민국에서 야당하는 사람은 죄다 그 사람들의 마수에 걸려둘 수도 있다는 얘기가 되겠지요. 결과적으로 보아 내가 최영길을 선거 참모로 썼다는 것은 불행한 일이었습니다. 김 부장께서 나까지 한사코 연루시키려 든다면 고생 좀 하게 되리라고 각오는 하고 있습니다.』

『내가 김 의원을 연루시킬 것 같소?』

『그거야, 김 부장께서 더 잘 아시겠지요. 한 가지만 더 말씀드리자면 최영길이가 그런 지하당 조직에 관계됐다는 걸 내가 알았다면 그가 아무리 수완이 좋고 조직능력이 있다 손치더라도 나는 그를 선거참모로 쓰지 않았을 겁니다. 지금 대한민국의 대공사찰망이 어떻습니까? 생각해 보십시오. 누가 감히 김 부장의 어마어마한 정보망을 속이려 들겠오이까? 쓸데없는 위험을 감수하면서 말입니다.』

『허허, 나를 은근히 비행기 태우시는군. 아무튼 나는 개인적으로 이 나라에 김 의원 같은 야당 정치인도 있어야 한다고 믿는 사람입니다. 장래가 촉망되는 야당정치인에게 이만한 일로 결정적인 상처를 안겨주고 싶은 생각은 없소이다.』

『감사합니다. 그 말씀.』

『그러나 위치가 위치인 만큼 앞으로 사람을 쓰실 때는 각별히 조심을 하셔야 할 것이오. 김 의원의 대성을 기원합니다.』

『고맙습니다. 그런 말씀을 다른 사람도 아니고 김형욱 정보부장으로부터 들으리라고는 생각지도 못했습니다.』

『그럼, 나는 떠나겠오. 곧 우리 조사관들이 간단한 질문을 할 터이니 최영길의 배후에 대해서는 방금 나에게 말씀하신대로 그저 모른다고만 진술하시오. 그 사람들이 별 트집을 잡거나 무례를 범하지 않도록 내 얘기해 두고 가리다.』

『잘 알겠습니다. 고맙습니다, 김 부장님. 중앙정보부 최고사령탑 안에 나를 개인적으로 이해해 주는 분이 있다는 것이 놀라울 뿐입니다.』

나는 11시 40분 경 거기를 떠났다.

(『김형욱 회고록』 제 3권 전주 : 아침출판사, 1985, P245~246)

1980년 5월 20일 김대중이 군 검찰에서 작성한 진술서에는 다음과 같이 서술되어 있다.

임자도 간첩 사건의 주범 정태묵(鄭泰黙)은 본인의 목포상업학교 1년 선배이며 선거 기간에도 2~3차례 만나서 본인의 선거에 협력하는 태도를 표시한 바 있음. 그는 광복 직후의 좌익 활동을 청산하고 가업(家業)인 염전에만 전념하는 줄 알았지 그런 엄청난 일을 하는 줄 몰랐음. 그는 매일 시내의 다방에 나오고 거리를 활보하고 다녀서 일반 시민하고 조금도 다를 바가 없었음.

同 사건이 나자 하루는 당시 정보부의 김형욱 부장의 보좌관이 와서 출두를 요청하므로 시청 앞 뉴 코리아 호텔에서 김 부장을 만났음. 김 부장은 "임자도 사건의 주범 정태묵을 조사 중 김 선생의 이름이 나왔는데 사건과는 전혀 관련이 없으나, 일단 이름이 거명된 이상 서류 정리 상 조서를 안 받을 수 없으니 미안하지만 참고인 조서에 응해 달라"는 요청을 받았음. 그리하여 선거 기간 중 타인과 동석으로 2~3차례 만났으며 선거 후도 서울서 1차 만난 것을 사실대로 진술해 주었음. 이것은 후일에 간접적으로 들은 이야기이나 정태묵은 정보부에서 취조 받던 중 진술하기를 "선거 기간 중의 김대중의 연설을 들으니 반공정신이 투철하여 전혀 다른 말을 꺼낼 여지가 없는 것으로 보고 아예 공작하려는 생각을 갖지 않았었다"고 했다는 말을 들었음.

그런데 정태연의 신고로 중앙정보부가 1968년 6월 김종태를 체포하면서 북한의 지령을 받는 지하당인 통일혁명당이 구축되었다는 것이 드러났다.

4·19가 일어나 이승만 정권이 무너지고 보수 야당인 민주당이 집권하여 그 과실을 챙겼다. 북한 노동당은 혁명적 당이 있었더라면 상황이 달라졌을 것으로 보고 남한에 지하당을 구축하기로 했다. 거물급을 간첩으로 남파시켜 과거 남로당 활동을 하던 인

사 가운데 적당한 인물을 포섭하여 밀입북시켜 교육시킨 다음 이들을 통해 지하당을 구축하기로 했다.

1961년 12월 28일 전남 임자도 출신인 김수영을 임자도에 남파했는데, 김수영은 동생인 김수상과 외삼촌 최영도를 포섭했다. 이들은 밀입북하여 노동당에 입당하고 6개월간 간첩 교육을 받고 임자도로 돌아와 지하당을 구축하려는 활동을 시작했다.

최영도는 노동당 연락부로부터 서울의 유력인사를 포섭하라는 지령을 받았다. 최영도의 조카인 김수상은 그가 알고 있던 대구 출신 김종태를 포섭 대상으로 추천했다.

김종태는 경북 영천에서 태어나 1950년 3월에 동국대 경영학과를 졸업했다. 학생 시절 좌익 단체에 가입해 활동했으며 1946년 대구 10·1폭동에 가담했다는 말도 있다. 대학 졸업 후 안동사범학교와 포항고등학교에서 잠시 교편을 잡기도 했다. 1954년 4월부터 1958년 5월까지 4년간 자유당 국회의원인 둘째형 김상도 의원의 비서로 일했지만 1956년에는 서울대 문리대에 '청맥전선'이라는 비밀 서클을 조직하기도 했다. 한편, 4·19 이후 경북노동연합회 지도고문, 경북 피학살자 유족회 고문, 교원노조 등에 개입했다. 5·16 이후 김종태는 서울에서 자리를 잡았다.

최영도와 김수상을 만난 김종태는 1964년 3월 김수상의 안내로 임자도 뱃길로 1차 밀입북하여 노동당에 가입했다. 평양 교외의 초대소에 머물며 지하당 공작 방법, 난수표 해독 방법 등을 교육 받았다.

남으로 돌아온 김종태는 1964년 6월 중순 무렵 김질락(金瓆洛, 김종태의 조카), 김진환(김질락의 서울대 동문), 이문규(李文奎)를 포섭해 월

간지『청맥(靑脈)』창간 운영했다. 1965년 4월 김종태는 2차로 월북했다. 노동당 비서국 대남 담당 비서 이효순으로부터 "남조선 혁명은 남조선 인민의 힘으로 해야 한다.", "남조선에 지하당을 창당하고 명칭은 통일혁명당으로 하라"는 지령을 받았다.

1965년 11월 김종태는 김질락, 이문규와 통일혁명당 창당을 선언했다. 이때 김종태는 북한과의 연계를 숨겼다.

김종태는 위원장, 김질락은 민족해방전선 책임비서, 이문규는 조국해방전선 책임비서로 자임, 지도부를 구성하여 조직 확대에 착수했다. 김질락은 곧 이진영과 신영복을, 이문규는 이재학과 오병철을 포섭, 전선지도부를 구성했다. 전선지도부는 다시 김중빈·김희순·권오창·이종태·노인영·박성준·이영윤 등 학생운동 출신자들로 당 소조를 조직했다. 당 소조로 하여금 새문화연구회·청년문학가협의회·불교청년회·민족주의연구회·경우회·동학회·기독청년 경제 복지회·학사주점(60년대 학사회) 등의 서클을 운영하면서 이를 기반으로 대중 활동을 전개토록 했다.

이러한 조직을 기반으로 통혁당은

△각종 학술연구 서클의 조직
△민족통일전선 구성을 위한 연합전선
△합법·비합법 및 폭력·비폭력 등 각종 전술 연구
△무기고의 설정과 무기획득 및 비축방법 연구
△특수 전술교관요원 양성
△6·8부정선거 반대투쟁, 미국 부통령 험프리 방한반대투쟁 등의 활동을 벌였다.

1966년 8월 김종태는 3차 밀입북했다.

김질락과 이문규는 1967년 5월 5일 목포에서 공작선을 타고 밀입북하여 5월 26일까지 체류하면서 노동당에 입당하고 공작금 등을 받아 서울로 돌아왔다.

김종태는 1968년 4월 4차 밀입북을 했는데, 4월 22일 비행기 편으로 제주도로 가서 제주시에서 1박한 다음 서귀포에서 통혁당원 당원 이진영·오병헌과 접선했다. 이어 북에서 보낸 공작선을 타고 4월 25일 평양에 도착했다. 5월 2일 공작선을 타고 제주도에 도착, 미리 대기하던 이문규와 3일간 향후 활동 방안을 논의하고 5월 7일 비행기 편으로 서울로 돌아왔다(그러나 이진영과 오병헌은 머물러 교육을 받다가 6월 김종태가 체포되자 북한에 머물렀다.).

김종태는 모두 4차례에 걸쳐 북한을 왕래하면서 김일성을 면담하고 미화 7만 달러, 한화 2,350만 원, 일화 50만 엔의 공작금을 받고 A-3지령만 167회 수신했다. 그는 민중봉기, 간첩의 무장집단유격투쟁을 통한 수도권 장악, 북한으로부터 무기수령을 위한 양륙거점 정찰, 특수요원 포섭, 월북 등 14개 항목의 공작임무를 맡았다.

김종태가 체포된 후 통혁당 산하의 조국해방전선 책임비서 이문규는 경남 지역을 다니며 도피했는데, 대구에서 검거되었다. 그의 집을 압수수색하는 과정에서 암호 문건이 발견됐다. 7~8월 무렵 통혁당 산하의 민족해방전선 책임비서 김질락 등 서울 조직의 지도급들이 체포되고 호남에서는 전라남도위원회위원장 최영도, 정태묵 등이 체포되었다.

암호 문건을 토대로 대북(對北) 통신공작에 착수한 중앙정보부는 1968년 8월 4일 새벽 북한에서 보내온 A-3 지령문 해독에 성공했다. 북한은 그때까지도 이문규가 체포된 사실을 모르고 있었다. 중앙정보부는 북한이 이문규 구출 작전을 할 것으로 판단했다. 북한이 이문규를 구출하기 위해 공작선을 보낸다면, 통혁당과 북한과의 연계를 명백하게 증명하는 것이기도 했다. 실제로 북한은 무장 공작선을 보냈다.

1968년 8월 20일, 군·경·정보부 합동작전을 통해 12명 사살, 2명 생포와 함께 공작선을 나포했다. '독 안의 쥐 작전(훗날 Z작전으로 불림)'으로 불렸던 이 작전에는 중앙정보부를 비롯해, 육·해·공·해병대 작전참모부와 합동참모본부, 치안국이 동시에 참여했다.

8월 24일 중앙정보부장 김형욱은 "김종태가 전후 4차례에 걸쳐 북한의 김일성과 면담하고 '통일혁명당'을 결성하여 혁신정당으로 위장한 뒤 합법화하여 반정부 및 반미데모를 전개하는 등 대정부공격과 반정부적 소요를 유발시키려는 데 주력했다"라고 통혁당 사건을 발표했다.

중앙정보부는 김종태, 김질락, 이문규 등 3명을 포함해 관련자 158명을 체포하여 73명을 검찰에 송치하고, 23명을 불구속 입건했다. 이들 중 대다수는 김종태 등의 실체와 북한 연루 사실을 몰랐고, '통혁당'이라는 이름조차 들어보지 못했었다.

【통혁당 사건으로 밀입북하여 노동당에 입당한 김종태, 김질락, 이문규는 1969년 1심과 2심에서 국가보안법과 반공법 위반, 형법(간첩죄), 내란예비음모죄로 사형을 선고받았다. 신영복, 이재학, 오

병철, 신광현, 정종소는 무기징역을 선고받았고, 박성준은 15년형, 김종태의 아내 임영숙은 12년형을 선고받았으며, 기타 인물들은 5년 이하의 형을 선고받았다. 무기징역을 선고받은 신영복은 전향서를 쓴 뒤 1988년 가석방으로 출소했다. 1971년에 체포된 류낙진은 무기형을 선고받았으나 20년형으로 감형되었다.

1969년 7월 10일 김종태의 사형이 집행되자, 북한은 공화국 영웅 칭호를 수여한 뒤 대규모 추모집회를 열었다. 이후 평양전기기관차공장은 '김종태 전기기관차 공장'으로, 해주사범대학은 '김종태 사범대학'으로 이름을 바꾸었다. 동년 11월 6일 이문규의 사형이 집행되자 역시 공화국 영웅 칭호를 수여했다. 그러나 공산주의자였던 것을 뉘우치고 전향한 김질락은 북한정권으로부터 외면당했다. 북한은 통혁당을 재건하고자 여러 차례 시도했으나 모두 실패했다.】

북한은 남한에 근거지를 만들 속셈으로 무장 특공대를 침투시켰다.

1968년 10월 30일, 11월 1일, 11월 2일 3차에 걸쳐 120여 명의 무장 게릴라가 동해안의 울진군 고포 해안에 상륙했다. 이들은 15명씩 8개 조로 편성되었는데 군복·신사복·노동복 등의 옷차림이었고 기관단총과 수류탄으로 무장했다. 울진을 거쳐 봉화군을 지나 강원도의 삼척·명주·정선 등지로 침투했다. 이들은 현지 주민들을 집합시켜서 북한 책자를 배포하고 북한의 발전상을 선전하는 한편 정치사상 교육을 시키면서 '인민유격대' 가입을 강요했다.

주민들의 신고를 받은 정부 당국은 11월 3일 오후 2시 30분을 기하여 경상북도와 강원도 일부 지역에 '을종사태'를 선포하고 대간첩 작전본부의 지휘 아래 군과 향토예비군을 출동시켜 2개월간 소탕전을 벌였다.

12월 23일 미국과 북한이 합의문서에 서명하여 푸에블로 호 사건은 11개월 만에 해결되었다(미국과 북한 28차례에 걸쳐 비밀협상을 벌였다). 이로써 82명의 생존 승무원과 시체 1구가 판문점을 통해 돌아왔다. 선체와 장비는 북한에 몰수되었으며, 보상금 지불에 관한 내역은 알려지지 않았다. 이는 미국으로서는 굴욕이었다.

1968년 12월 28일 대간첩 작전본부는 "울진, 삼척지구 무장간첩 소탕작전의 결과 간첩 110명을 사살하고 5명을 생포, 2명은 자수하여 모두 117명을 소탕했다"고 발표했다.

【1968년은 휴전 이후 남북한 간의 무력 충돌이 가장 심했던 해이다. 휴전선에서 236건, 후방에서 120건 등 모두 356건의 무력 충돌이 일어났다. 북한군은 321명이 전사, 63명이 포로로 잡혔으며 한국군과 미군 162명이 전사, 294명이 부상했다. 한국의 민간인 사망자도 35명에 이르렀다.】

5장 · 닉슨 독트린과 자주국방의 시작

1968년 11월 5일(미국 시간) 46번째 미국 대통령 선거가 실시되었다. 공화당 대통령 후보는 아이젠하워 행정부 시절 부통령이었던 리처드 닉슨(Richard Nixon, 1913~1994)이었고, 민주당 후보는 현직 부통령인 허버트 험프리(Hubert Humphrey)였다. 앨러배머 주지사 조지 왈라스(George Wallace)도 강력한 제3 후보로 출마했다.

선거 결과는 매우 박빙으로 다음날 아침이 되어서야 당선자가 닉슨으로 확정되었다. 닉슨과 험프리 모두 3천 1백만 표가 넘게 득표하였는데 표차는 51만여 표로 1%도 차이가 나지 않았다.

```
닉슨  :   31,783,783 (43.42%)        선거인단 수 301
험프리 : 31,271,839 (42.72%)        선거인단 수 191
왈라스 :   9,901,118 (13.53%)        선거인단 수  46
```

대의원 수가 많은 캘리포니아, 오하이오, 일리노이 주가 선거 승패를 결정지었다. 이 3주에서 닉슨은 모두 3% 이하의 표 차이로 승리했다. 험프리가 3주에서 모두 이겼다면 그가 당선되었다. 험프리가 캘리포니아에서 이겼다면 선거인단에서 과반수 득표자가 나오지 않아 하원에서 대통령 당선자를 결정했어야 했다(민주당이 하원에서 다수당이었다).

이 대통령 선거는 36년간 미국 정치를 지배한 뉴딜 연합(New Deal Coalition)을 붕괴시킨 이른바 '국가를 재정렬하는 선거(realign-ing election)'였다.

닉슨이 당선되자 한국 정부는 크게 당황했다.

【닉슨은 1960년 대선에서 민주당 후보 케네디에게 아슬아슬하게 패배한 이후 1962년 캘리포니아 주지사 선거에 출마하여 낙선했다. 미국의 정치 평론가들은 닉슨의 정치생명이 끝났다고 보았다. 닉슨은 1966년 7월 말부터 8월 말까지 세계일주 여행을 했는데, 이때 한국과 일본을 방문했다. 일본 정부는 닉슨을 극진히 대접했다. 1966년 8월 13일 박정희 대통령은 닉슨과 청와대에서 잠시 회견했다. 한국 정부는 닉슨의 정치생명이 끝났다고 보고 푸대접했다. 닉슨은 아이젠하워 대통령 시절 부통령으로 한국을 방문할 때는 이승만 대통령으로부터 극진한 환대를 받은 일이 있다.】

* 닉슨 미국 부통령의 한국 방문 *

1953년 11월 13일 닉슨 미국 부통령은 이승만(李承晩) 한국 대통령에게 보내는 아이젠하워 대통령의 친서(親書)를 갖고 서울에 도착했다.

닉슨을 만난 주한 미국 대사 엘리스 브릭스(Ellis Briggs)는 휴전에 반대해 온 이승만 대통령이 북한군을 독단으로 공격하여 미국을 전쟁에 끌어들일지 모른다는 불안감을 토로했다. 아이젠하워 대통령도 비슷한 불안을 품고 있었다.

닉슨은 브릭스와 다른 생각을 가진 아서 딘을 주한 미국 대사관에서 만났다. 아서 딘은 휴전 협정에 대한 특별 협상팀을 이끌고 있었다. 그는 이승만 대통령을 매우 존경하고 있었는데 닉슨에게 다음과 같이 말했다.

이 대통령의 이빨을 뽑고 그로부터 무기를 빼앗아 버리는 행동을 하지 않았으면 합니다.
그는 위대한 지도자입니다. 우리의 친구들이 거의가 상황이 좋을 때만 친구인 척하는 데 반해, 이 대통령은 언제나 믿을 수 있는 진정한 친구입니다.
다음날 닉슨은 경무대로 가서 이승만 대통령을 방문했다. 닉슨이 관찰한 이 대통령은 78세의 노령에도 불구하고 날씬한 몸매에 걸음이 활달하고 악수할 때의 힘도 세었다.
이 대통령은 닉슨 부통령이 "개인적으로 논의할 사안이 있다"고 하니 배석자를 물렸다.
닉슨은 "나는 아이젠하워 대통령을 대표할 뿐 아니라 한국의 친구로서 활동한 오랜 기록을 가진 사람입니다"고 말했다.
닉슨은 아이젠하워의 친서를 호주머니에서 꺼내 건네주었다.
이 대통령은 천천히 봉투를 열고 편지를 꺼내어 큰 소리로 읽어 내려갔다. 친서 내용은 한국이 또 다른 전쟁을 시작하는 것을 용납하지 않을 것이라고 천명한 뒤 李 대통령이 그렇게 하지 않겠다고 약속해줄 것을 요청하는 것이었다.
이 대통령은 "아주 좋은 편지입니다"라고 말하더니 화제를 옮겼다. 일본 문제, 아시아-태평양 정세의 미래를 이야기하고는 미국 정부가 한국에 원조를 해주는 방식을 비판했다.

  닉슨은 화제를 친서로 돌려 "아이젠하워 대통령의 요청을 들어 주는 것이 가장 시급한 일이라는 것을 솔직하게 말씀드린다"고 했다.

  이 대통령은 이에 다음과 같이 말했다.

  나도 귀하에게 솔직하게 말씀드리겠습니다.

  미국으로부터 받은 도움에 대해서, 그리고 아이젠하워 대통령과의 개인적 관계에 대해서 나는 심심한 감사를 드립니다. 이런 관계로 해서 나는 미국의 정책과 맞지 않은 일을 하지 않을 것입니다.

  그러나 한편 나는 노예상태의 북한 동포들을 해방하기 위하여 평화적 방법으로, 그러나 필요하다면 무력을 동원해서라도 통일을 성취하는 것이 한국인의 지도자로서 나의 의무라고 생각합니다.

  나는 미국이 평화를 유지하기 위하여 노심초사하는 것을 잘 이해합니다. 그러나 한반도를 분단된 채로 남겨놓은 상태의 평화는 불가피하게 전쟁으로 이어질 것이고, 이 전쟁은 한국과 미국을 동시에 파괴할 것이기 때문에 나는 그런 평화에 동의할 수 없는 것입니다.

  내가 일방적인 행동을 취하기 전에 아이젠하워 대통령에게 미리 알려드릴 것임을 약속합니다.

  닉슨 부통령은 이 정도의 약속으론 안 된다고 생각하고는 아이젠하워 대통령과 상호합의하지 않고선 어떤 (도발적) 행동도 한국

초능력자들

이 단독으로 해서는 안 된다는 약속을 해달라고 요청했다.

미국 대사관으로 돌아온 닉슨은 대화 내용을 자세히 기록했는데, 일이 잘 풀리지 않는다고 판단했다. 그는 미국 정부가 이 대통령이 한국을 통일하기 위하여 일방적으로 군사적 조치를 취하는 것을 지지하지 않을 것이란 점을 이해시켜야만 한다고 생각했다.

이 대통령은 닉슨을 만난 뒤 기자들에게 "닉슨 부통령을 통하여 아이젠하워 대통령을 설득하여 한반도의 이 문제를 끝장내게 할 수 있을 것이다"는 말을 했는데, 이것도 닉슨을 불안하게 만들었다.

이날 밤 닉슨 부통령 부부는 한국 무용과 음악 공연에 초대되었다. 어린이 합창단이 출연했는데, 공연 도중 무대가 무너지는 사고가 발생했다. 다친 사람은 없었으나 어린이들이 비명을 지르고 울었다. 지휘자는 귀빈 접대에 실패한 것이 수치스러워 퇴장했다.

동양에서 손님 대접에 실패하는 것이 얼마나 큰 수치인지를 잘 아는 닉슨은 이 난처한 상황을 수습하려고 했다. 닉슨 부통령 부부는 자리에서 일어나 박수를 치기 시작했다. 나중에는 관중들이 전부 다 일어나 함께 박수를 쳤다. 어린이 합창단도 울음을 그치고 웃기 시작했다.

지휘자도 무대로 돌아와 공연을 계속할 수 있었다.

다음 날 닉슨은 이 대통령을 다시 만났다.

이 대통령은 전날 밤의 사고에 대해서 보고를 받은 다음이라 첫날과 달리 닉슨에게 친절한 태도를 취했다. 이 대통령이 말했다.

공산주의자들이 미국은 이승만을 통제할 수 있다고 생각하는 순간, 귀국(貴國)은 가장 중요한 협상력 하나를 잃는 것이 될 뿐 아니라 우리는 모든 희망을 잃는 것이 됩니다. 내가 모종의 행동을 취할 것이라는 두려움이 늘 공산주의자들을 견제하고 있습니다.

우리 서로 솔직해 집시다.

공산주의자들은 미국이 평화를 갈망하므로 그 평화를 얻기 위하여 어떤 양보도 할 것이라고 생각합니다. 나는 그들의 생각이 맞는 것 같아 걱정입니다.

그러나 그 공산주의자들은 나는 미국과는 다르다는 것을 잘 알고 있습니다.

나는 공산주의자들이 가진 그런 불안감을 없애줄 필요가 없다고 생각합니다.

귀하가 도쿄에 도착했을 때인 내일 아이젠하워 대통령에게 답신을 보내겠습니다.

나는 아이젠하워 대통령이 그 편지를 읽어보고 파기했으면 합니다.

이승만 대통령은 메모한 두 페이지짜리 종이를 닉슨에게 건네면서 "보고용으로 이를 이용해도 좋습니다"라고 했다. 그 메모에는 이승만 대통령이 필기한 한 구절이 첨가되어 있었다.

너무 많은 신문들이 이승만이 단독으로 행동하지 않기로 했다고 보도한다.

그런 인상을 주는 것은 우리의 선전방침과는 부합되지 않는다.

이 대통령은 닉슨과 헤어질 때 악수하면서 이렇게 말했다.

내가 한국은 단독으로 행동할 것이라고 말하는 것은 전부 다 미국을 도와주는 일입니다.
나는 한국이 단독으로 행동할 수 없다는 것을 잘 알고 있어요. 우리는 미국과 함께 움직여야 합니다. 우리가 함께 가면 모든 것을 얻을 것이요, 그렇게 하지 않으면 모든 것을 잃게 될 것입니다.

닉슨은 퇴임 후에 쓴 회고록에 이렇게 기록했다.

나는 한국인의 용기와 인내심, 그리고 이승만의 힘과 지혜에 깊은 감동을 받고 떠났다.
나는 이 대통령이 공산주의자를 상대할 때는 '예측불가능성'을 유지하는 것이 중요하다는 통찰력 있는 충고를 한 데 대해서 많은 생각을 해보았다. 내가 그 후 더 많이 여행하고 더 많이 배움에 따라서 그 노인의 현명함을 더욱 잘 이해할 수 있게 되었다.

*   *   *

1969년에도 북조선의 대한민국에 대한 도발은 계속되었는데 중국과 소련은 국경분쟁을 벌였다.
1969년 3월에는 강원도 강릉시 주문진읍 지역에 북한의 무장 게릴라 6명이 침투한 사건이 일어났다. 이들은 공작을 마치고 주문진 앞 바다에서 보트를 타고 도주하려 했는데, 예비군과 군경이 사격하여 보트를 침몰시켰다.

1969년 3월 2일 우수리강 유역의 다만스키 섬에서 무력 충돌을 벌였다. 각각 30여 명의 사상자(死傷者)가 발생했는데, 소련과 중국은 서로 상대가 먼저 공격했다고 주장했다.

제정 러시아와 청 제국 시절부터 두 나라는 심각한 영토 분쟁을 겪었다.

네르친스크 조약(1689), 캬흐타 조약(1727), 아이훈 조약(1858), 북경 조약(1860) 등으로 제정 러시아는 한반도 면적의 10배가 넘는 엄청난 크기의 영토를 얻었다. 이후 10여 차례가 넘는 조약을 체결하고도 4,300km가 넘는 두 나라의 국경은 확정되지 않은 곳이 많았다. 두 나라 모두 공산당이 집권하여 동맹관계를 맺었으나 영토분쟁이 재연될 소지가 많았다. 중-소 관계는 1950년대 후반부터 냉각되었다. 1962년에는 6만 명의 신강 위구르족이 경제난을 견디다 못해 소련으로 탈주하는 사건이 일어났다. 중국은 이를 소련의 선동에 의한 것으로 보고 소련을 비난했다.

소련과 중국은 국경을 확정하려고 협상했지만 성과를 거두지 못하고 다만스키 섬을 놓고 충돌한 것이다.

3월 15일 소련은 최신 T-62 전차 등을 투입해 국경 지대의 중국군에 대대적으로 포격을 가하며 공격했고, 중국도 대전차포 등으로 맞섰다. 이 전투에서 중국은 800여 명의 사상자가 생겼다고 주장했으며, 소련은 80여 명의 사상자(死傷者)가 생겼다고 발표했다.

4월 14일 통신감청을 전문으로 하는 미국의 EC-121 전자첩보기가 동해의 공해상에서 북한 미그 전투기에 의해 격추되어 승무원 31명이 전원 사망하는 사건이 일어났다.

　닉슨 대통령과 헨리 키신저(Henry Alfred Kissinger) 안보담당 특별보좌관과 더불어 무력 보복을 생각했다. 그러나 레어드 국방장관과 헬름즈 CIA 부장은 외교적으로 대응할 것을 주장했다. 미국은 베트남에 발이 묶인 상황이었으므로 동해에서 미 해군이 무력시위를 벌이는 이상의 조치를 취하지 못했다. 미국 정부의 유화적 태도에 박정희 대통령의 미국에 대한 불신감은 더욱 커졌다. 미국 정부가 북한에 대한 보복을 거절하자 닉슨 행정부의 강력한 안보 공약에도 불구하고 박정희 대통령은 동맹국 미국의 방위력에 대해 더욱 의심을 품게 되었다.

　7월 소련과 중국은 아무르강(흑룡강)의 팔분도(八岔島)에서 다시 무력 충돌이 있었고 8월에는 신강 위구르 자치구에서 양국 군대가 교전했다.
　소련과 중국은 서로 대사를 소환했다. 중소 국경 지대에 소련은 50만 명, 중국은 150만 명의 병력을 배치했다.
　소련은 전면전을 생각하고 미국에 중국을 침공할 뜻을 알렸다. 미국 정부는 소련이 중국을 점령할 경우 더욱 상대하기 어려운 상대가 될 것으로 보아 소련이 중국을 침공하면 좌시하지 않겠다고 했다. 이에 소련은 중국 침공을 포기했다.

　7월 25일 박정희 대통령은 "개헌국민투표가 부결되면 나와 정부는 즉각 퇴진하겠다"고 선언했다.
　7월 26일(미국 시간으로 7월 25일) 괌(Guam)을 붕만 중이던 닉슨 대통령은 기자회견을 갖고 그의 새로운 아시아 정책인 이른바 닉슨 독트린(Nixon Doctrine)을 발표했다. "아시아 각국은 내란이 발생하거나 침략을 받는 경우 스스로 해결해야 한다"는 것이 핵심 내용이었다. 닉슨 독트린의 내용은 다음과 같다.

(1) 미국은 앞으로 베트남 전쟁과 같은 군사적 개입을 피한다.
(2) 미국은 아시아 제국(諸國)과의 조약상 약속을 지키지만, 강대국의 핵에 의한 위협의 경우를 제외하고는 내란이나 침략에 대하여 아시아 각국이 스스로 협력하여 그에 대처하여야 할 것이다.
(3) 미국은 '태평양 국가'로서 그 지역에서 중요한 역할을 계속하지만 직접적·군사적인 또는 정치적인 과잉개입은 하지 않으며 자조(自助)의 의사를 가진 아시아 제국의 자주적 행동을 측면 지원한다.
(4) 아시아 제국에 대한 원조는 경제중심으로 바꾸며 다수국간 방식을 강화하여 미국의 과중한 부담을 피한다.
(5) 아시아 제국이 5~10년의 장래에는 상호안전보장을 위한 군사기구를 만들기를 기대한다.

닉슨 독트린이 발표되자 박정희 대통령은 반신반의하는 입장이었다. 당시 한국은 베트남전에 미국 다음으로 많은 2개 사단, 5만에 가까운 병력을 파견하고 있었기 때문이었다. 그러나 미국의 진의를 타진한 다음에는 심각한 안보 불안을 느꼈다.

8월 7일 여당인 민주공화당은 개헌안을 국회에 제안하였다.
이 6차 개헌안은 대통령 3선 연임 그지 조항을 철폐하고 국회의원의 국무위원의 겸직을 허용하고 국회의 권한을 축소하는 것이 주요 내용이었다.

1969년 8월 21일 미국 샌프란시스코 호텔에서 박정희-닉슨 회담이 열렸다. 호텔에서 한미 정상회담이 열린 이유가 있었다. 닉슨은 1966년 한국 방문 시 푸대접에 대한 보복으로 한미 정상회담 과정에서 백악관이 아닌 일개 호텔에서 회담을 하고 대학 동창회를 여는 등 노골적으로 박 대통령에게 모욕을 주었다.
회담을 마친 박정희 대통령은 닉슨이 주한미군을 철수할 계획이라는 것을 파악했다. 그러나 귀국 기자회견에서는 닉슨의 대(對) 한반도 정책이 과거와 달라지지 않을 것이라고 말했다.

9월 이스라엘의 골다 메이어(Golda Meir) 수상이 미국을 방문, 닉슨과 회담했다.
이 회담에서 미국과 이스라엘 정부는 비밀협약을 맺었다. 비밀협약의 핵심 내용은 "이스라엘이 공개적 선언이나 핵실험을 통해 핵무기의 보유를 알리지 않으면 미국은 이스라엘의 핵 사업(Nuclear Program)을 묵인하고 보호할 것이다"였다.
이 비밀협약에 따라 이스라엘은 핵무기 보유를 부인도 시인도 하지 않는 정책을 유지하고, 핵실험을 하지 않는다는 약속을 지켜야 했다.

【이스라엘은 프랑스의 핵시설로 기술자와 과학자를 파견했다. 수십 명의 이스라엘 과학자들이 프랑스 과학자들과 같이 핵폭탄 설계에 참여했다.

1957년 말 미국의 U-2 정찰기는 이스라엘 네게브 사막에서 건설 중인 수상한 시설의 사진을 찍었다. 핵무기 개발이 진행 중이라고 판단한 CIA는 아이젠하워 대통령에게 보고했다. 그러나 아이젠하워는 이를 묵살했다.

1960년 2월 13일 프랑스 정부는 식민지인 알제리의 사하라 사막 지하에서 핵실험에 성공했다. TNT로 환산해서 65kt의 폭발력을 보였다. 히로시마에 투하된 미국 원자폭탄의 위력이 17kt이었으니 대성공이었다. 이날의 핵실험으로 프랑스뿐 아니라 이스라엘도 원자폭탄 개발에 근접하게 되었다. 프랑스의 1차 핵실험 직후 드골 대통령은 이스라엘과의 협력관계를 정리하라는 지시를 내렸다.

1960년 이스라엘의 벤 구리온 총리는 파리로 가서 드골과 담판을 했다. 정부 차원에서 프랑스는 이스라엘의 핵개발에서 손을 떼지만 프랑스 기업은 기존 계약에 따라 협력을 계속한다는 합의가 이뤄졌다. 프랑스 회사들은 디모나 핵시설을 완공하고 떠났다.

1965년 미국의 유대계 기업인 잘만 샤피로는 농축우라늄 90kg을 빼돌려 이스라엘에 건네주었다. 그는 원자로에서 나오는 물질의 처리를 전문으로 하는 회사를 경영하고 있었다.

1966년 이스라엘은 핵실험을 하지 않고 원자폭탄을 개발했다 (개발자금은 유대계 미국 재벌들이 주었다).

농축우라늄으로 만드는 핵폭탄은 분리된 우라늄을 임계질량(臨

界質量, critical mass) 이상으로 합치기만 하면 터지게 설계되어 있어 별도의 핵실험을 하지 않아도 된다. 이에 비해 플루토늄으로 만드는 핵폭탄은 정밀한 내폭(內爆) 장치를 필요로 하므로 핵실험이 필요하다.】

대학생들의 개헌 반대 시위가 한창인 가운데 개헌안은 9월 9일 정기국회 본회의에 상정되었다.

9월 14일 일요일 새벽 2시 국회 본회의장에서 점거농성을 하고 있던 신민회 의원들을 피하여 국회 제3별관에 여당계 의원 122명이 모여 기명투표방식으로 찬성 122, 반대 0표로 개헌안이 통과되었다.

국민투표로 승인을 받아야 개헌안은 유효한 것이다. 국민투표를 앞둔 10월 10일 박정희 대통령은 對 국민담화를 발표했다. 다음은 그 일부이다.

…내가 해 온 모든 일에 대해서, 지금까지 야당은 반대만 해왔던 것입니다.

나는 진정 오늘까지 야당으로부터 한마디의 지지나 격려도 받아보지 못한 채, 오로지 극한적 반대 속에서 막중한 국정을 이끌어왔습니다.

한일 국교 정상화를 추진한다고 하여, 나는 야당으로부터 매국노라는 욕을 들었으며 월남에 국군을 파병한다고 하여, "젊은이의 피를 판다"고 악담을 하였습니다.

없는 나라에서 남의 돈이라도 빌려 와서 경제건설을 서둘러 보겠다는 나의 노력에 대하여 그들은 "차관 망국"이라고 비난하였으며, 향토예비군을 창설한다고 하여, 그들은 국토방위를 "정치적 이용을 꾀한다"고 모함하고, 국토의 대동맥을 뚫는 고속도로 건설을 그들은 "국토의 해체"라고 하였습니다.

반대하여온 것 등등 대소사를 막론하고 내가 하는 모든 일에 대해서 비방, 중상, 모략, 악담 등을 퍼부어 결사반대만 해왔던 것입니다.

만일 우리가 그때 야당의 반대에 못 이겨 이를 중단하거나 포기하였더라면, 과연 오늘 대한민국이 설 땅이 어디겠습니까?

내가 해 온 모든 일에 대해서 지금 이 시간에도 야당은 유세에서 나에 대한 온갖 인신공격과 언필칭 나를 독재자라고 비방합니다.

내가 만일, 야당의 반대에 굴복하여 "물에 물탄 듯" 소신 없는 일만해왔더라면 나를 가리켜 독재자라고 말하지 않았을 것입니다.

야당의 반대를 무릅쓰고라도 국가와 민족을 위해 도움이 되는 일이라면, 내 소신을 굽히지 않고 일해 온 나의 태도를 가리켜 그들은 독재자라고 말하고 있습니다.

야당이 나를 아무리 독재자라고 비난하든, 나는 이 소신과 태도를 고치지 않을 것입니다.

또 앞으로 누가 대통령이 되던 오늘날 우리 야당과 같은 "반대를 위한 반대"의 고질이 고쳐지지 않는 한 야당으로부터 오히려 독재자라고 불리는 대통령이 진짜 국민을 위한 대통령이라고 나는 생각합니다.…

10월 17일 6차 개헌안은 국민투표에서 총유권자의 77.1% 참여에 65.1% 찬성을 얻어 확정되었다.

10월 23일 KIST 건설 1단계 공사가 완공되어 연구동, 행정동, 주택단지 등이 세워졌다. 예정보다 2년이나 빠른 것이었다. 일정이 2년이나 단축된 것은 박 대통령의 특별한 관심이 있었기 때문이었다. 그는 수시로 공사 현장을 방문하여 진척 상황을 점검하고 작업하는 사람들을 독려했다. 침실에도 건설 현황 차트를 걸어 놓고 진도를 점검했다.

12월 11일 승객 47명 승무원 4명 등 모두 51명을 태우고 강릉에서 서울로 비행하던 대한항공의 NAMC YS-11기가 납북되었다. 출발한지 14분 만인 강원도 평창 대관령 일대 상공에서 승객으로 위장해 타고 있던 북한 공작원 조창희에 의하여 하이재킹되어 북한 원산 인근의 선덕비행장에 강제 착륙했다. 이는 1958년 창랑호 납치 이후 11년 만에 북한이 저지른 일이었다.

12월 13일 새벽 평양방송은 조종사 2명의 자진 입북에 의해 북한에 도착하였다고 했다.

12월 22일에 판문점에서 유엔의 요청에 의하여 '군사정전위원회 비서장회의'가 열려 납북된 사람들과 여객기 기체의 송환을 요구하였다. 이에 북한은 UN에서 개입할 사안이 아니라는 이유를 들며 거부하였다.

【사건 직후, 대한민국 정부에서는 국무회의 의결을 통하여, '탑승객에 대한 검문검색 강화', '비행장 직원에게 사법권 부여', '민간기 승무원들에게 무기 휴대 허용', '승객의 익명 및 타인 명

의의 사용 금지' 등의 한층 강화된 항공기 보안 대책을 수립했다.

12개국 주요 항공사에서 이 사건에 대해 규탄한다고 밝히는 등 국제 여론이 들끓자 북한은 1970년 2월 5일 드디어 납북자들을 송환하겠다고 발표했다. 그러나 다시 약속을 뒤엎고 승무원 4명과 승객 8명은 송환을 하지 않겠다고 밝혔다. 결국 2월 14일 판문점을 통해서 12명을 제외한 39명이 돌아왔다.

대한항공 소속 기장과 스튜어디스인 유병하, 최석만, 성경희, 정경숙 씨 등을 포함한 12명은 북한에서 여생을 보낼 수밖에 없었다. 스튜어디스 성경희, 정경숙 씨는 미혼이었으므로 북한 남자와 결혼해 가정을 이루었다. 이 가운데 한 사람인 성경희 씨는 32년이 흐른 2001년 2월 제3차 이산가족 방북단으로 평양을 방문한 모친과 잠시 만날 수 있었다.]

창랑호 납치 사건

1958년 2월 16일 부산 발 서울행 대한국민항공사(KNA) 소속 창랑호(기종 : 더글러스 DC-3,) 여객기는 기장 윌리스 P. 홉스와 부기장 멕클레렌 미 공군 중령이 조종을 했는데, 승객 29명과 승무원 3명 및 미군 군사고문단원 중령 1명(비공식승무원) 등 34명을 태우고 오전 11시 30분 이륙했다.

경기도 평택군(현 평택시) 상공에서 납치되어 평양 순안 국제공항에 강제 착륙 당하였다. 승객 중에는 창랑호 기장인 홉스 등 미국인 2명과 독일인인 요한 리트히스 부부 등 외국인 4명이 포함돼 있었다. 그리고 국회의원 유봉순(兪鳳淳)과 공군 정훈감

김기완(金基完) 대령이 포함되어 있었다.

2월 17일 북한 당국은 "대한국민항공사가 의거 월북했다"고 발표했다.

북한이 대한민국 민항기를 납치한 이유는 중국 수상 주은래의 평양 방문이 예정되어 있는 가운데 KNA기가 자진 월북한 것처럼 꾸며 자신들의 체제 우월성을 선전하기 위해서였다.

북한은 창랑호에 탑승한 모든 인원에 대해 세뇌를 실시했으며 이에 협조적이지 않은 탑승자들을 고문했다.

2월 24일의 UN 사령부는 군사정전위원회에서 승객과 승무원, 기체의 조속한 송환을 북한에 요구했다.

3월 8일 북한은 납치범으로 생각되는 7명을 제외한 모든 승객과 승무원, 총 26명을 대한민국에 돌려보낸다. 그러나 창랑호 기체는 돌려보내지 않았다.

대한국민항공사는 창랑호 납치로 타격을 받고 적자가 늘어났다. 당시 대한국민항공사는 만송호, 창랑호, 우남호 3대의 항공기로 운영을 하고 있었는데 창랑호가 납북당하기 전에 이미 1957년 7월 7일에 만송호가 부산 수영비행장에 착륙하던 도중 기체가 크게 파손되어 전손 처리된 상황에서 창랑호마저 납북으로 잃게 되어 우남호 하나만으로 항공사를 운영해야만 했기 때문에 적자를 피할 수 없었다. 이에 대한국민항공사는 1959년 4월 22일에 거액을 들여 DC-3기 1대를 추가 도입하여 그날로 국내선에 투입하였고 1959년 7월 28일에는 미국 록히드사에서 콘스틀레이션 749A 4발 여객기 1대를 임차하여 국내선과 국제

> 선에 병용 취항했다.
>
> 그러나 적자가 늘어나 1961년 8월 25일에 대한국민항공사의 창업주이자 사장인 신용욱(愼鏞頊, 1901~1961) 대표가 한강에 투신자살을 했다. 결국 대한국민항공사는 1961년 11월 13일 폐업 처리 되었다.
>
> 신용욱은 전라북도 고창군 흥덕면 사천리 출신으로 일본 동아항공전문학교와 미국 힐라 헬리콥터학교 조종과를 나왔다. 그는 조선비행학교를 설립하고 교장을 지냈다. 1948년 10월 대한국민항공사(KNA)를 설립하고 사장이 되어 국내 노선을 운항하기 시작했다. 한국전쟁 때 대한국민항공사의 비행기가 징발되고 파산하였다가, 전시 중에 다시 비행기를 들여와 국제노선에도 취항하였다.
>
> 신용욱은 제2대, 제3대 국회의원을 지냈으며 교통체신위원장을 역임하였다.

1970년 2월 닉슨 대통령은 국회에 보낸 외교교서를 통하여 닉슨 독트린을 세계에 선포했다.

4월 24일 중국은 인공위성 발사에 성공했다. 이는 중국이 대륙간 탄도미사일(ICBM) 제작 능력을 획득한 것을 의미했다.

1970년 7월 5일, 윌리엄 로저스(William Rogers) 미 국무장관은 사이공에서 개최된 베트남 7개 참전국 회의에서 최규하 당시 외무부 장관에게 '주한미군 2만 명 철수' 방침을 통고했다.

7월 7일 경부고속도로(서울~부산 간 428km)가 개통되었다. 모두 429억이 투입된 이 공사는 이때까지는 건국 이래 최대의 토목 공사였다.

한국군 현대화 계획은 월남 파병이 본격화된 1966년에 미국의 약속에 의해 추진됐었다. 이른바 브라운 각서에 따라 미국은 파병의 선행조건으로 한국의 방위력 강화를 위한 지원을 다짐한 것이었다. 그러나 미국의 지원 약속은 매우 소극적인 것이었다. 한국 정부의 요구에 마지못해 약속하는 형편이었고 이행도 지지부진했다.

7월 박 대통령은 김학렬(金鶴烈, 1923~1972) 부총리 겸 경제기획원 장관에게 비밀리에 무기 생산 공장 건립을 지시했다. 대통령의 특명을 받은 김학렬 부총리는 황병태(黃秉泰) 경제협력 차관보를 팀장으로 경제기획원과 한국과학기술연구소의 엘리트로 특별 전담팀(TF)을 꾸렸다.

특별 전담팀의 과제는 주물 특수강 중기계 조선 등 네 개 공장을 건설하는 것과 차관을 가져오는 작업이었다. 경제기획원은 4개 공장을 전략적 우선 사업이라 하여 '4대 핵(core) 공장' 건설이라 불렀다. 탄피와 총알을 만드는 구리공장 건설도 비밀리에 함께 추진했다.

1970년 8월 6일에는 대통령령으로 무기개발을 전문적으로 연구할 국방과학연구소(ADD : Agency for Defense Development)가 설립되었다. 국방과학연구소는 육해공군에 흩어져 있던 군사과학연구 기관들을 통폐합하여 만든 것이었다. 출범할 때 ADD의 인력은 겨우 60명이었다. 1966년에 설립된 한국과학기술연구소(KIST)에서 연구 인력을 일부 차출하고, 사관학교 교수 등 군 출신 과학자와 대학을 갓 졸업한 젊은이들로 구성되었다. 국방과학연구소는 보안을 위해 '홍릉 기계공업회사'라 불렀다. 초대 연구소장으로는 박 대통령의 군 선배인 신응균 장군이 임명되었다. 연구소장의 지위는 장관급이었다.

1970년 8월 24일 스피로 애그뉴(Spiro Theodore Agnew) 미국 부통령이 주한미군 철수 문제를 상의하러 특사 자격으로 방한했다. 애그뉴 부통령은 박 대통령과 25일과 26일에 걸쳐 2차례 회담하였는데, 2만 명 이상은 감군하지 않겠다고 확약했다. 그러나 대만으로 가는 비행기 안에서는 기자들에게 "한국군의 현대화가 완전히 이루어질 때, 아마도 앞으로 5년 이내에 주한미군을 완전히 철수할 것이다"라고 폭탄선언을 했다. 이 말을 전해들은 박정희 대통령은 "미국의 방침에 일희일비하는 처지를 빨리 넘어서야 한다. 자주국방만이 우리가 살 길이다"라고 말했다.

9월 29일 김대중은 신민당 전당대회에서 예상외로 김영삼을 이기고 신민당 대통령 후보가 되었다.

10월 8~10일 사이 김일성은 중국을 비공식 방문해 국가주석 모택동, 국무원 총리 주은래와 회담했다.

10월 16일 김대중은 대통령 후보가 된 이후 처음으로 기자회견을 하였다. 김대중은 예비군 폐지, 노자공동위원회 구성, 비정치적 남북교류, 4대국 안전보장 등을 제시하였다.

10월 17일 북경에서 이선념(李先念) 중국 국무원 부총리와 북한 정부대표단 단장 정준택(鄭準澤)은 '중국이 북한에 경제 및 기술 원조를 제공하는 것에 대한 협정'과 '장기 통상협정'을 체결했다.

11월 조선노동당 제5차 대회가 열렸다. 조선노동당 제5차 대회는 1961년에 시작한 7개년 경제 발전 계획이 부진을 면치 못하면서 예상보다 늦어져, 제4차 대회가 열린 지 9년이 지나서야 개최된 것이다. 이 대회에서 조선노동당은 1971년부터 추진될 6개년 계획의 기본 과업을 제시하고, 사상·기술·문화의 3대 기술혁명의 본격적인 추진과 '전체 사회의 주체사상화'를 당면 과제로 내세웠다.

김대중은 시국 강연회 명목으로 일찌감치 선거 운동을 시작했다. 첫 유세는 1970년 10월 24일 대전 유세였다.

11월 1일 광주에서 김대중은 지역 균형발전을 위해 세법을 개정하고 여성지위향상위원회를 설치하겠다고 말하였다.

11월 13일 노동자 전태일 씨가 근로조건 개선을 요구하며 분신자살하여 한국 사회에 큰 충격을 주었다.

【전태일의 죽음에는 의문점이 있다. 그가 자신의 몸에 석유를 들어부었지만 불을 붙인 사람은 다른 사람이었다. 그는 재빨리 모습을 감추었다.】

1970년 12월 27일 윌리엄 포터 주한 미 대사는 미 국무부에 '김대중 경력' 보고서를 보냈다. 다음은 그 일부이다.

선거에서의 잠재 취약점

a. **초기 좌익 연루** : 김대중은 1945년 해방 직후 좌파 정치에 연루됐음. 그러나 자세한 부분에서는 언론마다 보도 내용이 다름. 한 보고서에 의하면 김대중은 1940년대 후반, 한때 친공산주의자들이었던 멤버들이 조직한 보도연맹을 위해 반공 연설을 한 바 있음. 이 점을 볼 때 김대중은 초기 한때 좌파에 기울었다는 것을 확인할 수 있으나 동시에 반공산주의로 빨리 넘어왔다는 사실도 알려줌. 10일전 김대중은 우리 대사관 관리에게 자신의 초기 활동에 대해 말해준 바 있음. 이에 따르면 해방 후 그는 약 6개월간 좌익 신민당에 관계했으나 내부 공산주의자들의 세력에 반대해 당을 떠났음. 김은 또 자신이 1946년 10월 목포 파출소 습격 사건에 가담했던 것으로 비난을 받았으나, 그 사건이 일어나던 날 그는 장남을 출산하는 처 옆에 같이 있었다고 주장했음.

김은 또 우리 대사관 관리에게 말하기를, 1950년 목포가 공산주의 점령하에 있을 때 공산당에 의해 감금되어 사형선고를 받았다고 했음. 그는 공산당 패주로 구출됐음. 미 육군 정보 참모부가 한국 정보계통 관리의 말을 인용한 바에 따르면, 한국 정보계통 인사들 사이에서 이 이야기는 일반적으로 틀림없는 것으로 받아들여지고 있음.

상황을 종합해볼 때, 초기에 좌익에 기울었다는 주장은 대통령 선거 운동에서 김대중에게 잠재적인 위해가 될 가능성이 있음. 그러나 최소한 박 대통령도 똑같은 약점이 있기 때문에 민주 공화당이 이 문제를 공개적으로 부각시킬 것 같지는 않음.

b. **병역 미필 문제** : 김대중의 출생신고서에 따르면 한국전 발발시 24세였으나 한국군에 징집되지 않았음. 김대중은 대사관 관리에게 말하기를 자신은 단순히 소집되지 않았을 뿐이며, 따라서 징집 기피였다고 할 수는 없다고 함.

그러나 당시 부유층이나 유지급 가족의 자제가 병역면제를 받는 것은 흔한 일이었으며, 이를 반증하지 못할 경우 국민들은 군 복무를 하지 않은 것으로 간주할 것임.

신민당의 대통령 후보로 선출된 직후 김대중의 참모들이 준비한 김대중의 이력에 따르면, 김대중은 1950년 10월에는 '공민 해안경비대 전남 지부 부사령관'으로 되어 있음. 조사에 의하면 공민 해안경비대는 지역방위와 해안경비를 임무로 하는 비공식적인 자원 단체임.

c. **수입원과 정치자금** : 한 가지 아리송한 점은 김대중이 지금까지 박정희 정권으로부터 과연 재정 지원을 받았느냐는 것인데, 대부분이 그런 것으로 받아들이고 있긴 하지만, 만약 돈을 받았다면 왜 재정 지원을 했고 그 액수가 얼마냐 하는 점임. 한 정보요원은 박 정권 초기인 1964년에는 김대중에게 돈을 지원했다고 언급한 바 있음. 최근 들어서는 김대중이 박 정권으로부터 돈을 받은 최대의 수혜자 가운데 한 명인 것으로 대부분의 사람들이 인식하고 있음.

김이 박 정권으로부터 최소한 최근까지 돈을 받았을 가능성과 관련, 정치자금의 흐름이 정보기관에 의해 철저하게 통제되고 있는 한국 정치풍토에서 '깨끗한' 정치자금은 거의 없으며, 이런 류의 돈 지원은 크게 문제되지 않는다는 점을 고려해야 함.

김대중이 1950년대에 국회 진입에 몇 차례 실패한 후 빚더미에 올라앉았고, 첫째 아내가 자살한 원인이 바로 이 때문이라는 설이 있기도 했지만, 최근 들어서는 재정적으로 안정된 것으로 보이며 풍족한 자금을 가지고 있다는 징후가 보임. 현재 수입원에 대해서는 본 대사관이 파악한 바가 없음. 개인 수입과 관련, 대중 앞에 이를 해명하는 문제에 대해서는 김이 걱정하지 않는 것처럼 보이는데, 선거 유세에서 말하기를, 자신이 당선될 경우 대통령을 포함한 고위공직자의 수입을 공개하겠다는 공약을 한 바 있기 때문임.

박정희 정부의 한 고위 공직자는 최근 사석에서 김대중이 최근 경제적으로 어려운 회사들을 갈취해 부를 축적한 사실을 선거에서 부각시킬 수 있는 증거를 확보하고 있다고 주장한 바 있음.

미 국무부에는 정보 조사국(BIR : Bureau of Intelligence and Rese-arch)이란 정보 기구가 있다. 세계 각국에 있는 대사관 등 해외공관을 통해 각 나라의 유력 인사들에 대한 자료를 수집 분석도 한다. 이중에는 '잠재적 지도자 신상명세 보고 프로그램(PLBRP : Potential Leader Biographic Reporting Program)'이란 것이 있다.

김대중에 대한 '자료 파일'은 1960년부터 작성되었다. 박 정권은 월남전에 대규모 병력을 파견하여 미국에 대한 발언권이 커진

상태였고 미국 정부로서도 한국의 군사 전략적 가치 때문에 1971년 대통령 선거에 대해 지대한 관심을 가지고 있었다. 미국 국무성 관리들은 선거 실시 1년여 전부터 선거 결과를 예측하기 위해 정보 수집에 열중하고 있었다.

1971년 1월 박정희 대통령은 국방부 연두 순시에서 1970년대에 달성할 국방연구개발 목표를 제시했다. "제3차 경제개발 5개년 계획이 끝나는 1976년까지 최소한 이스라엘 수준의 자주국방 태세를 목표로 총포, 탄약, 통신기, 차량 등의 기본 병기를 국산화하고, 1980년대 초까지 전차, 항공기, 유도탄, 함정 등 정밀 병기를 생산할 수 있는 기반을 확보하라"는 내용이었다. 이에 따라 ADD는 분주해졌다. 대통령이 긴급 지시한 중차대한 사업인 만큼 청와대에서 직접 감독하고 통제했다. '매일매일 진척 상황을 보고하라'는 청와대의 독촉에 ADD의 과학자들은 하루하루 피가 마르는 기분이었다.

그러나 당시 한국의 공업은 가내 공업 수준으로 소총 하나 만들 수 없는 상황이었다(미국이 약속한 M16 소총 공장 설립은 난항을 거듭하며 지지부진했다. 경남 양산에 짓기로 했는데, 미국과 3년여를 실랑이한 끝에 1972년에야 완공되었다). 차량정비용 공구조차 만들지 못 했다. 기계공업은 아예 없었다. 중소기업 수준의 주물공장이나 주방용기 만드는 구리공장 정도 있는 상황에서 하루아침에 무기 생산은 불가능했다. 기술도 없고 엔지니어가 없으며 경험, 기본 설비조차 부재한 한국이 갖고 있던 것은 의욕과 의지뿐이었다. 우선 필요한 자금을 마련할 수가 없었다. 외국 차관을 얻으려 했으나 비즈니스 모델도 없는 막대한 투자에 돈을 대겠다는 나라는 없었다. 경제기획원이 애를 썼으나 시간만 헛되이 흘렀다.

1971년은 한반도를 둘러싼 국제 환경에 큰 변화가 일어났다.

1971년 2월 6일 한미 양국 정부는 「1개 사단 철수에 따른 공백을 메우기 위해 미국은 한국군 장비 현대화 5개년 계획(71~75년)에 매년 약 3억 달러의 무상 군사원조를 제공하기로」 합의했다. 이는 미국의 주한미군 감축 계획에 불안을 느낀 한국정부가 「先안보보장 後철군」을 미국 정부에 강력히 요구하여 이루어진 일이었다.

2월 8일 한국 정부는 155마일 휴전선을 모두 국군이 맡는다고 발표했다. 서해안 일대를 맡던 미 제7사단이 철수하기 때문이었다.

3월 19일 경남 기장군 고리(古里)에서 원자력 발전소 기공식이 거행되었다. 이날 박정희 대통령은 다음과 같이 치사했다.

이 지방 시민 여러분, 안녕하십니까. 20세기 전반기에 우리 인류는 원자력이라는 괴상한 물질을 개발했습니다. 2차 대전 말엽, 당시 미국의 루스벨트 대통령이 저명한 과학자 아인슈타인 박사에게 명령을 해서 만든 것이 원자폭탄이었습니다.

처음에 이 원자력은 여러분이 아시는 바와 마찬가지로, 태평양전쟁 말기에 미국이 일본의 히로시마와 나가사키에 투하해서 가공할만한 파괴력과 살상력을 발휘했던 것입니다. 그 결과, 당시 군국주의 일본은 연합국에 항복을 하고 인류 역사상 가장 비참한 이 전쟁은 그것으로 일단 종말을 봤던 것입니다.

(중략)

  그 밖에 가장 많이 개발이 촉진되어 왔고 많이 사용하고 있는 것은 원자력을 이용해서 원자 에너지로 전기를 개발해 보자는 것입니다.
  이 원자력 발전소가 오늘날 미국을 위시해서 선진국에서 많이 건설 중에 있는 것입니다. 아이젠하워 대통령이 평화 목적을 위한 원자력 개발을 제창한지 14년 만에 우리나라에서 오늘 바로 이 자리에서, 약 60만 킬로와트를 생산해 내는 발전소를 건설하게 되었습니다. 지금 아시아 지역에서는 일본을 제외하고 우리나라가 두 번째로 이 원자력 발전소를 지금 착수한 것입니다
  원래 이 전력이라는 것은, 처음에는 수력발전 최근에 와서는 화력발전 이렇게 발전되어 오다가, 이 원자력이 발명되고 나서는 원자력을 이용해서 발전소를 만드는 것이 가장 싸게 먹히고, 또 요즘 말썽이 되고 있는 공해 문제라는 것이 거의 없다는 이점을 갖고 있습니다.
  화력발전은 거의 다 석탄을 원료로 쓴다든지, 또는 기름을 사용해야 되는데, 석탄이라든지 기름이라는 것은 그 자원이 오래 쓰면 제한될 뿐 아니라, 또 먼 거리에서 수송하는데 수송비가 많이 먹힙니다. 원자력은 건설 초기에는 건설 단가가 굉장히 비싸지만 장기적 안목으로 볼 때는 원자력을 사용하면 훨씬 더 발전 단가가 싸게 먹는다 하는 그러한 이유 때문에, 대개 선진 각국에서는 지금 원자력 발전을 서둘러서 만들고 있습니다.

(중략)

  몇 년 전, 우리나라 진해 항구에 미국의 원자력 잠수함이 한 척 들어 왔습니다. 이 잠수함에 초대를 받아, 내가 가서 타 본 일이 있어요. 그 잠수함은 물론 핵무기로 무장을 하고 있었습니다. 그런데 그 잠수함이 사용하는 연료가, 옛날 같으면 기름을 싣고 다녀야 되겠는데, 이 잠수함은 연료로 원자력을 사용합니다. 조그만 궤짝만한 원자력 연료를 싣고 다니면 이 배는 한 1년 동안 전 세계를 돌아 다녀도, 어디 딴 데 가서 기름이라든지 석탄이라든지 이런 것을 보급 받을 필요 없이, 그것만 가지고 사용합니다.

  얼마나 편리하고 연료가 절약이 되느냐 하는 것은 대략 여러분들도 짐작이 갈 것입니다. 오늘 여기서 착공을 보게 되는 이 원자력 발전소도 앞으로 준공이 되고 나면 여기서 사용하는 것은 다른 화력발전소처럼 원유를 싣고 온다든지, 벙커 C유를 쓴다든지, 석탄을 쓴다든지, 이런 것을 쓰지 않고 조그만 원자력 연료 하나만 가지면 1년 이상 쓸 수 있습니다. 아주 싸게 먹힌답니다.

(중략)

  20세기 후반기에 있어서 이러한 가장 발달된 원자력 발전소를 우리나라에도 이제 만들게 되었다는데 대해서, 우리는 대단한 자부와 또한 기쁨을 금할 수 없습니다. 아시는 바와 같이 우리나라에는 지금 경제건설, 기타 모든 국가개발에 가장 많이 소요되는 것이 전력입니다.

공장에도 필요하고 우리 국민들의 문화생활을 위해서 전력의 수요는 나날이 늘어나고 있는 것입니다. 정부는 지금 농촌 전화(電化) 사업을 몇 년 전부터 추진을 하고 있습니다. 1964년만 해도 우리 농촌에 전기가 불과 12% 밖에 들어가지 않았습니다. 가령 농가 호수가 100호라 하면 거기 한 12호 정도 밖에 전기의 혜택을 보지 못했습니다. 작년 1970년 말 현재로서는 27% 정도 밖에 안 됩니다. 이것이 앞으로 계속 추진되면 3차 5개년 계획이 끝나는 1976년 말에 가서 약 70% 정도의 농촌이 전화가 된다고 내다 보고 있는 것입니다.

70%라면 아주 먼 벽지라든지 또는 섬이라든지 낙도 이런 데까지는 미치지 못할지 모르지만, 대부분의 농촌에는 전기가 들어갈 수 있는 것입니다. 1979년에 가면 우리는 농촌이나 어촌이나 100% 완전히 전기가 다 들어갈 것입니다.

이렇게 농촌 전화사업 계획은 지금 추진되고 있습니다. 우리는 현재 약 220만 킬로와트 정도의 전력을 생산하고 있는데, 금년 말이면 280만 킬로와트, 3차 5개년 계획이 끝날 무렵에 가면 오늘 여기에 착공을 보게 되는 원자력 발전소의 60만 킬로와트를 포함해서 약 600만 킬로와트의 전력을 우리는 가지게 될 것입니다. 그렇게 되면 우리가 비상시에 필요한 모든 전력을 충분히 무제한 송전하고도 상당한 여력을 가지게 될 것입니다.

우리 국민들이 전기를 얼마만큼 쓰느냐, 지금 내 옆에도 여기 전기난로를 하나 갖다 뒀는데, 이 전기를 많이 쓰는 양에 따라서 그 나라의 수준이나 경제발전도를 추정할 수 있는 것입니다.

아직 우리나라에는, 특히 우리 농촌에 있어서는 전력의 혜택을 그다지 많이 받지 못하고 있는데, 우리가 매년 이러한 발전소를 만들고 전력 생산을 많이 함으로써, 도시는 물론이요 우리 농촌에까지, 비단 공장이라든지, 가로등 뿐만 아니라 여러분들 가정에서부터 부엌, 온돌에 이르기까지 그 전력이 장차 들어갈 수 있다 하는 것을 여러분들이 아시면, 전력 개발이라는 것이 얼마만큼 중요하다는 것을 알 수 있을 것입니다. 보다 더 큰 경제발전을 촉진할 수 있고 보다 높은 문화생활을 할 수 있을 것입니다.

　오늘 이 원자력 발전소 건설에 있어서는, 그 동안 오래전부터 미국의 수출입은행과 교섭을 해서 차관이 성립되었던 것인데 웨스팅하우스 회사, 또 이번에 지원을 해주는 영국 회사, 우리 한국전력 회사, 상공부 당국 여러 관계관들이 그 동안 이 사업을 추진하는 과정에 있었던 수고에 대해서 감사를 드립니다.

　특히 이 지방 주민 여러분들은 앞으로 이 공장이 완공될 때까지는 여러 가지 협조를 많이 해주어야 될 것입니다. 그동안 또 여러분들이 협력해 주신 데 대해 감사를 드립니다.

　고리 원자력 발전소는 원자력 발전소 건설과 운영에 필요한 지질·기상·용수원(用水源)·골재원(骨材源)과 해상조사(海象調査)를 거쳐 1968년에 선정되었다.

　건설은 일괄발주(turnkey) 사업방식이었는데, 미국 웨스팅하우스(Westing house) 社가 주계약자로서 원자로 부문의 제작공급과 발전소 건설의 전반적인 책임을 담당했다. 터빈 발전기 계통의 제작공급은 제너럴 일렉트릭 社에서 맡았고, 국내 기업으로는 현대건설이 원자로 계통공사에, 동아건설이 터빈발전 기계공사에 참여했으며 비파괴검사는 유양 원자력(주)이 맡았다.

원자로는 미국 웨스팅하우스사에서 개발한 가압 경수로형으로서, 1차 계통과 2차 계통이 분리되어 방사능에 의한 2차 계통 오염이 방지되도록 설계되었다.

1971년 3월 예정대로 주한미군 제7사단 병력 2만 명이 철수하여 주한미군은 제2사단만 남게 되었다. 주한미군은 6만 2천에서 4만 2천으로 줄어들었다. 박정희 대통령은 이를 북한이 다시 남침해도 미국이 남한을 돕지 않겠다는 뜻을 밝힌 것으로 받아들였다. 박정희 정부는 자주국방 문제를 심각하게 생각하지 않을 수 없었다. 박 대통령이 핵무기 개발 결심을 굳힌 것은 이때였다.

4월 24일 미국 워싱턴에서 20만 명이 베트남전 반전(反戰) 시위를 벌였다.

4월 27일 7대 대통령 선거가 실시되었다.

3번째 출마한 박정희 후보와 신민당의 김대중 후보는 접전 끝에 박 후보가 6백34만2천8백28표(득표율 53.2%), 김 후보가 5백39만5천9백표(득표율 45.2%)를 얻어 박 후보가 94만이 넘는 표 차로 승리했다. 이 선거에서 유권자 수는 총 1,555만 2,236명으로, 이 가운데 1,241만 7,824명이 투표에 참가하여 투표율은 투표율 79.8%였다.

1971년 제 7대 대선 지역별 득표 현황

	박정희	김대중
서울	80만 5772	119만 8018
부산	38만 5999	30만 2452
경기	68만 7985	69만 6542
강원	50만 2722	32만 5556
충북	31만 2744	22만 2106
충남	55만 6632	46만 1978
전북	30만 8850	53만 5519
전남	47만 9737	87만 4974
경북	133만 3051	41만 1116
경남	89만 1119	31만 595
제주	7만 8217	5만 7004
합계	634만 2828	539만 5900

4월 28일 미 국무부가 헨리 키신저 대통령 안보담당 특별 보좌관에게 보낸 문서에는 이 선거에 대한 간단한 평이 있다.

제목 : 박정희 한국 대통령에게 보낼 축하 전문

박에 대한 신임을 확인한 투표였다는 말 외에는 선거의 성격에 대해 언급하지 않음. 야당에서는 부정선거라고 주장하지만, 주한 미 대사관의 보고와 언론 보도에 따르면 차분하고 질서있는 가운데 치러진 상당히 공정한(reasonably fair) 선거였음.

4월 29일 신민당은 '4·27 대통령 선거의 진상은 이렇다'라는 제목의 성명서를 발표했다. 이 성명은 이 선거를 "중앙정보부에 의해서 계획되고 지령되고 감독된 완전범죄의 선거였으며, 전 국력을 동원하여 한 개 야당을 때려잡는 소리없는 암살의 선거였다"고 주장했다.

이날 김대중은 공화당 정권이 100만 표 이상 조작했으며 부정을 묵인할 수 없다고 주장했다.

이 선거에서 김대중은 "박 정권이 나를 죽이려 한다"는 말을 여러 차례 했다. 박정희 대통령은 이에 대해 다음과 같이 언급했다.

하도「죽인다」는 말을 많이 해서 이에 흥분한 金大中 반대자가 혹시라도 위해를 가할까 봐 혼이 났다. 대통령 경호원 반 이상을 金大中씨 보호하는데, 그것도 눈치 못 채게 투입할 정도였다.

5월 13일 치안국은 전라남북도에 통일혁명당을 재건, 합법을 위장한 대중조직을 마련한 간첩단 11명을 4월 16일부터 30일 사이에 검거했다고 발표했다.

【11명 중 남파간첩은 유낙진(柳洛鎭)이고, 기세문(奇世文)·김행백(金行百)은 고정간첩이었다.

유낙진은 6·25전쟁 때 고향인 남원시 이백면 인민위원회 통계원으로 부역하여 5년 동안 복역했다. 4·19 후 민족자주통일연맹(民族自主統一聯盟, 약칭 民自統) 전라북도상임위원으로 활동하다가 반국가행위자로 지명수배 되었다. 화순탄광과 광주 등 건축공사장에 숨어 날품팔이 생활을 하다가 목수로 일하던 장재섭에게 포섭되어 노동당에 입당했다. 1965년 공소시효가 만료된 뒤 예당종합고등학교에 교편을 잡았다.

유낙진은 1966년 8월 초순 제주도 애월 해안에서 배를 타고 월북, 평양 서구역에 있는 밀봉아지트에서 교육을 받고 남파되어 40여 회의 무선지령을 받고 광주를 중심으로 활동해왔다. 이후에도 북한은 통혁당을 재건하고자 여러 차례 시도했으나 모두 실패했다.】

5월 25일 8대 총선이 실시되었다. 이 국회의원 선거에서 공화당이 113석(48.7%), 신민당이 89석(44.3%)을 얻어 야당세가 2배 가까이 증가했다. 특히 대도시인 서울, 부산, 대구에서 신민당은 압승을 거두었다. 서울에서는 19개 지역구에서 18명이 당선되었고(공화당의 유일한 당선자는 장덕진), 부산에서는 8개 지역구에서 6명이 당선되었다. 대구에서도 5개 지역구 가운데 4명이 당선되었다. 전북의 12개 선거구에서는 전주의 이철승, 군산·옥구의 강근호, 이리·익산의 김현기, 남원의 양해준, 정읍의 류갑종, 고창의 진의종 등 6명이 당선되었다. 김대중은 신민당 전국구로 국회의원이 되었다.

6월 3일 박 대통령은 국무총리를 교체하는 등 대폭 개각을 했다. 김종필이 신임 국무총리가 되었고 최형섭(崔亨燮) 한국과학기술연구소 소장이 과학기술처 장관으로 임명되었다. 최형섭 과기처 장관은 이후 1978년 12월까지 장수하면서 한국 과학기술 발전에 크게 공헌했다. 그는 취임 즉시 원자력 개발 15년 계획을 수립했다.

6장 · 미국과 중국의 접근

1971년 7월 초 헨리 키신저가 비밀리에 중국을 방문하여 중국 국무원 총리 주은래와 회담했다.

키신저는 하버드대학 국제정치학 교수였는데, 국제질서는 미국과 소련의 양극 체제에서 다극체제로 전환되고 있다면서, 미국은 다극체제에 대비한 외교, 非일방주의적 외교를 펼쳐야 한다고 주장했다. 1969년 닉슨 행정부가 출범하면서, 닉슨은 미국이 당면하고 있는 국내외의 어려운 상황을 타개하기 위해, 대외정책의 방향 수정을 모색하려 했다. 닉슨은 키신저를 국가안보보좌관으로 임명했다.

중국은 1969년에 소련과 국경 충돌을 일으킨 후 소련의 전면적인 침공 가능성을 우려하고 있었다. 이러한 배경에서 키신저-주은래 회담이 성사된 것이었다.

7월 9일 오후에 시작된 회담에서 중국 측은 총리 주은래와 당 군사위원회 부주석 섭검영(葉劍英, 1897~1986) 등이 나왔다. 미국 측은 키신저와 NSC 멤버인 존 홀드리지(John Holdridge), 윈스턴 로드(Winston Lord) 등이 배석했다. 주은래는 주한미군을 주요 화제로 삼았다.

주은래 : 좀 설명하고 싶은 것이 있습니다. 인도차이나의 평화뿐 아니라 극동의 평화를 언급하셨으므로, 인도차이나로만 한정해야 합니까 아니면 다른 지역도 논의할까요?

키신저 : 아닙니다. 우리가 논의한 모든 문제에 대해 의견을 들어보겠습니다.

주은래 : 그러지요. 남아시아와 인도 아대륙도 포함해서 말입니다. 먼저 동아시아(East Asia)입니다. 남한에는 당신들의 군대가 있으며 그 곳의 사정도 알고 있습니다. 남한에 미군이 있는데, 남한은 남베트남에 파병했습니다. 그러므로 (베트남에서) 미군이 철수하면 남한 군대도 모두 베트남에서 철수해야 할 것입니다.

키신저 : 그래야 하지요.

주은래 : 남한의 미군도 철수해야 합니다. 우리는 1958년에 조선반도에서 군대를 자발적으로 철수했습니다. 당신들은 '중국군이 압록강 바로 너머에 있으며, 언제든 쉽게 되돌아올 수 있다'고 말하고 있습니다. 그러나 명분이 있어야 합니다. 그냥 압록강을 넘을 수는 없습니다. 그것은 내정간섭이 됩니다. 국제 관계에는 보장이 있어야 하는데, 우리는 그러한 보장을 해주었습니다. 그 협정에는 두 가지 요점이 있습니다 : 모든 외국 군대는 다른 나라에서 철수해야 한다, 그리고 그 나라의 국민들이 외부의 간섭 없이 그들이 보기에 합당한 방법으로 문제를 해결하도록 해야 하다는 것입니다.

(중략)

키신저 : 우리는 이미 2만 명의 주한 미군을 감축했습니다.

주은래 : 그래도 아직 4만 명 이상이 주둔하고 있습니다.

키신저 : 아직 약 4만 명이 있습니다. **감축 과정은 극동의 정치적 관계가 개선되는 한 계속될 것이며, 몇 년간의 단계적 감축 과정 뒤에는 극히 소수가 남거나 전혀 남지 않게 될 것이다.**

주은래 : 나는 이 문제를 주시하고 싶습니다. 당신네들이 그렇게 큰 부담을 지고, 또 군사비를 지출하고 있는데, 그 결과는 어떻습니까. 예를 들면 당신네들이 일본을 보호해 왔기 때문에 일본은 1971년 이전에는 군사비를 아주 적게 지출하여 경제력을 급속도로 강화해올 수 있었다. (미국) 대통령은 지난 10년 간의 일을 언급했습니다. 미국이 국방비에 대해 출간한 책의 숫자를 보니, 7천 억 달러나 됩니다.

키신저 : 그렇습니다.

주은래 : 일본은 실질적으로 군사비 지출이 없어 급속히 발전하는 결과를 초래했습니다. 대통령은 이제 일본이 아주 강력하다고 말합니다. 물론 미국 사업가들은 일본에 투자를 많이 하고 있습니다. 남한에 미군이 4만 명 주둔하고 있는 목적이 무엇입니까 - 단지 미국의 명예 때문입니까? 미국은 남한과 (상호안전보장) 조약을 체결했습니다. 박정희도 최근에 재선되었습니다. 그리고 미국 부통령이 그를 축하하러 갔습니다. 당신들

은 스스로를 묶어 두었습니다.

키신저 : 수상(Mr. Prime Minister), 만약 (우리가) 중국의 정책에 판단을 내리지 않고, 한국에 일본군을 주둔시킨다면 미군이 주둔한 것 보다 더 중국이 불안해 할 것이라는 상상이 듭니다.

주은래 : 우리는 어느 나라 군대든지, 외국 군대가 한국에 주둔하는 것을 반대할 것입니다.

키신저 : 솔직히 나는 한반도 문제 해결이 그리 오래 걸리지 않을 것이라고 생각합니다. …남한에 미군을 주둔시키는 것이 우리 외교정책의 영구적인 모습이 아닙니다. 철수에 관한 정확한 시간표는 아마도 닉슨 대통령이 논의할 수 있는 문제이거나 매우 가까운 미래에 스스로 해결될 문제입니다.

중국 지도자 모택동과 주은래는 소련의 위협에 맞서기 위해 미국, 일본 두 나라와 국교를 수립하기로 결단을 내렸다.

7월 16일 닉슨 대통령은 주은래 총리의 초청을 받아들여 10개월 안에 중국을 방문하겠다고 발표했다. 중국 정부도 동시에 미국 대통령의 방중 계획을 발표했다. 이 소식에 전 세계가 경악했다.

중국 정부가 미국 대통령의 방중 계획을 대외적으로 발표하기 전에, 주은래는 북한을 방문해 김일성에게 닉슨의 중국 방문 합의 사실을 설명했다.

미-중 화해는 그동안 미국을 '철천지원수'로 선전하고 반미 이데올로기에서 체제 정당성을 찾아온 북한 지도부에게 당혹스러운 일이었다. 김일성은 내부 토론 끝에 중국에 제시할 의견서를 확정했다. 7월 30일 북한 대표로 중국을 방문한 북한 제1 부수상 김일은 주은래를 만나 의견서를 전달했다. 모두 8가지인 북한의 요구 사항은 다음과 같다.

(1) 남한에서 미군 완전 철수
(2) 미국의 남한에 대한 핵무기, 미사일, 각종 무기 제공 즉시 중단
(3) 북한에 대해 진행되고 있는 미국의 침범 및 각종 정탐, 정찰 행위 중지
(4) 한·미·일 군사공동훈련 중지, 한·미 연합군 해산
(5) 일본 군국주의가 부활하지 못하도록 미국이 보증하고 남한에서 미국 혹은 외국 군대 대신에 일본군으로 대체하지 않겠다고 보증할 것
(6) 유엔 한국통일부흥위원단(UNCURK) 해체
(7) 미국은 남북한의 직접협상을 방해하지 말며, 조선 문제의 조선 인민에 의한 자체 해결을 방해하지 말 것.
(8) 유엔에서 한국 문제 토의 시 북한 대표가 마땅히 참여해야 하며, 조건부 초청을 취소할 것

키신저-주은래 회담 이후 중국은 미국과의 국교 수립을 추진했다. 미국 정부도 전후에 세계 경제의 절반을 차지할 정도로 막강했던 미국의 경제력이 상대적으로 위축되면서 소련과의 군비 경쟁에 부담을 느끼고 있었다. 게다가 베트남 전쟁에 지쳐 새로

운 외교 노선을 모색하고 있었다. 긴밀한 동맹국이었던 소련과 중국이 대립하자 미국은 중국과 손잡고 소련을 견제하는 방향으로 놀라운 정책 변경을 결정했다.

8월 10일에는 성남지역 5만여 빈민들의 폭동사건이 일어났다.
8월 12일 한국적십자 최두선 총재는 '남북 가족 찾기 회담'을 갖자고 북한 적십자에 제의했다.
8월 23일에는 실미도에서 북한침투를 위해 훈련받던 군 특수부대원들이 경비원 23명을 사살하고 탈출하는 사건이 일어나 한국사회에 충격을 주었다.

9월 6일 북경에서 중국 인민해방군 참모총장 황영승과 북한 인민군 참모총장 오진우가 북한에 대한 중국의 무상 군사원조에 관한 협정에 서명했다. 이 자리에는 주은래 총리도 배석했다. 중국은 소련의 침공에 대비하기 위해 병력 대부분을 필요한 중심 지역으로 배치했는데, 만주 일대의 안전을 확보하고 그곳의 후방기지를 보존하기 위해서는 북한의 협조가 절실했다. 이 때문에 중국은 북한과 무상 군사원조 협정을 체결한 것이었다.
9월 25일 김일성은 "속전속결전법을 도입하여 기습전을 감행할 수 있게 하라"고 대남공작 총책 김중린(金仲麟)과 북한군 총참모장 오진우(吳振宇) 등에게 지시했다. 이것이 이른바 김일성의 '9·25교시'이다. 이에 따라 북한군은 남침용 땅굴을 파기 시작했다.

10월 20~26일 사이 키신저는 두 번째로 중국을 방문했다. 닉슨의 중국 방문 문제를 논의하기 위함이었는데 한반도 문제와 대만 문제도 논의되었다. 주은래는 북한의 8가지 요구 사항을 전달했다.

10월 22일 키신저와 주은래는 미국과 중국의 이익이 충돌하는 문제를 두고 4시간이 넘도록 광범위하고 솔직한 대화를 나누었다. 이 가운데 한반도와 관련된 부분은 다음과 같다.

> 주은래 : 현재에도 판문점에서 남북 조선 간에 정전회담이 이뤄지고 있고, 비무장 지대가 존속하고 있습니다. … 그 회담에서 남측 주 대표로는 미국이, 부대표로는 한국이 참석하고 있습니다. 북측에서는 북한이 주 대표로, 중국이 부대표로 참석하고 있습니다. 평화협정은 아직 체결되지 않았고, 상황은 불안하며, 서로 상대방 영토에 대한 침공과 갈등이 때때로 빚어지고 있습니다.
>
> (중략)
>
> 키신저 : 우리는 우리의 맹방(한국)을 '괴뢰(puppet) 정부'로 묘사한 문서를 그냥 두고는 우리의 논의를 진전시킬 수 없다고 생각합니다. …나는 지난 7월 수상과 회담하기 전에는 솔직히 한반도 문제에 대해 자세히 생각해 본 일이 없었습니다. 우리의 대화는 이미 시작된 남북한 접촉에 영향을 미치지 않을 수 없을 것입니다. 우리는 우리의 친구에게 자신들을 괴뢰라고 부르는 정부를 향해 더 다가가라고 충고하기가 극히 어려운 것이

사실입니다. 두 개의 코리아가 대화한다면 서로 동등한 베이스에서 대화하는 것이 마땅할 것입니다.

(중략)

주은래 : 최근에 있었던 남북 조선 두 개의 적십자사 회담은 동등한 베이스에서 이뤄졌습니다. 어느 쪽도 상대방을 '괴뢰 적십자사'라고 부르지 않았습니다. 진전이라고 말할 수 있습니다.

(중략)

키신저 : 수상이 잘 모르고 있을 것이라고 생각되는 이야기를 하나 하겠습니다. 우리는 올해 초 북한으로부터 연락을 받았습니다. 날짜는 기억하고 있지 않습니다. 1월이었던 것으로 생각됩니다. 연락은 루마니아 부통령을 통해서 왔습니다. 우리는 매우 은밀하게 대답을 보냈는데 회답은 없었습니다. 우리는 이에 대해 불만스럽게 생각하고 있지 않습니다. 나는 우리의 태도가 원래부터 그들에게 적대적이 아니라는 점을 말하고 싶습니다. …만약 우리(미국과 중국)의 목표가 현재의 한반도 상황 해결을 위한 영구적인 법적 제도의 마련이라면, 우리는 당신들과 그 작업을 어떻게 할 것인가를 논의할 준비가 돼 있습니다. 우리는 적대감을 되살아나게 할 가능성이 있는 그런 법적인 제도에는 관심이 없습니다. 당신의 목표가 한반도 주둔 미군 감축이라면 내가 지난번에 말한 것처럼, 우리의 기본 정책은 어떤 경우든 국제적인 작업이 불가피하다는

것입니다.

주은래 : 만약 당신들의 궁극적인 목표가 남조선 주둔 미군의 철수라면, 당신들의 또 다른 목표는 남조선 주둔 미군을 일본군으로 대체하는 것입니다. 이렇게 말해도 괜찮습니까.

키신저 : 수상은 늘 나보다 한 걸음 앞서 갑니다. 일본 자위대를 주한 미군과 대체하는 것은 우리의 목표가 아닙니다. … 미국은 일본의 군사력 팽창에 반대하고 있습니다.

(중략)

키신저 : … 만약 우리의 목표가 한반도에 안정을 가져다주고, 전쟁의 위험에서 벗어나게 하며, 다른 세력이 이 지역으로 팽창해 들어오지 못하게 하는 것이라면 중국과 미국은 함께 갈 수 있을 것입니다. 그러나 목표가 현재 남한에 존속하고 있는 정부를 위험하게 하고, 북한이 남한을 공격하기 쉽게 만들어서, 남한에 압력을 가하는 것이라면, 당연히 다른 상황이 전개될 것입니다. 우리가 한반도를 위해 영구적인 법적 장치를 만들어주기 위해 당신들과 협력하는 데는 아무런 문제도 없습니다.

주은래 : 유엔이 북한에 대해 적대적인 자세를 취하고 있기 때문에 북한은 자체 방어 이외에는 생각할 수 없는 상황입니다. 북한은 남한이 항상 경계선을 확대하려 하기 때문에 남한에 대해 불만을 갖고 있습니다.

키신저 : 나는 수상에게 미군이 남한에 주둔해 있는 한 남한이

군사분계선을 넘으려는 어떤 기도에 대해서도 협조하지 않을 것이라는 약속을 할 수 있습니다.

(중략)

주은래 : 나는 한반도의 '두 개의 국가'라는 표현을 좋아하지 않습니다. 그렇게 말하는 것은 한반도가 영구히 둘로 분단된다고 말하는 것과 같기 때문입니다. 한국 인민들은 통일을 바라고 있으며, 평화적으로 통일을 달성할 수 있어야 합니다. … 한반도의 궁극적인 평화 통일이 최종적으로 어떻게 달성될 것인지에 대해서는 더 연구해보지 않았지만 조선 반도는 인구가 겨우 4000만에 불과하기 때문에 통일돼야 합니다.

(중략)

키신저 : 내 생각은 한반도의 양측은 동등하다는 것이며, 어느 쪽도 통일에 대해 배타적인 권리를 갖고 있지 않다는 것입니다. …만약 군사적인 압력이 북측으로부터 온다면 결과가 어떻게 되겠습니까.

주은래 : 북이 남을 공격한다면 어떻게 되느냐는 말입니까.

키신저 : 그렇습니다.

주은래 : 그런 일이 실제로 벌어진다면 커다란 부담을 떠안게 될 것입니다.

키신저 : 북한이 말입니까?

주은래 : 그렇습니다, 북한이.

(중략)

키신저 : 우리는(미국과 중국은) 우리의 영향력을 우리의 친구들이

군사적 모험주의의 길을 걷지 않도록 하는 데 사용해야 한다고 생각합니다.

키신저가 중국을 방문하고 있던 기간 중인 10월 25일 자유중국(대만)이 UN에서 축출되고 그 자리를 중국이 차지하는 격변이 일어났다.

김일성은 키신저와 중국 지도부의 두 번째 회담 결과를 빨리 알고 싶어 했다. 닉슨 독트린 발표 이후 주한미군 일부 병력의 철수가 이루어지고 있었기 때문에, 북한 측의 미군 철수 요구에 미국이 어떤 반응을 보였는지 궁금했다.

11월 1~3일 사이 김일성은 북경을 비밀리에 방문하여 모택동과 주은래를 만났다.

주은래에게 주은래-키신저 회담의 내용과 북한 요구에 대한 미국의 반응을 들었다. 주은래는 키신저가 북한의 요구를 전달받고 특별한 반응을 나타내지 않았다고 전했다. 주은래와 김일성은 닉슨 독트린에 따른 미군 철수를 실현시키기 위해서는 가시적인 긴장완화 조치가 있어야 한다는 데 의견을 같이했다. 김일성은 주은래와 남북대화 문제에 대해서도 깊숙하게 논의했다.

11월 20일 남북적십자 예비회담이 열렸다.

7장 · 오원철과 번개 계획

1970년 여름부터 시작된 무기 개발이 지지부진한 가운데 오원철(吳源哲) 상공부 차관보가 혁신적인 아이디어를 냈다. 처음부터 완제품 무기 공장을 세우겠다는 생각을 버리고 일단 부품 공장들을 세우자고 제안했다. 박정희 대통령은 "돈도 적게 들면서 중화학공업과 방위산업을 동시에 건설하는 일석이조 전략"이라고 찬성했다.

11월 초 박정희 대통령은 "모든 일을 직접 챙기겠다"면서 청와대에 경제 2수석실을 신설했다. 이 부서는 방위 산업을 전담하기 위해 만들어진 부서였으나 나중에는 핵무기 개발에서 총괄 조정 역도 맡았다.

1971년 11월 10일 오원철 상공부 차관보를 경제 제2비서실 수석비서관에 임명했다. 오원철 수석 비서관은 오로지 대통령에게만 보고할 책임이 있었다. 박 대통령은 임명장을 주고 선 채로 다음과 같이 지시했다.

첫째, 안보 상황이 초비상 상태다.
둘째, 우선 예비군 20개 사단을 경장비 사단으로 무장시키는 데 필요한 무기를 개발 생산하라. 60mm 박격포까지를 포함한다.

셋째, 청와대 안에 설계실부터 만들어 직접 감독하라. 나도 수시로 가 보겠다. 처음 나오는 병기는 총구가 갈라져도 좋으니 우선 시제품부터 만들라. 차차 개량해 나가면 쓸 만한 병기를 생산할 수 있게 된다. 우수한 인재를 동원하라.

넷째, 북한군의 최근 동향에 대해서는 이후락 중앙정보부장을 만나 설명을 듣도록 하라.

오원철 수석은 그 길로 궁정동 안전가옥으로 가서 중앙정보부장을 만났다. 이후락은 그에게 이렇게 말했다.

지금 최일선에서는 위기촉발의 분위기요. 언제 사건이 터질지 모르겠소. 북한은 각 부대를 최일선으로 대이동을 시키고 있으며 탱크들도 휴전선 바짝 가까이까지 이동시키고 있소. 그런데 우리 측에서는 충분한 대비책이 안 되어 있다는 것이 정보부의 해석이오. 우선 소총만 하더라도 우리 M1소총은 북한의 아카보 소총(AK총)보다 성능이 떨어진다는 것은 다 알고 있는 사실 아니오.

이후락은 캐비닛에서 총 한 자루를 꺼내 주며 말했다.

서독군에서 쓰고 있는 총이오. 아주 간단한 구조인데 참고로 해서 만들어보시오. 지금 일선에서 가장 중요한 것은 탄약이오. 탱크가 공격해 온다면 대전차 지뢰를 깔아 놓아야 하는데 태부족이야. 심지어 탱크가 쳐들어 왔을 때 결사대가 지뢰 한 개씩을 메고 탱크에 뛰어드는 육탄전이라도 해야 할 판인데 지뢰조차 없다는 보고요. 북한은 최근 들어 '김일성 환갑을 서울에서 열자'는 구호를 전 국민에게 내걸고 있는데 6·25사변을 다시 일으키겠다는 말 아니겠소? …오 동지! 나를 위해 사력을 다해주시오.

오원철은 직립부동자세를 취하고 "예, 알았습니다. 목숨을 걸고 뛰겠습니다"라고 대답했다.

이로부터 일주일 뒤인 11월 17일 박 대통령은 ADD에 병기 시제품 긴급개발을 지시했다. "총포탄약 등 재래식 경무기와 주요 군수장비를 4개월 내에 국산화하라"는 것이었다. ADD는 이 무기 국산화 프로젝트에 '번개 사업'이란 이름을 붙이고 24시간 쉬지 않고 일하며 한 달 만에 소총과 박격포를 만들어냈다. ADD 연구원들은 도면과 기술 자료도 전혀 없는 상황에서 역설계(逆設計) 공법(reverse engineering)으로 시제품을 만들었다. 육군 수경사(수도경비사령부, 현 수도방위사령부)에서 M20 A1, M20 B1포를 1문씩 빌려와 분해해 부품을 스케치하고 치수를 정밀 측정해 작성해 도면을 만들었다. 총열을 가공할 수 있는 설비인 브로칭 머신(broaching machine)은 대전의 국제특수금속회사가 1대 가지고 있었다.

박 대통령은 오원철 경제2 수석 비서관, 국방부장관, 상공부장관, 과학기술처장관, ADD소장 등으로 구성된 무기개발위원회(WEC)를 비밀리에 운영했다. 그러나 이들의 움직임은 곧 미국 정보망에 잡혔다.

1971년 12월 6일 박정희 대통령은 '국가비상사태'를 선포했다. 닉슨 대통령이 '아시아의 안보는 아시아인 손으로'라는 내용의 닉슨 독트린을 발표하고 미국정부가 주한미군의 일부를 철수하고 중국과 국교를 수립하는 등 격변하는 국제정세에 대한 대응이라는 것이 그 이유였다. 박정희 대통령은 비상사태에 따른 담화문을 통해 정부시책은 국가안보를 최우선으로 하고 조속한 안보태세를 확립하며, 안보상 취약점이 될 사회불안을 용납하지 않고, 모든 국민은 안보위주의 새로운 가치관을 확립할 것 등 6개항을 선언했다.

12월 16일 청와대 대접견실에는 대한민국 유사 이래 M1카빈, M19, A4 기관총, 60mm 박격포 등 무기 8종이 처음으로 공개되었다. 오원철 씨는 이날을 다음과 같이 회고한다.

빨간 카펫이 깔려 있는 대접견실에는 샹들리에 불빛이 찬란했다. 여기에 국산 초유의 각종 병기가 진열된 것이다. 60mm 박격포, 로켓포, 기관총, 소총류 등이었다. 박격포는 카펫 위에, 총기류는 진열대 위에 놓여 있었다. 새로 칠한 국방색 병기는 병기라기보다는 예술품이었다. …박 대통령은 환히 웃으며 자랑스럽다는 듯이 "우리가 만들어낸 병기들이야"라고 했다. 연구진의 노고를 치하하면서 "금년도 최고의 크리스마스 선물이다. 우리도 마음만 먹으면 해낼 수 있어. 우리도 이제는 이런 정도로는 발전된 거야"라고 기뻐했다.

초단기간에 만든 국산 무기 시제품들은 여러 가지 문제가 있었으나 '우리도 할 수 있다'는 자신감을 연구원들에게 주었다.

1971년 12월 26일 ADD의 구상회 박사와 김중보 공군작전참모부장은 오원철 제2 경제수석의 부름에 청와대로 갔다. 오원철은 4년 내에 사정거리 200km의 지대지 유도탄(guided missile)을 개발하라고 박정희 대통령의 친필 메모를 전달했다.

미사일은 날아다니는 종합과학이다. 유도 조정, 구조 해석, 추진제 제조 등 각 분야의 고급 기술이 농축된 무기 체계의 정화이다. 모든 관련 노하우와 연구 시설을 갖춘 미국도 사정거리 780km의 퍼싱 I(Pershing one) 지대지 유도탄 개발에 5년이나 걸렸다. 당시 한국의 과학기술 수준에 비추어 4년 내에 미사일을 개발하라는 대통령 특별 지시는 납득할 수 없는 무모한 일이었다.

이때 한국 육군은 미국 제품인 유도가 되지 않는 지대지 로켓탄 어니스트 존(Honest John)과 지대공 유도탄인 호크(Hawk), 나이키 허큘리스(Nike-Hercules)를 보유하고 있었다. 해군과 공군도 미국제 미사일을 보유했는데, 지대지 유도탄 개발에 전혀 도움이 되지 않았다. KIST에서는 이경서 박사를 중심으로 하는 연구진이 대전차 미사일 개발 계획을 수립하고 있는 정도였다.

1959년 국방부과학연구소(1954년 설립)는 인천 부근의 서해안에서 3단 로켓 시험 발사에 성공했다. 그러나 1961년 국방부과학연구소가 폐지되면서 후속 연구가 없었다. 1960년대 말부터 공군사관학교에서 과학기술처로부터 연구비를 받아 로켓을 개발했지만 어려움이 많았다. 추진제 제조 시설이 없었으므로 복기추진제 대신 혼합추진제 가운데 가장 만들기 쉬운 아스팔트 형 추진제를 실험실에서 손으로 주물러 만들어 썼다.

추진기관의 추진력을 시험하는 지상 연소시험까지 거치는 등 모든 로켓 개발 단계를 밟아 1971년 10월 인천 팔미도에서 시험 발사에 성공했다. 그러나 비행 상태를 계측하는 장비가 없어 비행 상태를 파악하지 못했다.

추진제(推進劑, propellant)

로켓의 동력을 내는 연료(燃料, fuel)와 산화제(酸化劑, oxidizer)를 일컫는다. 고체추진제(solid propellant)와 액체추진제(liquid propell-ant)로 나뉜다.

고체추진제에는 복기추진제(復基推進劑, slot propellant)와 혼합추진제(混合推進劑, composite solid propellant)가 있다. 복기추진제는 성능은 좋으나 제조 과정이 복잡하여 널리 쓰이지 않는다.

액체추진제는 로켓 엔진을 복잡하게 하고, 취급하기에 위험하며, 즉시 발사할 수 없어 군사용으로는 불리하다. 그러나 비추력(比推力) 등의 성능이 높고 연소하는 시간도 길며 연소의 제어가 가능하므로 우주 로켓의 주 추진제(主推進劑)로 쓰이고 있다.

미사일을 개발할 인력도 문제였다. 공군사관학교, ADD, KIST 등 3개 기관에서 로켓 개발에 종사하는 인원은 모두 합해 30명도 1972년 4월 국방부는 ADD에 정식으로 미사일 개발을 요구하는 공문을 전했다. 공문에서 미사일 개발 작업을 '항공

공업 육성 계획'이라는 위장 명칭으로 불렸다. 공문의 핵심 내용은 다음과 같았다.

북한의 기동 공격무기를 효과적으로 파악할 수 있는 단거리 전술 지대지 유도탄을 1974년 말까지 개발·생산하고 1976년 말까지 북한의 주요 군사기지를 파괴 내지 무력화시킬 수 있는 장거리 지대지 유도탄을 개발하되 ADD 소장 책임 하에 거국적으로 연구계획단을 편성해 8월 말까지 연구개발 계획서를 국방장관에게 보고하라.

이에 따라 ADD에서 구상회, 서정욱, 박귀용 KIST에서 이경서·정선호·손성재·김연덕, KAIST에서 김길창·윤덕용, 육군에서 김정덕, 해군에서 최호현, 공군에서 홍재학 등 12명이 참여해서 연구 계획단이 구성되었다. 이들은 1972년 5월 16일에서부터 7월 4일까지 미국의 미사일 연구소를 견학했다. 연구 계획단의 작업 장소는 ADD가 아닌 동부 이촌동의 한 아파트였다. 미국 정부의 눈을 피하기 위해서였다. 미국은 한국이 공격용 무기를 개발하는 것은 적극 반대하고 있었다.

8장 · 미사일과 핵무기 개발의 시작

1972년 1월 11일 박정희 대통령은 연두 기자회견에서 안보우선의 총력 체제를 구축하겠다고 밝혔다.

1월 26일에 북조선 내각 부수상 박성철은 북경을 방문하여 주은래, 이선념(李先念) 등 중국 지도자들과 회담을 가졌다. 미·중 정상회담에서 중국 측이 한반도 문제에 대해 취할 입장을 조율하기 위한 방문이었다.

2월 21일 오전 닉슨 미국 대통령은 북경에 도착했다. 닉슨 대통령 부인과 윌리엄 로저즈 미 국무장관, 헨리 키신저 대통령 안보보좌관 등이 수행했다.

2월 21일 오후 2시40분 북경 중남해(中南海)에 있는 모택동의 거주지 풍택원(豊澤園)에서 리처드 닉슨, 헨리 키신저, 모택동, 주은래 4인이 모여 회담했다.

79세의 모택동은 병색이 짙어 닉슨은 몇 마디 주고받지 못했다. 그러나 이 짧은 대화에서도 한반도 문제는 거론됐다.

닉슨 : 주석과 대만, 베트남, 한반도 문제에 대해 논의하고 싶습니다.

모택동 : 골치 아픈 일에 나는 끼어들고 싶지 않습니다. 화제가

철학적인 것이었으면 좋겠습니다. …우리가 일본이든 남조선이든 위협하는 일은 없을 것입니다.

닉슨 : 우리도 어떤 나라도 위협하지 않을 것입니다.

모택동의 건강이 나빠 닉슨은 주은래와 마무리 회담을 했다. 2월 23일과 24일 조어대 국빈관과 인민대회당에서 진행됐다.

주은래 : 어떻게 북과 남의 접촉을 촉진할 것인가. 어떻게 평화통일을 촉진할 것인가. 그 문제는 시간이 오래 걸릴 것입니다.

닉슨 : 여기서 중요한 것은 우리 양국이 우리의 동맹국들을 억지하기 위해 영향력을 발휘해야 한다는 것입니다. 북이든 남이든 한국인들은 감정적으로 충동적인(impulsive) 사람들입니다. 중요한 것은 우리가 이 충동적이고 호전적인 사람들이 사건을 일으켜서 우리 두 나라를 놀라게 하지 않도록 영향력을 발휘하는 것입니다. 한반도를 우리 두 나라가 갈등하는 장소로 만드는 것은 어리석을 뿐만 아니라 비이성적인 것입니다. 한 번은 일어났지만 다시는 일어나서는 안 됩니다. 1953년 나는 부통령으로서 아이젠하워 대통령이 이승만에게 보내는 구두 메시지를 전달했습니다. 당시 이승만은 북진할 생각을 하고 있었고, 나는 그에게 그렇게 해서는 안 되며 만약 그렇게 한다면 더 이상 미국의 지지를 받지 못할 것이라는 불쾌한 말을 했습니다. 내가

그 말을 전달했을 때 이승만은 나에게 소리를 질렀던 (cry out) 것으로 나는 기억하고 있습니다.

주은래 : 당신이 묘사한 이승만의 성격은 우리가 듣던 것과 비슷합니다.

닉슨 : 무엇과 비슷하다고요?

주은래 : 몇 년 후 그는 세상을 떠났습니다.

(중략)

닉슨 : 수상은 동의하지 않을지 모르지만 이른바 닉슨 독트린이라는 것에 대해 말하겠습니다. 우리는 그 독트린에 따라 한반도 주둔 미군을 감축 중이다. 한반도 문제는 일본과 관련이 있는 것이며, 대만 문제와는 다릅니다.

(중략)

주은래 : 우리는 당신네 군대가 조선반도에서 점차적으로 감축하는 데 감사하고 있습니다.

2월 28일 닉슨 대통령과 중국 국무원 총리 주은래는 주권 존중, 내정 불간섭, 호혜 평등을 천명하는 상해 공동 성명을 발표했다. 상해 공동 성명의 공식 명칭은 '미합중국과 중화인민공화국의 공동성명(Joint Communiqué of the United States of America and the People's Republic of China, 中华人民共和国和美利坚合众国联合公报)'이다.

이 성명의 특징은 합의된 사항뿐만 아니라 두 나라의 입장을 각각 소개하고, 합의하지 못한 사항까지 열거하고 있는 점이다. 성명은 크게 '경과', '미국 측 주장', '중국 측 주장', '합의사항' 등 네 부분으로 구성되어 있다.

중국과 미국의 '합의사항'은 다음과 같다.

중국과 미국 간에는 사회체제와 대외정책에 있어 근본적인 상이점이 있다. 그러나 양측은 그들의 사회체제와 상관없이 주권과 영토권의 존중, 다른 나라에 대한 불가침, 다른 나라에 대한 내정 불간섭, 평등·호혜 및 평화공존 등의 원칙에 입각하여 그들의 관계를 수행해야 한다고 합의했다. 국제분쟁은 이러한 원칙에 기초해 무력행사나 무력위협 없이 해결되어야 한다. 미국과 중국은 그들의 상호관계에 이러한 원칙을 적용할 준비를 갖추었다. 국제관계에 관한 원칙을 염두에 두고 양측은 다음과 같이 천명했다.

* 미국과 중국의 관계 정상화를 위한 전진은 모든 나라의 이익에 부합한다.
* 쌍방은 국제적 군사분쟁 위험을 제거하기를 희망한다.
* 어느 측도 아시아·태평양지역에서의 패권을 추구하지 않을 것이며, 어느 다른 나라 또는 국가들이 이 같은 패권을 추구하려는 노력에도 반대한다.
* 어느 측도 제3국을 위해 협상하거나 다른 측에 대항하는 협정이나 양해사항을 성립시키는 행동을 하지 않을 것이다.

3월 7~9일 주은래가 북한을 방문하여 미중 정상회담의 경과를 김일성에게 설명했다. 중국은 3차례의 미중 정상회담 내용을 즉시 김일성에게 전달해 주었으나, 미국은 한국 정부에 사전 협의는 물론 사후에도 제대로 통보해주지 않았다. 미·중 간 관계 변화를 감지한 박정희 대통령이 여러 차례 한·미 정상회담을 요청했으나 거절했다. 박 대통령은 여러 가지 이유로 닉슨 대통령에 대해 감정이 좋지 않았다. 유재흥 국방장관에게 "닉슨이 미군 뺀다, 그놈 자식…"이라고 하며 불쾌한 감정을 드러내기도 했다.

핵무기 개발을 위해서는 우선 관련 기술을 확보해야 했다.

핵무기 제조의 핵심은 순도가 100%에 가까운 플루토늄을 확보하는 것인데 이것은 원자로를 가동한 후에 타고 남은 핵연료를 재처리 (reprocessing)해서 얻는다. 박 정권은 핵연료의 재처리 시설과 관련 기술의 도입은 프랑스를 상대로 교섭했고, 연구용 원자로(NRX)는 캐나다로부터 도입하려 했다. 별도로 벨기에와도 교섭했다.

1972년 5월 최형섭 과학기술처 장관은 오원철 경제 수석과 더불어 프랑스, 룩셈부르크, 이스라엘 등 6개국을 방문했다. 최형섭은 프랑스를 방문, 프랑스와 오르톨리 산업기술부 장관으로부터 핵연료 재처리 기술 등을 제공받기로 확답을 받았다. 프랑스는 미국이 주도하는 핵확산금지조약(NPT)을 지키기보다는 재처리 기술과 시설을 판매해 얻는 경제적 이익에 관심이 있었다. 프랑스는 한국과의 사업을 최우선 국책사업으로 선정하기까지 했다.

최형섭과 동행하여 유럽을 방문한 오원철은 미국의 강력한 반대에도 불구하고 프랑스의 엑조세(Exocet) 대함 미사일을 구입했다. 미국은 한국이 엑조세 미사일을 한국 해군 함정에 탑재하는 것을 막았다. 한국 해군 함정은 2척의 소형 한국산 고속정을 빼고는 모두 미국의 재산이라는 이유에서였다. 사실 한국의 군함은 거의 미국이 무상 또는 헐값으로 넘긴 것이었다. 대신 미국은 신형 하푼(Harpoon) 함대함 미사일의 한국 판매를 승인했다. 미국 정부는 이전에는 구식 미사일을 사라고 제의했었다. 한국 해군은 하푼 미사일로 무장할 수 있게 되었다.

1972년 7월 20일 박 대통령은 국방 대학원 졸업식에서 핵무기 개발을 암시했다.

우리나라는 우리 국민이 지킬 수밖에 없습니다. 우리가 하고자 하는 일을 의연한 자세로 강력히 추진할 때, 그리고 미국이 도와주지 않더라도 우리는 끝내 해낼 수 있다는 능력을 보여줄 때 비로소 미국은 협조한다는 사실을 알아야 합니다. 이것이 바로 자주 국방입니다.

ADD의 미사일 연구 계획단은 논쟁 끝에 장거리 지대지 미사일 계획에 역량을 집중하기로 했다. 그러나 연구소, 시험장, 연구 장비, 시험 장비가 전혀 없는 상황에서 4년 내에 개발한다는 것은 불가능이었다. 결국 한국군이 보유한 사정거리 180km의 NH(Nike Hercules, 나이스 허큘리스) 지대지 미사일을 모델로 해서 개발하기로 결정했다. 다음과 같은 개발 방안은 확정했다.

- 외형은 NH와 동일하게 하고 기체를 모두 국산화한다.
- 추진기관은 NH보다 비추력(比推力)이 큰 혼합추진제로 새로 개발한다.
- 유도조정 장치는 진공관으로 되어 있는 것을 모두 반도체화 한다.
- 지상 장비는 가능한 한 NH 장비를 사용하되 유도신호 처리

는 컴퓨터가 하도록 한다.

그러나 NH 모방도 쉬운 일은 아니었다. 설계 도면이 없어 역설계로 도면을 그려 제작하기로 했다. 추진기관의 성능과 중량이 변하면 속도가 달라지고 유도조정 장치 설계에 필요한 공력 계수가 달라지므로 초음속 풍동 실험이 필요하다고 결론을 내렸다.

풍동(風洞, wind tunnel)

공기가 흐르는 현상이나 공기의 흐름이 물체에 미치는 힘 또는 흐름 속에 있는 물체의 운동 등을 조사하기 위해 인공적으로 공기가 빠르게 흐르도록 하는 장치이다.

항공기용의 경우, 실물과 비슷한 모형이나 실물을 이용하여 비행기가 받는 공기력·모멘트 등을 실험적으로 측정한다. 보통의 풍동에서는 기류를 순환시켜서 연속적인 흐름을 만드는데, 기류를 어떻게 순환시키는가에 따라 폐회로식(閉回路式)과 개방로식(開放路式)으로 나눈다.

풍동 시험은 실물을 사용하여 직접 측정하는 것에 비하여 소형의 모형을 사용할 경우에는 모형을 계통적으로 변화시켜 측정결과를 해석할 수 있으므로 비용이 적게 들고, 쉽고 안전하게 실험할 수 있는 장점이 있다.

그러나 모형과 실물 사이의 크기의 차, 속도의 차 등 여러 측정량의 차이가 측정결과에 큰 영향을 미치므로 실험결과가 때때로 실물에 의한 시험결과와 다른 경우가 있으므로 측정결과를 해석할 때 신중히 고려할 필요가 있다.

1972년 9월 15일 미사일을 개발하는 항공 공업 추진 계획서가 완성됐다. 이 계획에 따르면 74년 말까지 중거리 무유도 로켓, 76년 말까지 중거리 지대지 미사일, 79년 말까지 장거리 지대지 미사일을 개발한다는 것이다. 이 계획서에는 연구개발 장비, 비행시험 장비, 추진제 제조공장 확보 방안 등이 포함되어 있었다. 박 대통령은 계획서를 보고 미사일 개발 연구소, 시험장의 입지와 건설을 포함한 세부 계획을 작성 보고하라고 지시했다.

1972년 10월부터 한국 원자력연구소와 프랑스 원자력 위원회 (CEA : Commissariat a l'energie atomique)간에 실무접촉이 활발해졌다 (1973년 10월에는 서울~파리 간 직항로가 개설되었다).

9장 · 유신 선포

1972년 7월 4일 대한민국과 북한 정부는 자주·평화·민족적 대단결을 원칙으로 하는 이른바 남북공동성명을 발표했다.

박정희 대통령은 5월 초 비밀리에 중앙정보부장 이후락(李厚洛)을 방북시켜 김일성과 면담하게 하였고 5월 말에는 북한 대표로 박성철(朴成哲)이 서울을 방문했다. 비밀접촉에서는 주로 정치적 문제가 논의되었는데 공동성명에서는 대화통로로 남북조절위원회를 설치하기로 했다. 모든 국민이 놀란 이 성명을 계기로 통일에 대한 기대와 환상이 전국에 팽배해졌다.

남북 공동성명이 발표되자 김홍일 당수와 김대중은 1973년 초까지 전당대회를 연기하여 남북협상의 진행 등 국내외 정세를 관망할 것을 주장했다. 논란 끝에 전당대회는 8월 23일에 열기로 했다(2차 연기).

8월 3일 박정희 대통령은 이른바 8·3 경제긴급조치를 내놓았다. 기업들이 사채 이자에 시달리자 이를 구제하기 위한 긴급처방이었다.

김대중은 8·3 경제긴급조치 반대를 주장하고, 지구당위원장의 대의원 임명이 불법이라며 다시 전당대회 연기를 주장했다.

8월 14일 저녁 전당대회 연기 문제를 토론하기 위해 김홍일 총재 집에서 각파 중진회의가 열렸다. 김대중은 이때 이미 유진산이 총재로 선출될 가능성이 높은 전당대회는 불참하기로 결정하고 있었다. 이 중진회의에서 전당대회는 9월 중에 열기로 했다.

8월 22~25일 사이 김일성은 다시 중국을 비밀리에 방문했다. 7·4 남북 공동성명과 관련하여 주은래와 의견을 나누었는데, 주은래는 중국의 통일전선 경험을 들려주며 원칙 있는 통일전선 운용을 강조했다.

8월 30일 이산가족을 찾기 위한 제1차 남북적십자회담이 평양 대동강 문화회관에서 열리면서 대한민국 사회는 당장이라도 통일이 될 것 같은 분위기로 들떴다.

9월 1일 신민당은 정무회의를 열어 전당대회일자를 9월 26일로 공고했다. 3번째 연기이며 4번째 대회날짜 공고였다.

이토록 전당대회가 거듭 연기된 이유는 유진산의 당 총재 복귀 가능성이 높아짐에 따라 김대중이 연기 전술로 맞선 탓이었다. 김대중은 유진산의 총재복귀에 따른 보복을 우려했고 김홍일 총재로서는 총재직이 연장되어 좋았다. 이렇게 전당대회가 연기되는 동안 당내 실력자들인 고흥문, 김영삼, 이철승, 정해영 등은 유진산 쪽으로 기울었고 김홍일, 김대중, 양일동이 反유진산 연합을 형성했다.

반유진산연합은 다시 전당대회를 연기할 것을 주장했다.

9월 18일 김대중 계는 정무회의에서 대회연기를 제기하려 했으나 유진산계의 유회 전술로 실패했다.

9월 21일 정무회의에서 김홍일 총재는 "진산과 김대중의 양극대립이 해소되지 않는 한 대회를 연기할 수밖에 없다"고 선언했다.

9월 25일 저녁 세종 호텔에서 김홍일, 유진산, 김대중, 양일동 4자 회담이 열렸다. 이 회담에서는 예정대로 9월 26일 전당대회를 열기는 하되, 총재경선 등 다른 안건은 다루지 않고 전당대회 연기만 결의하자는 데 의견을 모았다. 그러나 대회연기의 구체적 시한에 대해서는 의견이 엇갈렸다. 이 자리에서 김대중은 다음 해로 연기하자고 하다가 12월 개최를 주장했다. 양일동은 10월 말로 한 달 연기하자고 했고 유진산도 이에 동의했다. 4인은 다음날인 26일 아침 2차 모임에서 결론을 짓기로 하고 헤어졌다.

9월 26일 2차 4인 회의에서 합의가 이루어지지 못한 가운데 유진산계의 주도로 대의원 445명이 참가한 가운데 시민회관에서 전당대회가 강행되었다. 비주류 측이 대부분 불참한 가운데 이 전당대회에서 유진산은 총재로 선출되었다. 이날 대회에는 유진산, 고흥문, 김영삼, 권중돈, 이철승, 정해영, 한건수, 이중재, 김은하, 정성태, 김수한, 신도환, 조일환, 정운갑(鄭雲甲), 오세응, 임종기, 진의종, 오흥석, 양해준, 이기택, 황낙주, 이상신, 신상우, 이대우, 김재화, 김준섭, 이상조, 이택희 등 39명의 신민당 의원이 참가했다. 이들은 「시민회관파」라 불렸다.

이에 반발하여 反진산연합은 다음날인 9월 27일 독자적으로 전당대회를 열기로 했다.

9월 27일 효창동 김홍일 총재 자택에서 열린 또 하나의 전당대회에서는 26일 진산계의 전당대회 무효를 선언하고 12월에 전당대회를 열 것을 결의했다. 여기에는 45명의 신민당 의원과 대의원 483명이 참가했다. 이들은 「효창동대회파」라 불렸다. 이 대회에서 김홍일, 김대중, 양일동, 류청, 윤제술 등으로 구성된 5인

수권위원회가 만들어져, 당 운영과 유진산계에 대한 정치적 법률적 투쟁을 맡기로 했다. 이날 저녁 김홍일, 김대중 계는 국일관에서 대의원들의 격려를 겸한 간담회를 가졌다. 이 자리에서 김대중은 격한 어조로 유진산계를 비난했다.

썩은 고구마가 가마니 속에 섞여 있으면 모든 고구마가 썩게 마련이다. 정권의 앞잡이들이 야당의 탈을 쓰고 야당을 파괴하려는 것은 용서할 수 없는 행위로서 그들은 차라리 제 갈 길을 갔다. 그것이 국민들을 위해 이로울 것이다.

2개의 「半黨大會」로 인해 어느 쪽이 합법성을 가지냐는 법통싸움이 일어났다. 시민회관파가 26일 중앙선거관리위원회에 당 대표 변경등록신청을 했다. 이에 27일 효창동파는 김홍일이 신민당 대표임을 확인해 달라는 이의신청을 냈다. 동시에 주재황 중앙선거관리위원장을 상대로 당대표 변경 등록절차를 정지해 달라는 가처분신청도 서울민사지법에 냈다.

9월 28일 중앙선거관리위원회는 전체회의를 열어 유진산계가 제출한 「신민당대표 변경등록 신청」을 '형식적 요건이 구비됐다'는 이유로 수리했다.

29일 김홍일은 유진산을 상대로 「정당대표위원 직무정지 가처분신청」을 서울 민사지법에 냈다. 아울러 시민회관대회의 무효를 주장하는 「전당대회결의 부존재확인소송」도 냈다.

게다가 양일동 계보의 중앙상무위원 이명환 변호사는 유진산이 1971년 5월 총선에서 전국구후보자들의 헌금 일부를 횡령했다고 서울지검에 고발했다.

이러한 이전투구를 해소하기 위해 조윤형, 최형우 등 소장의원들은 양측 전당대회의 무효화 등을 주장했다. 김대중은 이 제의에 냉담한 반응을 보이며 법원의 판결을 기다렸다.

서울지법 합의 16부(재판장 박승호 부장판사)는 1972년 10월 2일, 7일, 14일 세 차례에 걸쳐 신민당 내분에 따른 가처분 사건을 심리했다. 10월말에 판결이 내려질 것으로 예상되었다.

야당의 만성적인 뿌리 깊은 파쟁을 오랫동안 지켜본 박정희 대통령은 야당을 조선왕조에서 당파싸움으로 세월을 보내던 무리들과 동일시했다. 그가 보기에 야당은 경멸과 탄압의 대상이었지 존중할만한 상대는 아니었다.

박 대통령은 1972년 5월 중순 중앙정보부장 이후락에게 유신 선포 준비라는 특명을 내렸다. 이후락은 '풍년 사업'이란 암호명으로 서울 종로구 궁정동 중앙정보부 안가(安家)에서 3명의 법률 전문가를 동원하여 이 작업을 진행하게 했다(이들이 작성한 보고서는 매주 청와대에 넘겨져 박정희, 이후락, 청와대 비서실장 김정렴(金正濂) 등 3인 회의에서 검토했다. 유신체제의 틀은 10월 초에 완성됐다).

10월 3일 박정희 대통령은 개천절 경축사를 통해 야당의 분열상을 비난했다.

북한공산주의자들은 남북대화의 그늘 밑에서 우리의 혼란과 불안을 조성하고자 갖은 책동을 가해오고 있습니다. 바로 이 같은 시점에서 민주사회의 장점인 다양성을 마치 분열로 착각하여 파쟁을 일삼는다든지, 민주제도의 운영원리인 「견제와 균형」 원리를 비능률의 구실로 삼으려는 이 같은 정략과 간계가 우리 주변에서 횡포를 부린다면, 이 모든 것은 마땅히 광정(匡正)되어야 합니다.

10월 16일 필립 하비브 주한 미 대사는 두 차례로 나누어 총 12장 분량인 장문의 비밀 전문을 국무부 장관에게 타전했다. '한국의 비상계엄령 선포와 정부 변화 계획'이라는 제목이 붙어 있는 이 비밀 전문은 주일 미국 대사에게도 동시에 전송되었다. 미 국무부는 전문 입수 후 즉각 미 국방장관과 하와이의 태평양사령부 사령관에게 전송했다. 다음은 전문의 앞부분이다.

김종필 국무총리가 10월 16일 18:00시에 10월 17일 19:00시를 기해 한국에 계엄령이 선포될 것이라고 통보함. 동시에 한국 정부는 현행 헌법에 대한 주요 개정안을 국민투표에 부칠 것이며, 이를 통해 대대적인 정부 구조 개편 작업을 실시할 것임. 계엄령 발효와 더불어 국회는 해산될 것이며, 정치 활동도 중단됨. 10월 27일 헌법 개정안이 공고되고, 이 헌법 개정안에 대한 국민투표가 11월 21일 실시될 것. 개정안의 아주 구체적인 사안은 밝혀지지 않았으나, 통일주체국민회의라는 선거단 구성이 포함될 것임.

두 번째 전문은 다음과 같다.

10월 16일 18:00시에 김 총리 사무실을 방문했음. 놀랄 만한 소식이 있어 만나자고 했다면서 계엄령 선포를 통보했음. 김 총리는 조치가 취해지기 전에 미국 측에 통보하는 것이 예의라고 믿어 24시간 전에 통보하는 것이라고 말했음.

10월 17일 박 대통령은 비상계엄을 선포하고 헌법의 일부 조항을 정지시키며 국가발전에 적합한 체제개혁을 하겠다는 내용의 특별선언을 했다. 이 날 발표한 특별선언에서 박정희 대통령은 야당의 추태를 지적했다.

  나는 한반도의 평화, 이산가족의 재결합, 그리고 조국의 평화통일, 이 모든 것이 민족의 소명에 따라 남북의 성실한 대화를 통해서만 이루어질 수 있는 민족중흥의 위대한 기초 작업이며 민족웅비의 대설계라고 믿습니다.
  그러나 국민 여러분!
  지금 우리의 주변에서는 아직도 무질서와 비능률이 활개를 치고 있으며 정계는 파쟁과 정략의 갈등에서 좀처럼 헤어나지를 못하고 있습니다.
  …이처럼 민족적 사명감을 저버린 무책임한 정당과 그 정략의 희생물이 되어 온 대의(代議) 기구에 대해 과연 그 누가 민족의 염원인 평화통일의 성취를 기대할 수 있겠으며 남북대화를 진정으로 뒷받침할 것이라고 믿겠습니까.

  박 대통령은 이 선언을 다음과 같이 끝맺었다.

  국민 여러분, 나는 이번 비상조치의 불가피성을 다시 한번 강조하면서 오늘의 성급한 시비나 비방보다는 오히려 민족의 유구한 장래를 염두에 두고 내일의 냉엄한 비판을 바라는 바입니다. 나 개인은 조국통일과 민족중흥의 제단 위에 이미 모든 것을 바친 지 오래입니다.

이날 다음과 같은 내용의 비상조치가 발표되었다.

① 1972년 10월 17일 19시를 기해 국회를 해산하고, 정당 및 정치 활동을 금지하는 등 현행 헌법 중 일부 조항의 효력을 정지시킨다.
② 일부 효력이 정지된 헌법 조항의 기능은 비상국무회의에 의해 수행되며, 비상국무회의의 기능은 현행 헌법의 국무회의가 수행한다.
③ 비상국무회의는 1972년 10월 27일까지 조국의 평화적 통일을 지향하는 헌법 개정안을 공고하며, 이를 공고한 날로부터 1개월 이내에 국민투표에 붙여 확정시킨다.
④ 헌법 개정안이 확정되면 늦어도 금년 말 이전에 헌정질서를 정상화시킨다.

당일로 대학은 휴교에 들어가고 정부 각 부처의 기자실이 폐쇄되었다. 기자들은 갈 곳이 없어졌고 취재원에도 접근할 수 없게 되었다. 모든 신문과 통신은 사전 검열을 받게 되었다.

김대중은 비상계엄이 선포되기 1주일 전인 1972년 10월 11일 다리통증을 치료한다는 명분으로 돌연 일본으로 떠났다.
1972년 10월 17일 비상계엄령이 선포되었을 때 상당수의 야당 정치인들이 외국에 있었다. 김영삼은 미국 하버드 대학에서의 연설을 위해 워싱턴에 머물고 있었다. 김영삼은 일시 망명을 해 한국의 정세변화를 지켜본 후 귀국하라는 미국정부의 권유에도 불구하고 즉시 귀국했다. 이외 야당 정치인들은 모두 서둘러 귀국했으나 김대중은 귀국을 포기했다.

박정희 대통령이 생각하기에 자신의 평생 숙원인「조국 근대화」과업을 야당은 수행할 능력도 의도도 없었다. 그가 보기에 많은 야당 정치인이 민주주의를 팔아먹고 사는 사기협잡꾼이었다.【'진보', '개혁', '혁명', '민주주의' 같은 어휘는 많은 사람에게 호소력이 큰 개념이지만 내용을 튼실하게 채우기가 매우 어렵다. 그러므로 사기꾼들에게 악용되기 십상이다. 한국 현대사는 이를 잘 보여주고 있다.

모택동도 이를 잘 알았다.

한국전이 한창인 1952년 4월 모택동은 중국 인민지원군 총사령관 팽덕회를 북경으로 소환하여 군 개혁 임무를 부여했다. 그러면서 이런 말을 했다. "개혁은 함부로 하는 게 아니다. 개혁을 입에 달고 다니는 사람치고 제대로 된 사람 본 적이 없다. 인간의 역사는 개혁가들의 비극으로 가득하다. 서두르지 마라."】

박정희 대통령은 1971년 대통령 선거가 끝난 후 '사기꾼에게 나라를 도둑맞을 뻔했다'고 말했다. 박정희 대통령은 집권 이후 1971년까지 국회의원 선거와 대통령 선거를 각각 3번씩 치렀는데, 선거가 야당이 국민을 혹세무민하고 선동하는 데 악용되고 있다고 인식하게 되었다. 그리고 한국인이 유언비어와 흑색선전에 매우 취약하다는 것도 절감했다. 그가 보기에는 장기집권과 독재도「조국 근대화」과업을 위해서는 하나의 선택이 될 수 있었다.

1972년 10월 21일 미 국무장관 키신저와 만나고 온 주한(駐韓) 미국대사 하비브가 박 대통령에게 베트남 평화 협정안을 보고했다.

박 대통령은 몇 가지 주의를 주었다. 이미 월남으로 침투해 있던 월맹 정규군의 철수에 대한 규정이 없다는 점을 맨 먼저 문제 삼았다. 당시 약 14만 명의 월맹군이 월남에 들어와 베트콩으로 위장하여 싸우고 있었다. 미국과 세계의 많은 언론은 이들이 자생적(自生的)인 反독재 투쟁조직이라고 오보했다. 월남 침투 월맹군에 대해서는 잔류를 허용하고 주월(駐越) 미군은 철수시키고, 휴전협정에 대한 국제감시는 불가능한 이런 협정을 어떻게 믿을 수 있느냐고 박 대통령은 목소리를 높였다.

그는 베트남전 참전국 원수(元首)로서 발언권을 행사하고 있었으며 또한 비슷한 처지의 한국 상황과 대비하여 보고 있었다. 박 대통령은 이런 협정을 맺으면 티우 정부와 월남 국민들의 사기가 떨어질 것이고, 미국을 비롯한 자유 진영의 막대한 희생이 수포로 돌아가게 되며 월남 정부는 1년을 지탱하기 어려울 것이라고 경고했다.

10월 22일 베트남의 티우 대통령은 베트남을 방문한 키신저와 회담하였다. 티우 대통령은 키신저에게 "귀하는 월남을 팔아넘길 작정인가"라고 소리쳤다.

"우리는 공산당과 직접 대화하지 않고 귀하가 중계를 했는데 귀하는 누구 편인가. 왜 적에게 호의적이고 우방을 희생시키려 드는가. 왜 월남의 외국 군대는 60일 이내에 철수한다고 해 놓고 들어와 있는 월맹군에 대해서는 철수를 요구하지 않는가."

유양수(柳陽洙) 한국 대사를 만난 티우 대통령은 키신저와 만나 나눈 대화를 전해 주었다.

티우는 월남 내에 침투한 월맹군을 철수시키지 않고 휴전하는 것의 부당성을 지적했다. 그는 또 1954년의 제네바협정의 재확인을 요구했다. 그래야 앞으로 월맹이 침략할 때 국제여론에 고발할 수 있을 것이라고 보았다. 티우는 공산주의자들과 어떤 형태의 연립정부도 반대한다고 했다. 월맹 측은 중앙정부에서 마을단위까지 티우 정부와 베트콩 사이의 연립을 주장하였으니 이는 좌우합작으로써 월남 정부를 허수아비로 만들려는 고전적인 술책이었다.

10월 23일 새벽 한국 정부의 훈령으로 일시 귀국한 주 베트남 한국대사 유양수는 김정렴 대통령 비서실장으로부터 청와대로 들어오라는 전갈을 받았다. 오전 9시 대통령 집무실에서 박 대통령은 하비브 미국대사로부터 통보받은 베트남과 월맹의 휴전안을 유양수에게 보여주면서 자신의 걱정을 베트남의 티우 대통령에게 전달할 것을 지시했다.

박 대통령은 무척 수척해 보였는데, 연신 담배를 피워가면서 국제정세를 걱정하면서 유신 선포를 정당화하는 말을 했다.

민주주의도 좋고 자유도 다 좋지만 공산주의와 대결하는 미국의 국론이 저렇게 분열되어 수습을 못한다면 미국에 대한 자유세계의 신뢰는 떨어질 것이다. 우리는 결코 안보를 미국에만 의존해선 안 된다. 월남을 보라! 자주국방을 하려면 중화학공업을 중심으로 경제를 발전시켜야 한다. 경제발전을 이룩하기 위해선 국력의 낭비를 막아야 한다. 효율의 극대화, 국력의 조직화가 유신 선포를 한 이유이다.

10월 27일 비상국무회의에서 헌법개정안이 의결, 공고되었는데 개헌 반대토론이 금지되었다.

이 개헌안은 통일주체국민회의라는 수임대의기구를 신설하고 여기에서 대통령을 선출하기로 한 것, 대통령에게 긴급조치권, 국회해산권을 주고 국회의원 3분의 1을 임명하는 권한을 준 것 등이 특징이다. 이른바 '영도적 대통령제'를 규정한 헌법이었다.

11월 21일 개헌 국민 투표가 실시되어 91.9% 투표율에 찬성 91.5%로 가결되었다.

【박정희 대통령의 유신 선포는 드골이 프랑스 5공화국 헌법을 제정한 과정을 모방한 듯하다. 드골은 1958년 알제리 독립운동을 진압하던 프랑스 군부가 반기를 들어 프랑스가 내전의 위기에 직면하자 사태 수습을 맡게 되었는데 의회를 거치지 않고 곧장 국민투표로 개헌안을 확정했다. 유신헌법 제정에 프랑스 5공화국 헌법이 많이 참조되었다.】

시도별/구분	선거인수	투표수	유효투표수		
			찬성	반대	계
합계	15,676,395	14,410,714	13,186,559 (92.2%)	1,106,143 (7.8%)	14,292,702
서울	3,078,328	2,479,585	2,045,941	410,474	2,456,415
부산	968,383	909,346	772,749	127,512	900,261
경기	1,727,059	1,626,187	1,508,712	104,759	1,613,471
강원	851,004	826,398	791,601	29,715	821,316
충북	698,158	662,739	621,723	35,453	657,176
충남	1,370,401	1,298,688	1,213,614	74,225	1,287,839
전북	1,152,919	1,086,542	1,015,489	61,186	1,076,675
전남	1,897,959	1,773,221	1,686,340	74,741	1,761,081
경북	2,211,570	2,108,501	1,983,081	104,873	2,087,954
경남	1,538,028	1,466,227	1,383,424	74,981	1,458,405
제주	182,586	173,280	163,885	8,224	172,190

12월 15일 통일주체 국민회의 대의원을 뽑는 선거가 실시되어 2,359명의 대의원이 선출되었다.

12월 23일 통일주체 국민회의에서 단독으로 출마한 박정희 후보가 8대 대통령으로 선출되었다(2,359명 가운데 2,357명이 찬성표를 던졌고, 무효표가 둘 나왔다).

12월 27일 박정희 대통령은 8대 대통령으로 취임하였고 유신헌법으로 불리는 신헌법이 공포, 시행되었다.

바로 같은 날 북한은 1948년 9월에 제정된 '조선민주주의인민공화국 헌법'을 폐기하고 '조선민주주의인민공화국 사회주의 헌법'을 채택했다. 전체 11장 149조로 이루어진 새로운 헌법은 다음과 같은 특징을 지녔다.

1) 헌법 제1조에 북한이 "자주적인 사회주의 국가"임을 천명하고 정치·경제·문화의 모든 면에서 자주성과 사회주의적 원리에 의해 운용되는 체제라는 점을 규정했다.
2) 주체사상을 "마르크스-레닌주의를 우리나라의 현실에 창조적으로 적용한" 사상으로 규정하고 이를 국가 활동의 지도적 지침으로 규정했다. 이는 실질적으로 마르크스-레닌주의를 포기한 것이었다.
3) 김일성의 절대 권력을 보장하기 위해 '국가수반'이며 '국가주권을 대표'하는 주석제를 신설하고, 주석의 절대 권력을 뒷받침하기 위해 주석의 지도를 받으면서 국가의 대내외 정책을 수립하는 중앙인민위원회를 신설했다.

이로써 최고주권기관인 최고인민회의와 최고집행기관인 내각을 양대 중심축으로 한 기존의 국가기관 체계는 폐기되었다. 구 헌법에서 최고주권기관으로서의 위치를 차지했던 최고인민회의와 그 상임위원회는 권한의 대부분을 국가주석과 중앙인민위원회로 넘기면서 유명무실해졌다.

신헌법에 따라 수상이었던 김일성은 주석이 되었고, 마르크스 레닌주의가 아닌 주체사상이 지도 원리로 규정되었다. 종전의 북한 헌법 중 '조선민주주의 인민공화국의 수부(首部 : 수도)는 서울이다'라는 조항은 '조선민주주의 인민공화국의 수부(首部 : 수도)는 평양이다'로 바뀌었다.

북한 지도부는 새로운 헌법을 통해 유일체제를 법적으로 제도화하는 동시에, 체제의 이론화 작업을 추진하여 '혁명적 수령관'을 내놓았다. '혁명적 수령관'에 따르면, 수령은 "당과 노동 계급을 비롯한 전체 인민을 통일적으로 영도하는 혁명의 최고 뇌수이며 그들의 이익과 혁명적 지향을 집중적으로 체현하고 있는 계급의 유일한 대표자로서 혁명역량을 하나로 묶어세우는 단결의 중심"이었다.

수령에 대한 이런 규정에 따르면 '수령이 없는 국가'나 '수령의 지도가 없는 대중'은 의미가 없다는 결론에 이르게 된다. 즉 인민이고 국가고 오로지 수령만을 위한 존재가 된다.

유신이 선포된 1972년은 건국 이후 군사력과 경제에서 북한에 뒤지던 대한민국이 1인당 국민 소득이 316달러가 되어 북한과 비슷해진 해이기도 하다. 이후 남북한의 경제력 격차는 점점 커져갔다.

【1950년대와 60년대는 북한의 1인당 국민소득이 대한민국의 1인당 국민소득을 능가했다. 대한민국의 1인당 국민소득이 북한의 1인당 국민소득을 언제 능가했는지는 정확히 알기 어렵다. 북한

의 통계를 믿을 수 없기 때문이다. 북한의 주요 공업 생산량으로 추정하여 볼 때 1967년에 역전된 것으로 보기도 한다.】

닉슨은 티우 대통령에 대해서 월맹이 협정을 위반하여 침공하면 미국은 군사력을 동원하여 응징할 것이고 경제·군사적 원조를 계속할 것임을 문서로 보증하겠다고 설득했다. 그래도 티우 대통령은 동의하지 않았다.

1973년 1월 16일 닉슨은 티우 대통령에게 최후통첩을 보낸다. 그는 편지에서, 티우 정부가 휴전협정안에 동의하지 않으면 미국과 월맹이 조인을 강행할 것이며 자신은 "월남 정부가 평화를 방해하고 있다"고 미국 국민들에게 설명하지 않을 수 없을 것이라고 위협했다.

1월 21일 티우는 굴복하여 닉슨 대통령에게 친서를 보냈다. 그는 '미국이 사이공 정부를 월남의 정통정부로 인정한다는 것, 월맹은 월남에 병력을 잔류시킬 권리가 없다는 것을 일방적으로 성명(聲明)해 줄 것'을 요청했고 미국은 이를 받아들였다. 휴전협정은 1월 23일 파리에서 가조인되었다.

1973년 1월 27일 베트남에서의 전쟁 종결과 평화 회복에 관한 '파리협정'이 미국, 남베트남, 북베트남, 남베트남 임시혁명정부 4자 간에 체결됐다.

이 협정은 ▲베트남 주둔 미군의 철수 ▲전쟁포로 송환 전쟁포로의 송환 ▲현재 상태로의 정전 ▲남베트남에서의 사이공 정부와 남베트남 임시혁명정부 간에 연합정부 조직을 위한 협의 ▲정치범의 석방 등을 규정했다.

2부

초능력 분석

사법시험 개요

사법고시는 대한민국에서 법조인을 선발하기 위해 1963년부터 2017년까지 실시했던 국가시험이다. 1963년 16회 시험을 끝으로 폐지된 고등고시 사법과의 후신이다. 2001년에 사법시험법이 제정되기 전까지는 대통령령인 사법시험령에 근거하여 실시됐다.

1969년까지는 절대평가제였으나, 1970년부터 정원제로 바뀌었다.

처음에는 대졸이나 대학 재학생만 응시할 수 있었고, 고졸 이하의 사람은 예비시험을 쳐서 합격자만 응시할 수 있었다. 예비시험은 법률 지식을 묻는 것이 아니라 대졸과 비슷한 학식이 있는지 평가하는 시험이었다. 이 시험은 너무나 수준 이하의 응시생들을 거르는 목적이었다.

3차 시험(면접)이 없었으나, 1972년부터 면접인 3차 시험이 시행되었다. 3차 시험은 대체로 형식적이었지만 극소수 탈락자도 있었다.

1973년부터 자격 제한이 철폐되어 대학 재학생이나 대졸 아닌 이도 응시할 수 있게 되었다.

시험 횟수도 처음에는 연 2회 실시도 했었다. 1965, 1966, 1968, 1969년에는 연 1회만 실시하였다. 1971년부터 시험 횟수를 연 1회로 축소했다.

합격 인원이 너무 적어서 많은 국민이 민형사 사건에서 변호사의 도움을 받기 너무 어려웠고 그 비용도 감당할 수 없었다.

1960년대에는 1년에 20~30명 수준이었고 1970년대 초에는 40명 정도였다. 1975년 3월 발표한 17회 사법시험은 60명이었다. 이후 조금씩 늘려 1977년 19회 사법시험은 80명, 1978년 20회 사법시험은 100명, 1979년 21회 사법시험은 120명, 1980년 22회 시험에서는 141명을 선발했다. 이때까지는 거의 100% 판사, 검사로 임명되었다.

1980년 가을 전두환 대통령이 정원을 대폭 늘리도록 하여 1981년 23회 사법시험부터 300명을 합격시켰는데, 변호사 인원이 너무나 적었기 때문에 일반 서민들이 변호사들을 선임한다는 것은 불가능에 가까운 현실을 잘 알았기 때문이었다.

이후 사법연수원을 나오면서 150명 정도만 판사와 검사로 임용되었다.

김영삼 정부에서 로스쿨 도입 이야기가 처음 나왔으나 사법시험 선발 인원을 300명에서 1,000명으로 단계적으로 늘리기로 결정했다. 1995년까지 400명을 선발했고 1996년 500명, 1997년 600명 식으로 늘려 2001년 이후 1천 명씩 선발했다.

그러다 2007년 국회에서 법학전문대학원 도입이 확정돼 사법시험은 폐지 수순을 밟게 되었다. 기존 수험생들에 대한 신뢰 보호 차원에서 당장 없애지 않고, 선발 인원을 단계적으로 감축했다.

이에 따라 2009년까지만 1,000명 정원을 유지하고 2010년 800명, 2011년 700명, 2012년 500명, 2013년 300명, 2014년 200명, 2015년 150명, 2016년 100명, 2017년 50명으로 단계적으로 축소됐다.

2012년 5월 10일, 법학전문대학원(로스쿨) 설치 인가를 받은 대학의 종래 학부 법과대학의 폐지 시한은 2017년으로 정하여, 그 전까지는 명칭과 조직, 수업 과정이 존치되었다. 교과부는 2008년 로스쿨을 인가하면서 2008학년도까지만 법대 신입생을 받도록 하였다.

공부해야 하는 분량이 압도적으로 많아서(행정고시의 3배 정도) 대한민국에서 존재했던 모든 시험 중 가장 힘들게, 그리고 오래 공부해야 하는 시험이었다.

운이 좋았음을 부인할 수 없다. 사법시험 합격자 수가 우리 때의 10배로 늘어난 지금도, 운이 작용한다고 하는 것이 옳을 성싶다. 왜냐하면 공부 분량이 엄청나기 때문이다. **제대로 공부하려면 10년의 세월도 부족하다.** 불완전한 공부로 짧은 시간에 고시 합격하는 것은 자기가 잘난 탓이 아니라 운이다.
- 고승덕 (제20회 사법시험 합격 / 정치인). 저서 《포기하지 않으면 불가능은 없다》

1차에서 보는 민법은 널리 보는 민법강의 책 기준으로 2,000페이지 이상, 형법과 헌법은 1,500페이지 이상이었으며, 선택과목은 500~600페이지 정도의 분량이었다.
1, 2차를 모두 합쳐서 총 7,500~10,000페이지의 분량에 육박한다. 이는 기본서에 한해서 그렇다. 문제집, 판례집 등을 더하면 공부해야할 양은 훨씬 더 늘어난다. 대개 600페이지가 넘는 두꺼운 단행본 책 60권을 3회 이상 읽어야 하는데 처음 읽을 때는 1년이란 시간이 모자란다.

그러므로 체력이 딸리는 사람은 공부 분량이 적은 행정고시나 외무고시로 바꿔 합격하기도 했다.

이 방대한 분량을 모두 이해하고 기억하는 것은 사람의 기억 용량을 초과하는 것이다. 논리적 흐름에 따라 자연스럽게 연결되는 것들을 깨닫고, 조문 등을 참조하면서 굳이 외우지 않아도 될 내용들은 넘기고 핵심 내용들만 추려가며 효율적으로 공부해야 합격에 유리하다.

법학은 각 과목마다 거의 모든 개념들이 유기적으로 연계되어 있기 때문에 압축된 필기 노트만 가지고는 법리를 이해할 수 없다. 그래서 수험생들이 그 두꺼운 책들을 짧게는 2~3년에서 길게는 수십 년 동안 공부해야 했다.

10 · 문재인 자서전 분석

"문재인 대표와 대화할 때는 녹음기를 켜놔야 한다."

"애초에 정치인의 말을 온전히 믿지 않았지만… 인간적인 배신감마저 느꼈다. 이런 건 정치 도의를 떠나 기본적인 인성의 문제다."

- 김종인

문재인 자서전은 의문투성이다. 상식의 눈으로 살펴보면 믿어도 되나 하는 생각이 들며 고개를 갸우뚱거리게 된다. 특히 사법고시 합격 과정을 애매하게 기술해서 의심, 의문에서 벗어나려 한다. 부산으로 가서 노무현과 합류하는 일도 기이한 변명을 한다.

의심이 많이 가는 대목을 살펴본다.

[문재인 자서전은 1부 만남, 2부 인생, 3부 동행, 4부 운명으로 구성되어 있다. 고시 합격에 관해서는 2부 인생에 소개되어 있다.]

문재인은 1971년 2월 경남고를 졸업했다.

1971년 1월 서울에 와서 서울 소재 모 대학에 응시했으나 낙방했다. 이때는 340점 만점인 대입 예비고사를 치고 그 점수를 고려하여 가고 싶은 대학에 원서를 접수하고 그 대학에서 본고사를 치르던 때였다.

문재인은 재수를 했으므로 예비고사를 두 번 쳤다. 예비고사 점수를 밝히지 않아 전국적으로 보아 어느 정도 수준의 고교생인지 알 수 없다. 밝히지 않은 것으로 보아 그리 좋은 성적은 아니었던 듯하다. 문재인은 서울의 대입 재수 전문학원인 종로 학원[1965년 세워짐, 설립자 정경진. 이때는 양영학원이 재수 학원 가운데 가장 위상이 높았다. 종로 학원은 초창기라서 위상이 높지 않았다.]을 다니다가 1972년 후기인 경희대학 법대에 들어갔다.

이는 재수해서 응시한 전기 대학에 불합격했음을 뜻한다. 서울대학교에 응시했다는 말이 있는데 확인할 수 없다. 같이 종로 학원을 다닌 이들의 증언이 필요하다. 이때는 후기 대학교 중 성균관 대학과 외국어 대학을 명문대라 했다. 경희대의 위상은 매우 낮았다. 문재인이 경희대에 들어간 이유는 4년 장학금을 받았기 때문이라고 하는데, 문재인 말로는 경희대 설립자 조영식이 이북 출신인 것도 경희대를 선택한 이유이다.

경희대의 전신은 1952년 초 인가받은 신흥초급대학교였는데 52년 말 4년제인 신흥대학교가 되었다. 1955년 종합대학교가 되었다. 1960년 경희대로 교명을 변경했다. 경희궁을 본떠서 이름을 바꾼 것.

【경희대 설립자 조영식은 1951년 발간한 저서인 〈문화세계의 창조〉의 일부 구절이 문제가 되어 1955년 7월 국가보안법 위반 혐의로 구속되었다. 문제가 된 구절은 다음과 같다.

"레닌은 카우츠키의 민주주의관을 비판하는 가운데에서 '민주주의는 변증법적 발전과정에 의하여 이렇게 발전한다. 즉 전제정치로부터 부르주아 민주주의에로, 부르주아 민주주의에서부터 프롤레타리아트의 민주주의에로, 프롤레타리아트의 민주주의에서 아무것도 없는 민주주의에'라고 말하였는데 현재 프롤레타리아트의 민주주의까지는 도달하였다고 볼 것이라면 '아무것도 없는 민주주의'라고 한 그 미도(未到)의 민주주의사회는 과연 어떠한 것을 의미한 것일까.

즉 그 민주주의사회라는 것은 민주주의의 완성된 형식의 사회를 의미한 것으로 추정되며 그야말로 진정한 민주주의요 … (중략) … 우리의 맞이할 다음의 세계라는 것은 레닌의 말과 같이 아무것도 없는 민주주의사회 즉 완성된 고도문화 국가사회라는 것이 자명해지게 되는 것이다."

수사 당국은 6일 만에 석방하고 저서 내용에 대한 감정을 학술원에 위촉하였고 학술원은 용공 사상이 없다고 판정하였다. 결국 무혐의 불기소 처분으로 사건이 종결되었다. 이 당시 조영식의 김일성대학 교수 이력 루머가 돌기도 했다.】

여기에서 유의할 점이 있다. 서울에서 재수 학원을 다녔다는 것은 하숙을 하면서 다녔음을 말한다. 부산의 가난한 집안 출신인 문재인으로서는 감당할 수 있는 일이 아니었다. 문재인의 집안 형편 묘사와 어긋난다.

문재인은 자서전 《운명》에서 '가난'이라는 소제목을 달아 집안의 경제 사정을 말한다.

가난

(전략) 그래서 부산으로 이사 나온 후 장사를 했다. 그러나 아버지는 내가 보기에도 장사 체질이 아니었다. 조용한 성품이었고 술도 마실 줄 몰랐다. 그저 공무원이나 교사를 했으면 체질에 맞을 분이었다.

아버지가 한 장사는 부산의 양말 공장에서 양말을 구입해 전남 지역 판매상들에게 공급해 주는 일이었다.

그러나 아버지는 몇 년간 장사하면서 외상 미수금만 잔뜩 쌓였다. 여러 곳에서 부도를 맞아 빚만 잔뜩 지게 됐다. 공장에서 매입한 대금은 갚아야 했기 때문에 오랫동안 그 빚을 갚느라 허덕였다. 혹시 나중에라도 돈을 받을 수 있을까 싶어 전표 같은 것을 꽤 오랫동안 보관했지만, 결코 그런 날은 오지 않았다. 그것으로 아버지는 무너졌고 다시 일어서지 못했다. 아무 연고 없는 타향이니 기댈 데도 없었다. 이후 아버지는 경제적으로 무능했다. 가난에서 헤어나지 못했다.

아버지의 장사 실패 후, 집안 생계는 거의 어머니가 꾸려 나갔다. **어머니도 경제적으로 능력이 없기는 마찬가지였다. 그저 호구지책을 근근이 유지하는 수준이었다.** 이 일 저 일 열심히는 하셨지만 별로 돈은 안 되는 고만고만한 일을 했다. 어머니가 처음 한 일은 구호물자 옷가지를 시장 좌판에 놓고 파는 것이었다. 우리가 사는 동네에서 작은 구멍가게를 한 적도 있었는데, 다들 가난한 데다 몇 집 되지도 않는 동네였다. 잘될 리가 없었다. 연탄배달도 했다. 좀 규모 있게 공장에서 연탄을 공급받아 팔았으면 몸은 고달파도 장사가 됐을 텐데 그게 아니었다. 가게에서 조금씩 떼다가 인근 가구에 배달해 주는 식이었다. 그러니 늘 근근이 먹고 사는 수준에서 벗어날 수 없었다.

그래도 어머니는 아버지에게 연탄배달을 거들게 하는 일은 없었다. 도움이 필요하면 나나 남동생에게 말씀했다. 하교 후나 휴일이면 연탄 리어카를 끌거나 연탄을 손에 들고 배달하는 일을 돕기도 했다. 나는 검댕을 묻히는 연탄 배달하는 일이 늘 창피했다. **오히려 어린 동생은 묵묵히 잘도 도왔지만 나는 툴툴거려서 어머니 마음을 아프게 했다.**

[문재인에게는 계모이고, 남동생에게는 친모라서? 어린 동생은 나중에 마도로스가 된 문재익인 듯.]

문재인은 대학 생활을 '대학, 그리고 저항'이라는 소제목을 달아 기술한다.

대학, 그리고 저항

나는 원래 대학에서 역사를 전공하고 싶었다. 학교 다니는 내내 역사 과목이 가장 재미있었고, 성적도 제일 좋았다. 지금도 나는 역사책 읽는 걸 좋아한다.

[대화할 때 녹음기가 필요한 문재인 말을 믿을 수 있나?]

(중략)

재수 끝에 당시 후기였던 경희대 법대에 입학했다. **학교 부근에서 하숙생활을 시작했다.**

[근근이 먹고 사는 집안 형편이라면서 돈 많이 드는 서울 유학 생활을 할 수 있었던 비결은? 당시 지방에서 서울의 명문대가 아니면 넉넉한 집안도 서울 유학을 꺼렸다. 노무현은 군 제대하니 집안 형편이 좋아졌다며 고시 공부를 했다고 했다.]

…그 시절 나의 사회의식을 키운 것은 하숙생활이었다. 일상생활에 아무 통제가 없는 자유에다 대학생들끼리 모여 있으니 밤늦게까지 시국담론을 나누기 일쑤였다. 나는 고등학교 선배들과 함께 하숙을 했다. 여러 대학이 섞여 있어서, 다른 대학의 학내저항 운동 소식을 들을 수 있었다. 현실비판적인 사회과학 서클 또는 농촌운동 서클들의 소식, 지하신문들, 학내 시위 소식과 시위 때 뿌려진 선언문 같은 것도 접했다. **선배나 친구들을 따라, 그 시절 학생운동이 가장 강했던 서울대학교 문리대와 고려대 시위를 구**

경 가기도 했다.

[문재인은 학생운동이 없던 경희대에 학생운동을 심으려 대학 간 것인가? 친모 또는 계모가 고생해서 번 돈으로 서울 유학했다면 차마 인간으로서 못할 짓이다.]

대학 시절 나의 비판의식과 사회의식에 가장 큰 영향을 미친 분은, 그 무렵 많은 대학생들이 그러했듯 리영희 선생이었다.

문재인은 학생운동이 없던 경희대에 학생운동을 도입했다. 그 과정을 이렇게 밝힌다.

당시 경희대는 학생운동이 약했다. 의식 있는 학생들은 개별적으로 흩어져 있었다. 스터디 그룹 같은 것도 형성돼 있지 않았다. 제대로 된 사회과학 서클도 없었다. 2학년 때인 1973년 하반기부터 전국적으로 유신 반대 투쟁이 본격화됐다. 서울대학교 문리대 시위를 시작으로 대학생들의 시위가 전국 각 대학으로 확산됐다. 개헌 청원 100만 명 서명 운동, 긴급조치 1호, 긴급조치 4호와 민청학련 사건, 인혁당 사건 등이 이어졌다.

[긴급조치 1호는 1974년 1월 8일 발표, 긴급조치 4호는 1974년 4월 3일 발표]

그런 동안에도 경희대는 시위라고 할 만한 것이 없었다. 시위 시도는 간헐적으로 있었으나, 이끄는 중심 세력이 없어 불발에 그쳤다.

【이해를 돕기 위해 1973년 하반기에서 1974년 하반기까지의 대한민국 상황을 약술한다.

1973년 8월 8일 중앙정보부가 해외 망명 상태에서 반정부 활동을 하던 야당 정치인 김대중을 일본 수도 동경에서 납치했다. 중앙정보부는 김대중을 준비한 배에 태워 부산으로 이송했다. 김대중은 8월 13일 서울 동교동 자택에 도착했다.

이 김대중 사건으로 정국은 들끓었고 미국, 일본 정부도 깊은 관심을 보였다.

8월 28일 오후 6시 북한의 평양방송은 남북조절위원회 평양 측 김영주 공동위원장 명의로 된 성명을 발표했다.

중앙정보부가 김대중 납치를 주도했다. 이후락 정보부장이 평화통일을 주장하는 애국적 민주인사를 체포·탄압하고 있으므로 남북회담을 계속할 수 없다.

1973년 가을부터 개헌 운동이 일어났다.

1973년 10월 2일 서울대 문리대(文理大 : 현재의 인문대·사회대·자연대) 학생들이 유신반대 시위를 벌였다. 경찰이 교내로 진입해 학생들을 연행했다. 연행된 학생 180명 가운데 20명이 집회 및 시위에 관한 법률 위반 혐의로 구속되었다.

10월 4일 박 대통령은 시정(施政) 연설에서 중화학공업 육성에 역점을 두겠다고 말했다. 이날 서울대 법대생들이 유신 반대 시위를 벌였다.

10월 5일 서울대 상대생 300여 명이 동맹휴학을 결의하고 교정에서 연좌데모를 벌였다.

10월 6일 이집트와 시리아가 이스라엘을 선제공격하여 4차 중동전쟁이 일어났다. 이집트 군은 수에즈 운하를 건너 점령당한 시나이 반도로 진입했고 시리아는 점령당한 골란고원을 탈환하

려 대규모 기갑부대를 투입했다.

10월 10일 골란고원을 침공했던 시리아 군의 중앙 주력 마지막 부대가 퍼플 라인(6일 전쟁 이후의 휴전선)전의 너머로 쫓겨났다. 이스라엘 군은 총 1,500대가 넘는 전차를 앞세운 시리아군을 4일 만에 격퇴한 것이다.

10월 15일 미국 닉슨 행정부는 이스라엘에 무기를 지원하기로 결정했다.

10월 16일 쿠웨이트에서 긴급회동한 아랍 산유국 6개국은 원유 가격을 배럴 당 3.12달러에서 3.65달러로 인상한다고 밝혔다.

10월 17일 석유수출국기구(OPEC) 대표들이 쿠웨이트에서 모여 이스라엘의 아랍 점령지 철수를 요구하면서 매월 5% 석유를 감축 생산하기로 의결했다.

10월 20일 사우디아라비아, 쿠웨이트 등 아랍 5개 산유국은 미국, 서유럽, 일본, 한국 등 이스라엘 지원국에 석유 수출을 정지한다고 선언했다.

10월 22일 미국과 소련은 전쟁 당사국 간의 즉각적인 휴전과 1967년 유엔 안전보장이사회 결의안 242호에 입각해 즉각적인 협상을 촉구하는 유엔 안전보장이사회 결의안 338호를 통과시켰다.

더욱 큰 승리를 목전에 둔 이스라엘과 초기의 유리한 전황을 유지하지 못한 이집트 모두 휴전안에 저항했지만 미국과 소련의 태도는 단호했다. 결국 이집트, 이스라엘, 시리아 3국은 이 결의안을 수락했다.

10월 25일 유엔 안전보장이사회는 유엔 긴급군의 파견을 결정했다.

10월 28일에 유엔 긴급군 제1진 7,000명이 수에즈 운하 지역에 도착했다.

11월 4일 OPEC는 원유 생산량을 25% 줄이기로 결정했다. 원유가는 계속 올라 연말이 되자 배럴당 5.3달러로 급상승했다.

야심차게 중화학공업화에 나선 한국 경제는 1차 석유 파동(오일 쇼크)으로 큰 위기를 맞았다. 석유가 많이 필요한 중화학공업을 추진하는 한국 경제는 석유 의존도가 높아지고 있었다. 1968년을 전후로 주요 에너지원이 석탄에서 석유로 바뀌었는데, 1972년에는 국내 에너지 총 소비량 가운데 50% 이상이 석유였다.

오일 쇼크로 물가가 폭등했을 뿐 아니라 외환 위기로도 이어졌다. 국제수지는 적자 행진을 이어가고 외환보유고가 고갈되어 갔다.

도시에서는 영하의 날씨 속에서 불을 때지 못하는 아파트 주민들의 고통이 줄을 이었고 화장실 수도가 얼어붙어 오물이 집 안에 넘치고 기름이 없어서 발을 동동 구르는 사태가 벌어졌다. 당시 신문기사에는 '조기방학', '대낮 소등 생활화', '버스정류장 간격 조정', '택시 윤번제 실시', '공장 조업 단축', '목욕탕 영업시간 및 신규 허가 규제', '불 꺼진 대합실', '기름을 사려는 사람들이 늘어선 주유소', '플라스틱 물건도 없어서 못 파는 가게 풍경' 등이 연일 실렸다.

11월 5일 계훈제, 김재준, 천관우, 함석헌, 김지하, 이호철, 법정 스님 등 15명은 서울 종로2가 YMCA 커피숍에서 '시국 선언'을 했다. 내외신 기자회견을 하고 모두 종로 경찰서로 연행되었으나, 함석헌, 김재준, 천관우 3인만 남고 모두 풀려났다.

11월 8일 정부는 에너지 절약 1단계 조치를 발표했다. 걷기 운동, 대낮 소등 생활화, 광고 네온사인 규제, 목욕탕 신규 허가 억제, 관광 여행 규제 등의 대책이었다.

대한민국 거리는 암흑으로 변했다. 가로등이 꺼졌고 상점의 네온사인도 꺼졌다. 밤거리가 어두워져 시민들은 서둘러 귀가했으며 가정에서도 전등을 한 개씩만 켰다. 석유가 모자라니 연탄 파동까지 일어났다. 어렵사리 이룬 한국 경제의 성취가 한순간에 물거품이 되어 경제가 부도나는 것 아니냐는 절망의 목소리가 여기저기서 터져 나왔다.

11월 11일 이집트-이스라엘 양국은 휴전협정에 조인했다.

11월 21일 서울대 교양학부생 1,200명이 기말시험을 거부하고 거리로 나갔다.

11월 22일 문교부 지시로 서울대 문리대가 조기방학에 들어갔고 한국외국어대와 춘천 성심여대도 조기 종강에 들어갔다.

11월 24일에는 한국기독교협의회 주최로 천관우(언론계), 이문영(학계), 이태영(여성계), 안병, 고범서(신학계), 김재준, 조향록, 서광선(기독교계), 한승헌(법조계) 등 각계 대표 30명이 학원과 언론사찰 중지를 담은 '인권선언문'을 발표한다.

11월 27일 밤 서울 종로구 신문로 소재 새문안교회에서 대학생들이 시위를 하다 경찰에 연행되었다.

12월 1일 경북대생 1,600명이 언론자유보장 등 6개항을 결의하고 시위를 벌였다.

같은 날 부산대생 1천여 명도 시위했다.

12월 5일 태완선 경제기획원 장관, 남덕우 재무장관, 장예준

상공부장관, 정소영 농수산부장관은 합동기자회견을 열어 석유를 30%, 전기 요금을 7%, 비료를 30%, 설탕을 16.7%, 배합사료를 25.5% 인상한다고 밝혔다.

12월 7일 박정희 대통령은 반정부 시위로 구속된 학생 전원을 석방하게 하고, 학칙위반으로 받은 징계도 모두 백지화하도록 지시했다.

12월 15일 박정희 정부는 서경석(徐京錫) 외무부 대변인의 이름으로 이스라엘의 점령지 철수 등 4개항의 친 아랍 성명을 발표했다. 내용은 다음과 같다.

대한민국 정부는 유엔안전보장이사회와 관계국들의 진지한 노력에 의해 중동 지역에 공정하고 항구적인 평화가 하루속히 이루어지기를 바라는 바이다. 이에 관련하여 대한민국 정부의 중동 지역 평화 성취에 관한 입장은 아래와 같다.

(一) 국제적 분쟁은 무력에 의해서가 아니라 평화적인 협상을 통해 해결돼야 하며 무력에 의한 영토 획득은 용납되어서는 안 된다.
(二) 이스라엘은 67년 전쟁 및 이번 전쟁에서 점령한 영토로부터 철수해야 한다.
(三) 팔레스타인 人의 정당한 주장은 인정되고 존중되어야 한다.
(四) 이 지역의 모든 국가의 주권, 영토 보존, 독립과 평화로운 생존권은 존중되어야 한다.

이미 11월 말 친 아랍 정책을 결정, 아랍 국가들에게 한국 정부의 입장을 전달했는데 이를 공식 발표한 것이었다. 이 발표에 앞서 주한 미국 대사관에 한국의 입장을 설명하고 주한 이스라엘 대사관에 알렸다.

이날 최규하 외교 특보가 사우디아라비아에 도착했는데, 한국 정부의 친 아랍 정책 성명 발표로 파이잘 국왕과 면담 일정이 잡혔다.

12월 16일 파이잘 국왕과의 면담에서 최규하 특보는 공산주의와 대결하고 있다고 한국의 상황을 설명했는데, 이후 사우디아라비아 정부는 한국을 우호국으로 분류하여 원유 공급 제한 조치를 해제했다.

12월 18일 서울 예술극장에서 임시전당대회를 마친 통일당(민주통일당) 당원 300여 명이 민주체제 회복하라는 플래카드를 들고 가두시위를 벌였다.

12월 24일 YMCA에서 장준하, 함석헌, 김동길, 천관우, 계훈제, 백기완 등 재야인사들이 모임을 갖고 '개헌청원 100만인 서명운동'을 전개하기로 결의했다. 이들은 "현행 헌법은 그 개정의 발의권이 사실상 대통령에게 속해있는 것이기 때문에 대통령에게 헌법 개정을 요구하는 100만인 청원운동을 전개할 수밖에 없다"고 그 불가피성을 밝혔다. 김수환 추기경, 지학순 주교 등 30여 명이 서명했다. 통일당은 즉시 이를 환영하며 이 서명운동에 최선을 다하겠다는 성명을 발표했다. 또한 신민당의 정일형 의원이 지지성명을 발표했다.

자유중국을 방문하고 귀국길에 일본에 들른 유진산 신민당 총재는 이날 "박대통령은 국가민족의 장래에 불행을 끼치지 않기 위해 중대한 결단을 내려야 한다"고 말했다.

  12월 26일 밤 김종필 국무총리는 전국의 TV 및 라디오를 통해 "헌법을 고쳐야 되느니, 가두서명을 하느니, 민주회복을 하느니 하는 일체의 행위는 삼가야 하며 세상을 시끄럽게 하거나 선동하는 것은 다스리지 않을 수 없다"는 내용의 대국민 특별방송을 했다.
  12월 28일 문화공보부는 '언론자율규제 기준 3개항'이라는 것을 발표한다.
  내용은 10월 유신 이념과 체제에 대한 부정이나 도전, 국가안보 및 외교상의 중대한 위험을 초래하는 사항, 사회불안을 조성하거나 경제 안정 기반을 와해하는 보도를 국가안보 차원에서 규제한다는 것이었다.
  12월 29일 박정희 대통령은 김성진 청와대 대변인을 통해 개헌청원 서명운동을 중지하라는 특별 담화를 발표했다.

  유신체제의 불가피성을 누누이 설명하고 절대로 경거망동이 있어서는 안 되겠다는 점을 국민에게 간곡히 호소한 바 있습니다. 그럼에도 불구하고 일부 불순분자들은 아직도 과대망상증에 사로잡혀서….
  이들의 황당무계한 행동이 자칫 국가안위에까지 누를 미칠까 염려하여 한 번 더 냉철한 반성과 자제를 촉구하는 동시에 이제라도 늦지 않으니 소위 헌법 개정 백만인 청원운동을 즉각 중지할 것을 엄중히 경고해두는 바입니다.

1974년 1월 1일을 기해 OPEC는 유가를 배럴 당 11.65달러로 다시 인상했다. 1973년 1월 1일 원유가격이 배럴 당 2.59달러였으니 1년 사이에 4배로 오른 것이다.

1974년 1월 4일 기독학생총연맹은 1974 기독학생선언문을 발표하여 개원청원서명운동을 적극 지지하며 이에 참여하겠다고 했다.

1월 5일 개헌청원운동본부 대표 장준하 씨는 국민들이 정당한 비판을 할 수 있는 분위기가 조성되어야 한다고 주장했다.

이날 통일당은 개헌서명운동에 적극 참여하기로 결정했다.

1월 6일 서울대 의대생 50여 명이 개헌서명운동을 지지하는 성명서를 발표했다.

1월 7일 이희승(李熙昇), 이호철, 백낙청 등 문인 61명이 개헌서명 지지선언을 했다.

또한 이날 신민당은 민주헌정 복귀를 위해 헌법 개정에 진력하기로 결의했다. 정무회의 끝에 성명을 발표하여 현행체제는 정보정치, 공포정치의 대명사일 뿐이라고 비난하면서 신민당은 국민의 선두에서 민주회복을 위한 거당적 투쟁을 벌이겠다고 다짐했다.

이에 맞서 박 대통령은 1월 8일 긴급조치 1호와 2호를 공포하였는데 당일 오후 5시부터 발효한다고 했다. 1호는 일체의 개헌논의를 금지하는 것이었고 2호는 1호 위반자를 영장 없이 체포하며 비상군법회의에서 처벌한다는 것이었다. 긴급조치 2호에서 긴급조치 위반자는 민간인이라도 군법회의에서 재판한다고 규정했다.

1월 11일 유진산 신민당 총재가 지병으로 수술을 받으려 병원에 입원했다.

1월 14일 박정희 대통령은 1974년 1월 '국민생활 안정을 위한 대통령 긴급조치 제3호'를 선포했다. 이 조치를 입안 실행하는 사령탑을 맡았던 김용환 청와대 경제수석비서관이 긴급조치 3호를 입안하고 실행하는 책임을 맡았다. 긴급조치 3호의 내용은 다음과 같다.

(1) 저소득층의 부담 경감과 생활안정을 위한 조세 감면
(2) 고소득층의 재산, 사치성 물품 및 과도한 소비행위에 대한 중과세
(3) 노사협조 강화와 부당 근로조건 악화 방지
(4) 유통과정에서의 가격 조작에 의한 폭리 방지
(5) 예산의 일부 보정

1월 15일 비상보통군법회의 검찰부는 장준하 씨와 백기완 씨를 긴급조치 1호 위반혐의로 구속했다.

유신헌법에 규정된 긴급조치는 초법률적 조치로 유신헌법에서 가장 논란의 대상이었다. 정권의 모든 법적 조치는 위헌 여부의 심사 대상이 되어야 하는데 긴급조치는 그 심사 대상이 되지 않는다고 유신헌법은 규정하고 있다. 오직 긴급조치로만 긴급조치를 해제할 수 있었다.

2월 1일 정부는 유류값을 평균 82%, 전기 요금을 30%, 해운 요금을 최고 109%, 항공 요금을 60% 올렸다.

2월 5일 정부는 생활필수품, 건축 자재, 신문 용지 등을 가격을 대폭 인상했다.

2월 25일 서울지검 공안부는 '문인 간첩단'을 적발했다며 이호철, 정을병, 김우종, 임헌영, 장병희 5명을 반공법 위반 및 간첩 혐의로 구속했다고 밝혔다.

공안부는 이들이 재일 공작지도원에게 포섭되어 문단 언론계 학계의 동태를 보고하고 반정부 활동을 선동하는 작품 활동을 했으며 북한의 지령을 실천하기 위해 문인 개헌서명에 가담했다고 했다.

1974년 2월 북한에서는 조선노동당 중앙위원회 제5기 8차 전원회의가 개최되었다. 여기에서 김일성의 장남 김정일이 정치국 위원으로 선출됐다. 북한 노동당 정치국은 당 규약을 해석하고 당이 나아갈 방향을 결정하는 최고 권력기구이다. 이때 김정일은 33세였다. 새로 정치국 위원이 된 김정일은 주석 김일성, 부주석 김일, 정무원 총리 이종옥, 인민무력부장 오진우에 이어 정치국 회의에 다섯 번째로 입장했다. 즉 권력 서열 5위에 오른 것이다. 이는 김일성이 권력을 세습할 의도를 노골적으로 드러낸 일이었다.

김정일은 1942년에 태어나 1961년 7월에 조선노동당에 입당했으며, 1964년 봄에 김일성대학을 졸업했다. 대학을 졸업하자마자 노동당 중앙위원회에 배속되어 본격절인 정치 활동을 시작했다.

김정일은 1967년부터 북한의 권력구조 내에서 두각을 나타내기 시작했다. 1967년 5월에 열린 조선노동당 중앙위원회 제4기 15차 전원회의에서 박금철 등 당의 지도급 간부들과 선전·문화를 담당하던 간부들 숙청을 주도했다. 이 회의 이후 김정일은 유일사상 체계를 확립한다는 명목으로 계속 당내 사상투쟁을 벌여나갔으며,

김일성 개인숭배 캠페인을 주도했다. 특히 선전선동의 중요 수단인 문학·예술 부문과 출판·보도 부문은 직접 관장했다.

김정일은 1970년 9월에 당 중앙위원회 문학예술부 부부장에 임명되었다. 1972년 10월에는 당 중앙위원이 되었고 1973년 7월에는 당 중앙위원회 부장에 임명되었으며, 9월에는 당 중앙위원회 비서국의 조직·선전 담당 비서가 되었다.

4월 3일 정부는 긴급조치 4호를 공포하고 민청학련(민주청년학생총연맹)이 불순 세력의 조종을 받고 있다고 발표했다.

4월 25일에는 중앙정보부장 신직수가 민청학련 수사 상황을 발표했다. "민청학련은 공산계 불법단체와 조총련계 및 국내 좌파 혁신계 인사가 복합적으로 작용, 4월 3일을 기해 현 정부를 전복하려 한 불순 반정부 세력"이라고 규정했다. 이 사건으로 1,024명이 조사를 받았고 253명이 군법회의에 회부되었다.

4월 28일에는 유진산 신민당 총재가 지병으로 사망했다.

5월 1일 일본 자민당 의원 미즈노가 동교동 김대중 자택을 방문하였는데, 김대중은 자신의 인권문제 해결은 일본 정부가 책임져야 한다고 주장했다.

5월 18일, 인도가 원폭 실험을 성공시켜 세계를 놀라게 했다.

1962년 10월 20일 중국인민해방군 8만 병력이 인도를 공격했다. 수비하는 인도군은 1만 명 정도였다. 히말라야 산맥을 사이에 둔 인도와 중국은 국경선이 분명하지 않아 갈등이 고조되고 있었다. 4천 미터가 넘는 히말라야 고산지대에서 전투가 벌어졌는데 중국군의 압승이었다. 인도군 전사자는 1,383명이었고 3,968명이 포로가 되었다. 중국군 전사자는 722명이었다.

11월 19일 중국이 일방적인 정전선언을 발표하여 전투가 그쳤다.

북한은 중·인 국경분쟁이 일어나자 즉각 중국을 지지하고 인도를 격렬하게 비난했다.

중국과의 관계를 형제 관계라고 부르며 국방에 신경 쓰지 않던 네루 수상은 충격을 받아 대폭적인 군비 증강에 나섰다. 1964년 중국이 원폭 실험에 성공하자 인도는 필사적으로 핵무기 개발에 나섰다.

인도와 세 차례나 전쟁을 치른 파키스탄도 인도의 핵무기 개발에 충격을 받아 원폭 개발에 나섰다.

인도의 핵실험에 충격 받은 미국은 정보채널을 총동원해 각국의 핵무기 개발 여부를 예의주시했다. 미국 정보당국은 핵무기 관련 자재에 대한 각국의 수입 자료를 면밀히 분석하기 시작했다. 미국 정부는 핵무기 개발과 관련된 많은 물자들이 남한으로 들어간 것을 곧 알아내었다.

1974년 8월 15일 광복절 기념행사에서 북한이 보낸 문세광이 박정희 대통령을 저격하였으나 육영수 영부인이 피탄으로 사망했다. 이 사건으로 개헌 운동은 침체했다.

8월 22~23일 이틀간 신민당 임시전당대회가 열렸다. 김영삼, 이철승, 고흥문 등 5인이 총재 경선에 나섰는데 23일 2차 투표 끝에 김영삼 의원이 총재로 선출되었다. 김영삼은 전당대회 결의문에서 김대중의 정치활동 재개와 민주수복을 요구했다.

같은 날 박 대통령은 긴급조치 1호와 4호를 해제했다.

9월 6일 광복회 회원 1,400명이 일본대사관에 난입하여 일장기를 불태우고 차량을 부수는 등 소요를 벌였다.

문세광 사건에는 일본 정부가 책임질 부분이 있었다. 일본에 외교적 굴욕을 맞본 박 정권으로서는 보복할 좋은 기회였다. 이에 한국 정부의 비호 하에 광복회 회원이 일본대사관을 습격한 것이다. 치외법권 지대인 외국 대사관에 군중이 난입한 것은 불법이었으나 워낙 한국의 국민감정이 격앙되어 있던 터라 일본 정부는 별 다른 대응을 하지 못했다.

이 사건 이외에도 전국 각지에서 반일 시위가 연일 벌어졌다. 한일 관계가 크게 악화되자 미국정부가 나서서 조정했다.

1974년 11월 주한 미 대사관은 남한이 "핵개발 계획의 제1 단계를 추진하고 있는 중이다"라고 본국에 타전했다. 이에 헨리 키신저 미 국무장관은 주한 미국 대사관에 다음과 같은 전문을 타전했다.

한국의 전략적 위치를 볼 때 남한 정부의 핵무기 개발 노력이 이웃 나라, 특히 북한과 일본에 영향을 미칠 것이므로 미국은 심각하게 우려하지 않을 수 없다. **남한의 핵무기 보유는 일본뿐만 아니라 소련과 중국, 우리가 직접 관여하고 있는 이 지역 전체의 안정을 저해하는 중대한 요인이 될 것이다.** 그것은 곧 전쟁이 일어날 경우 소련과 중국이 북한에 핵무기를 지원해 준다는 약속으로 이어질 수 있다….

한국의 핵무기 개발 추진은 남한 정부가 미국의 안보 공약을 전보다 덜 믿게 된 것과 미국에 대한 군사적 의존도를 줄이려는 박의 염원을 반영하고 있다는 복잡성을 띠고 있다.

미국의 대응책은 "대한민국 정부의 핵무기 개발을 저지하고 핵 실험이나 핵무기 운반 체제 개발 능력을 최대한 억제하는 것"이었다.

미국 정부는 원자력 발전소 수출국들과 함께 '런던 클럽'을 결성, 핵기술 후진국에 대한 핵물질과 장비의 수출은 물론 재처리, 농축, 중수(重水) 제조 등 민감한 기술의 국가 간 이전을 엄격히 제한하는 핵 확산 금지조치를 강화해 나갔다.

이와 함께 당시 핵무기 개발을 본격 추진하던 브라질, 아르헨티나, 파키스탄 등과 이들 국가에 핵기술을 제공하려던 프랑스, 서독 등에 압력을 넣어 핵기술 이전을 포기하도록 강요했다.

1974년 11월 9일에서 12월 10일까지 주재양 원자력 연구소 제1부장, 윤석호(尹錫昊) 원자력 연구소 화공개발실장, 박원구(朴元玖) 원자력 연구소 핵연료연구실장 3인이 프랑스를 방문했다. 프랑스 정부는 이 과학자들에게 재처리 공장, 핵연료 가공 공장, 원자력 연구소 등 관련 시설들을 모두 보여 주었다. 이들은 핵연료 재처리 시설의 협력선으로는 CEA 산하 용역 회사인 생고뱅(SGN) 社를, 핵연료 가공시설 협력선으로는 CERCA 社를 선정하고 가계약을 체결했다(본 계약은 1975년 1월에 체결).

생고뱅 사는 플루토늄 재처리 시설 개념 설계도를 1974년 10월에 만들었는데 이를 한국 측에 주었다. 이 설계도에 보이는 재처리 시설은 연간 20kg의 플루토늄을 생산할 수 있었다. 건설비는 3,900만 달러였고 건설 기간은 5년이었다.】

3학년 가을 [1974년 가을이다], 학교에서 재단 퇴진 농성이 있었다. 그걸 계기로 뜻이 맞는 친구들과 유신 반대 시위를 기획했다. 우리 팀이 선언문을 준비해서 배포하고 학생들을 교내 '교시탑(校是塔 : 교시는 학교의 기본 방침이라는 뜻)' 앞까지 모으는 일을 맡았다. 그 후 시위 주도는 부학생회장단이 맡기로 했다. **우리 팀은 아무도 모르게 시위 준비만 해 준 후 잠적해 버리고** 부학생회장단이 현장에서 직책 때문에 어쩔 수 없이 앞장서게 된 것으로 역할을 나눔으로써 처벌을 피하자는 계획이었다.

그 선언문을 내가 작성하게 됐다. 다른 이유는 없었다. 우리 가운데 그나마 내가 다른 대학의 여러 선언문을 자주 접해서 어떤 식으로 쓴다는 정도는 알고 있었기 때문이다. 물론 처음 써보는 선언문이었다.

친구 집에서 등사기를 밀어 등사하는 방법(당시 유인물을 수(手)제작하는 통상적인 방법)으로 밤새 유인물을 4,000부 가량 준비했다. 그 유인물을 다음 날 새벽, 아무도 모르게 모든 강의실에 뿌렸다.

정해진 시간이 되자 500~600명의 학생들이 교시탑 앞에 모였다. 이제 부학생회장단이 학생들을 이끌 순서였다. 어찌된 일인지 아무도 나타나지 않았다. 학생처 직원들이 학생들을 해산시키려 했다. 그때만 해도 경찰은 학내로 들어오지 못할 때였다. 참다 못한 학생 몇 명이 연단 위로 올라가 선언문을 읽으려 했으나, 학생처 직원들이 끌어내렸다. 그대로 두면 시위는 실패로 돌아갈 것 같았다.

할 수 없이 내가 올라가 선언문을 읽었다. 학생처 직원들이 몰려왔으나 학생들이 막아줬다. 비가 내려 선언문이 젖었다. 그래도 내가 쓴 글이어서 문제없이 읽을 수 있었다. 그런 다음 학생들을 교문으로 이끌었다. 금세 학생들이 2,000여 명으로 불어났다.

교문을 사이에 두고 경찰과 대치하면서 최루탄과 투석(投石) 공방이 시작됐다. **경희대 입학 후 제대로 된 시위는 이때가 처음이었다.**

【이 시위와 관련해 경희대에 전해지는 유명한 일화가 있다.
문재인은 유신헌법 반대 시위를 하면서 사법 고시를 준비하던 법학과 동기들에게 열심히 시위 동참을 호소했는데, 법대 동기였던 고조흥(高照興)이 "우리는 너와 생각이 다르다"며 쫓아냈다. 그러나 얼마 지나지 않은 1975년 1월 치른 17회 사법고시 1차 시험 합격자는 공부 안 하고 유신 반대 운동을 했던 문재인 하나뿐이었다. 이 이야기는 경희대의 전설이 된다.
고조흥은 1952년 11월 경기도 여주군에서 태어났다. 포천초등학교, 포천중학교, 서울대광고등학교를 나오고 1972년 경희대학교 법학과에 입학, 1976년 2월 졸업했다.
1978년 제20회 사법시험에 합격했다(제20회 사법시험 합격자 수는 100명으로 처음으로 세 자리 수가 되었다). 고조흥은 2000년까지 검사로 근무하였고, 그 이후 변호사로 활동.
2000년 제16대 국회의원 선거에서 한나라당 후보로 경기도 포천시 연천군 선거구에 출마하였으나 낙선하였다.
2004년 제17대 국회의원 선거에서 한나라당 후보로 경기도 포천시 연천군 선거구에 출마하였으나 열린우리당 이철우 후보에 밀려 낙선하였다. 이철우의 공직선거법 위반으로 치러진 2005년 재보궐선거에서 한나라당 후보로 출마하여 당선되었다.
고조흥은 경희대학교 법대 동기회장과 경희대학교 총동창회 부회장을 맡기도 했다. 이에 비해 문재인은 졸업 후 경희대와 연

을 맺지 않았다.】

우리는 시위가 본궤도에 오른 것을 확인한 후 학교를 빠져나와 며칠 동안 잠적했다. 경찰은 시위 현장에서 앞장선 몇 사람을 붙잡아 갔으나, 시위를 준비한 팀과의 연계성이 안 나오자 구류 정도로 사건을 종결했다. **그때 잡혀가 고생한 학우 중 한 명이 민주당 국회의원인 정범구다.** 그는 정치외교학과 4학년 졸업반으로 총학생회 간부였는데, 현장에서 앞장서다가 붙잡혀 갔다. **형사처벌은 구류로 끝났지만, 학교에서 무기정학 처분을 당해 졸업도 늦어지고 취업도 못해 고생을 많이 했다.** 지나고 보니 그 고생이 그를 단련시켜 더 큰 인물로 만들어 준 것 같다.

나와 친구는 [왜 친구 이름을 밝히지 않을까? 감추어야 할 인물?] 경찰의 사건 처리가 일단락된 후 학생과장의 주선으로 경찰에 자진 출두해 역시 구류로 끝냈다. 학생과장은 내가 비에 젖은 유인물을 읽는 모습을 보고 내가 작성자라는 것을 눈치챘다고 한다. **학교로부터는 아무 처벌도 받지 않았다.**

[똑같이 구류 처분을 받았는데 정범구는 무기정학 처분을 받고 문재인은 아무 처벌도 받지 않았다. 총장 조영식이 특별히 보호 관리하는 인물이었나 보다.]

그 일로 우리는 학내에서 일약 학생운동의 중심인물이 됐다. 그 후 우리는 각 단과 대학별로 학생들을 이끌만한 친구들을 규합해 학교 전체를 망라하는 조직을 갖췄다. 한편으로 사회과학 서클을 만들어 저변을 넓혀 갔다. 시국은 터질 듯이 긴장이 높아져 가고 있었고, 우리는 그렇게 다음 해를 준비했다.

이어 문재인은 '구속, 그리고 어머니'란 소제목으로 1975년 봄의 총학생회 장악, 반유신 시위로 구속 제적된 일을 말한다.

그런데 문재인은 1975년 1월 치러진 17회 사법고시 1차 시험에서 합격했다. 문재인이 기술한 대학생활로 보건대 전혀 공부하지 않고 합격한 것이다. 입학 때부터 죽어라 공부했던 경희대 법대 동기뿐 아니라 법대 동문 가운데에서도 유일한 합격자였다. 문재인이 설사 사법고시 공부했다 해도 그 기간은 1개월을 넘기 어렵다. [문재인은 1974년 가을비를 맞으며 반유신 시위를 선동하다가 구류처분을 받았다고 자술한다. 구치소에서 나와 곧장 10월 말에 있는 중간고사를 치러야 한다. 11월 말이면 기말시험 준비, 그리고 12월 20일 경이면 겨울 방학에 들어간다. 아무리 많이 잡아도 사법고시 공부할 수 있는 기간은 30일을 넘기 힘들다. 늘 반정부 시위 생각만 하는 문재인이 갑자기 사법고시 공부를 한다? 이해하기 어렵다. 문재인의 합격은 놀라운 초능력을 발휘한 것이다. 그리고 초능력을 숨기기 위함인지 1차 시험 합격을 말하지 않다가 나중에 은근슬쩍 언급한다. 그리고 특이하게도 부산에서 원서 접수하고 부산에서 응시 합격했다. 왜 공부 장소가 부산이었을까?]

구속, 그리고 어머니

1975년 새 학기가 시작될 때 대학가는 어느 학교라고 할 것 없

이 유신 정권과 전면전을 벌여야 한다는 분위기가 넘쳐흘렀다.

[무슨 말인지 모르겠다. 학생운동이 있는 대학은 서울대, 연대, 고대 등 극소수였다. 북한의 선전자료는 남조선 모든 대학이 반유신 투쟁으로 끓어올랐다고 기술한다.]

1973년 하반기부터 시작된 대학생들의 반(反)유신 투쟁 열기가 재야와 기득권, 그리고 언론 쪽의 자유언론 수호운동 등과 맞물리면서 최고조에 달한 느낌이었다.

[김일성의 남침 의지는 치열했다. 기습 공격용으로 휴전선에 땅굴을 팠다.]

베트남에서 독재정권에 저항하는 승려들의 분신 소식이 이어졌다.

[정말 웃기는 말이다.

베트남 승려 틱꽝득(釋廣德, Thích Quảng Đức, 1897~1963)은 1963년 6월 11일 남베트남의 응오딘지엠 정권의 불교 탄압에 항의하여 분신자살했다. 사진과 영상이 특보에 호외, 속보를 타고 전 세계로 일파만파 전파되었다.

다음은 틱꽝득이 소신공양 전 유언으로 남긴 편지이다.

내가 눈을 감아 부처님의 곁으로 가기 전에, 국민들을 받들고 조국의 무궁한 영광을 위해 종교적 평등을 실행하기를 응오딘지엠 대통령께 정중히 간청드립니다. 경애하는 신도들이여 부처님이여, 그대들이 결속하여 불교를 지키기를 바라며 이 몸을 바침니다. 나무아미타불.

사진이 미국 언론에 보도되어 응오딘지엠 정권의 이미지는 바닥을 치게 되었고 응오딘지엠을 그때까지 지원하던 미국은 부패정권을 돕고 있다는 비판을 피할 수 없게 되면서 결국 1963년 11월 베트남 군부의 군사정변을 지지했다.

12년 전의 사건을 1975년 현재로, 한 건인 사건을 연이은 사건으로 이상하게 엮는 문재인!]

그런 투쟁까지 가야만 유신정권을 깨뜨릴 수 있을 것 아니냐는 말까지 나돌았다. 1975년 4월 서울대 농대 김상진 열사의 할복은 그런 분위기가 현실로 나타난 것이었다.

[1975년 4월 11일 서울대학교 농과대학생 김상진이 유신체제와 긴급조치에 항의하여 할복자살한 사건. 수원 도립병원으로 옮겨져 두 번의 수술을 받았으나 이튿날인 4월 12일 오전 8시 55분 즈음 사망. 김일성도 틱꽝득의 분신자살에 감명 받았는데, 문재인도 그런 모양.]

경희대에서는 마침 그해 4월 초, 오랜만에 실시되는 직선제 총학생회장 선거가 있었다. 그전까지는 대의원 간접선거였다. **우리는 총학생회를 장악해, 총학생회 주관으로 유신 반대 시위를 하기로 했다.**

[문재인이 말하는 '우리'의 정체는 무엇인가? 무슨 지하 비밀결사 조직 같다.]

우리 쪽에서 후보를 내고 조직 역량을 총동원해 총학생회장을 당선시키기로 했다. 성공했다. 그때 당선된 총학생회장이 후일 민자당과 신한국당 사무총장을 지내고 한나라당 부총재까지 했던 강삼재 전 의원이다. 나는 총학생회 총무부장을 맡았다.

[총무부장은 총학생회 회비를 관리한다!]

친구들도 이런저런 간부를 맡았다. 그렇게 총학생회가 출범하자마자 총학생회 주도로 비상학생총회를 개최했다.

【1974년 가을부터 1975년까지 안보 위기가 극도로 고조되었다. **북한이 남침용으로 판 땅굴이 발견되어 안보 위기를 실감나게 했다.**

1974년 11월 15일 아침 7시 35분 경기도 연천군 고랑포(高浪浦) 동북방 8km 지점에서 수증기가 솟아오르는 것을 군사분계선 남쪽을 정기적으로 순찰하던 민간 경비대원이 목격했다. 경비대원이 발견하자 북한군은 총탄 300발을 퍼부었다.

이날 오후 박정희 대통령은 헬기를 타고 포천에 도착하여 3군 산하 5군단의 야외기동훈련을 참관했다. 참관을 마치고 청와대로 돌아온 박 대통령은 비서들에게 다음과 같이 소감을 말했다.

기동훈련을 보고 우리한테 공군력만 충분히 있다면 북괴가 어떤 도발을 해도 걱정이 없겠다는 느낌을 가졌어. 휴전선 땅 밑에서 남쪽으로 땅굴을 파고 있는 모양인데, 우리 군사과학이 그것 하나 못 찾을 줄 아는 모양이지. 땅굴을 파는 것은 러일전쟁 때 여순(旅順)에서나 있었던 일이지. 너무도 현대전을 모르는 것 같아. 러시아와 일본군도 서로 땅굴 작전을 했는데 그때도 별로 성공하질 못 했어.

그것을 과학이 발달된 지금 하고 있으니 한심한 노릇이야. 충분한 힘을 가진 우리 국군에 대해서 그런 옛날에나 있었던 전술을 쓰려고 하는데 통할 턱이 있나. 북괴 하는 짓이 두렵기보다 오히려 가련해 보여.

그러나 우리가 아무리 자신이 있다 하더라도 유비무환, 속전속결의 결의를 늦추어서는 안 되지. 내가 생각하기에 중공과 소련의 지원을 받지 않고 단독으로 남침하리라고는 생각 안 해. 그자들의 마음은 하루가 다르게 변한단 말이야. 그리고 우리는 결코 6·25 전쟁이 끝난 것이 아니라, 아직 휴전 중이라는 것을 국민 모두가 명심해야 될 거야.

오후 11시 주한 유엔군 사령부 대변인 우드사이드 대령이 지하터널 발견을 발표했다.

폭이 90cm, 높이 120cm인 이 지하터널은 비무장지대 군사분계선의 남방 1.2km 지점까지 굴착되었는데, 이는 휴전선 남방한계선에서 불과 800m 떨어진 거리였다.

땅굴의 의미는 북한의 평화통일 주장이나 제안이 완전 거짓이었다는 것을 입증한 것이었다.

11월 16일 이원경(李源慶) 문공부장관은 지하터널이 남한사회 혼란 때 남침 준비용이라고 말했다.

11월 17일 정부는 발견된 지하터널이 전쟁 시 1시간에 1개 연대를 침투시킬 수 있다고 평가하면서 남침용이라고 결론을 내렸다.

11월 18일 서종철(徐鍾喆) 국방부장관은 국회에서 북한이 지하땅굴 공동조사를 거부하고 있다고 답변했다(북한이 땅굴은 남한에서 판 것이라 주장하자 정부는 공동조사를 제의했다.).

이날 김상협(金相浹) 고려대 총장은 학생들의 현실비판을 이해하라고 정부에 촉구했다. 11월 20일 북한이 매설한 폭발물이 터져 땅굴 현장을 수색하던 현장조사반 가운데 한국군 장교 1명과 미군 장교 1명이 사망하고 6명이 부상을 입었다.

11월 27일 기독교회관에서 정계, 천주교, 기독교, 불교, 언론계, 학계, 문인, 법조인, 여성계 등 각계 인사 71명이 '국민선언'을 발표하고 '민주회복국민회의' 결성을 공포했다.

윤보선, 함석헌, 김재준 등이 서명한 국민선언은
(1) 현행헌법의 합리적 절차를 거친 민주헌법으로의 대체
(2) 복역, 구속, 연금중인 모든 인사에 대한 석방과 정치적 권리 회복, 언론자유보장
(3) 국민의 최저 생활 보장
(4) 민주체제의 재건 확립을 통한 민족통일의 성취 등 6개 항을 천명했다.

1974년 12월 13일 북베트남은 1973년에 맺은 평화조약을 깨고 남베트남의 프어렁 성(福隆省)에 공세를 시작했다.

1974년 12월 미 의회는 미군철수에 따라 지원하기로 한 대한(對韓) 군사원조에 제동을 걸었다. 미 의회는 1975년 한국에 대한 미 행정부의 2억3천8백만 달러 군사원조 요구를 1억4천 백만 달러로 삭감했다. 그러면서 만약 포드(Gerald Ford) 대통령이 한국의 인

권수준 개선을 의회에 보증한다면 1억6천5백만 달러의 추가지원을 제공할 것이라고 제시했다.

그러나 포드 미국 대통령은 보증을 하지 않았고 對韓 군사 원조는 삭감된 채로 집행되었다. 미 제 7사단 철수의 대가라는 성격을 띠고 무상원조로 진행된 이 한국군 장비 현대화 계획은 1971년을 기점으로 실시되었으나 결국 2년이나 지체되었고, 소요 비용도 처음 합의와 달리 총액의 3분의 1 이상을 한국 정부가 부담해야 했다.

1974년 12월 25일 서울 YMCA 회관에서 민주회복국민회의가 창립총회를 열고 정식으로 결성되었다. 민주회복국민회의는 "범국민단체로서 비정치단체이며 그 활동은 정치활동이 아닌 국민운동"으로 그 성격을 규정하였고 "자주, 평화, 양심"을 행동강령으로 "민주회복"을 목표로 설정했다.

대표위원으로는 윤형중(상임대표), 이병린, 이태영, 양일동, 김철, 김영남, 김정한, 천관우, 강원룡, 함석헌 등 10인이었다. 홍성우 변호사, 한승헌 변호사, 함세웅 신부(대변인), 김병걸, 김정례, 임재경 등 6인이 운영위원이 되었다. 김대중도 고문으로 참여했다.

1975년 1월 6일 북베트남군은 프억령 성의 수도 프억빈을 함락했다. 이는 북베트남 지도부의 예상보다 훨씬 신속한 전과였다. 프억빈 함락에 미국 포드 정부는 남베트남에 대한 군사지원 재개를 의회에 요청하였지만 의회는 거부했다.

1월 14일 박정희 대통령은 연두기자회견을 했다. 그는 북한의 위협이 일소될 때까지는 유신헌법을 유지하겠다고 말했다.

요즈음 정부에 대해서 늘 반대하는 일부 사람들 중에, 언필칭 민주주의가 어떻고 자유가 어떻고, 이런 소리를 많이 얘기하는 것 같습니다. 그 사람들 얘기를 들으면 민주주의니 자유니 하는 것은 그 사람들의 하나의 특권물이고 마치 자기들의 독점물같이 떠들고 있고, 현 정부에 앉아 있는 대통령이나 장관이나 이런 사람들은 민주주의가 뭔지 자유가 뭔지 전혀 모르는 무지막지한 사람들이 앉아서 정치를 하고 있는 것같이 선동을 하고 있는데, 그 사람들은 요즈음 이렇게 얘기하더군요. 언론의 자유가 없는 현 정부는 '독재정권'이다, 심지어 최근에 와서는 별의별 소리를 다합니다.

"정권 내 놓고 물러가라", "대통령도 그만두고 물러가라", 이런 소리가 함부로 막 나오고 또 몇몇 신문에 대문짝처럼 이것이 보도가 되어서 국민들을 선동하고 있습니다.

그런데, 하나 이상한 것은 이 사람들이 이런 소리를 막 떠들고 신문에 쓰면서도 우리나라에는 언론의 자유가 없다는 것입니다.

언론의 자유가 없는 나라에서 어떻게 정부를 이렇게 비난하고 비방을 하고, 이런 소리를 신문에 막 쓰고 할 수가 있느냐, 이것입니다.

즉, 정부에 대한 그런 비판도 마음대로 할 수 있는 그 자체가 언론의 자유가 아니냐 하는 것입니다.

그러면, 그 사람들은 언론의 자유로 뭘 바라느냐. 솔직히 말하면 그 사람들이 우리 국민들 중에서도 가장 언론의 자유를 많이 누리고 있으면서도, 늘 불평은 언론의 자유가 없다고 불평합니다. 하나 역설적인 얘기인 것 같습니다마는, 우리나라에는 언론의 자유가 있다 하는 것이 확실히 입증이 되었다 하겠습니다.

누가 그것을 증명을 했느냐, 요즈음 정부를 욕하고 비방하는 이 사람들이 바로 언론 자유가 있다는 증인(證人)이 아니냐, 이것입니다. 어느 독재 국가에서 정부에 대해서 그런 비난이나 비방을 마음대로 하고도 잡혀 가지 않고 일할 수 있겠습니까. 이것이 언론의 자유가 아니고 무엇이겠습니까.

국민에게 어느 정도의 자유를 허용하고 어느 정도의 자유를 제한하느냐 하는 것은 그 나라 사정에 따라서 각기 다릅니다. 그 나라가 가지고 있는 역사적인 현실과 시대적인 환경 또는 사회적인 여러 가지 특수성에 따라서 차이가 있습니다. 또, 차이가 있어야 합니다.

오늘날 각국의 민주주의 제도라는 것도 그 나라가 처해 있는 역사적인 현실과 시대적인 환경에서 우러난 하나의 산물(産物)이고 소산이 아니고 무엇이겠습니까. 그렇지 않고는 그 나라의 제도라는 것은 그 나라의 발전과 성장에 아무런 도움도 되지 않을 것입니다.

우리나라 헌법도 나는 같다고 생각합니다. 우리나라 헌법도 우리나라가 처해 있는 이 특수 여건을 감안해서 어느 정도로 국민의 자유를 허용하거나 어느 정도의 자유를 제한하고 있는 것입니다. 지난 헌정(憲政) 30년 동안 우리가 경험해 본 그 경험에 입각해서 어느 것이 가장 우리나라 실정에 알맞는가 하는 것을 국민 의사에 물어서 국민의 동의를 얻어서 제정된 헌법, 즉 이것이 우리의 유신헌법입니다.

그리고 요즈음 또 정부에 대해서 반대하는 사람들은 흔히 이런 소리를 하면, 또 무슨 궤변을 들고 나오느냐 하면서, 미국이 어떠니 서구가 어떠니 해서 그곳과 우리하고 대조해 가지고 얘기를 합니다. 물론, 미국 국민들이 또는 선진 민주주의 국가의 국민들이 우리 국민들보다도 더 많은 자유를 누리고 있는 것은 사실입니다. 그것은 나도 잘 알고 있습니다.

우리도 빨리 나라가 성장을 하고 부강해지고 또 한반도에서 이러한 전쟁의 위협이 없어져서, 우리도 남과 같은 그런 자유와 번영을 누릴 수 있는 날이 하루빨리 오기를 우리 모두가 간절히 바라고 있습니다. 그러나 현 시점에 있어서 우리 한국 국민이 미국 국민들이 누리는 것과 같은 그런 자유를 향유하겠다는 것은 무리한 소리가 아니냐, 이거예요. 미국하고 우리하고 사정이 다르고, 구라파하고 우리하고도 사정이 다릅니다.

미국이 오늘날 지구상에서 가장 민주주의가 발달되어 있고, 자유를 많이 허용한 나라라고 하는데, 만약에 미국이 우리 한반도와 같은 이런 형편에 처해있다면, 과연 오늘날 미국 국민들이 누리고 있는 그런 자유를 누릴 수 있겠느냐. 이에 대해 요전에 미국의 어떤 친구들이 나한테 와서 같은 얘기를 합디다마는, 자기들도 "미국에 있을 때에는 여러 가지 한국 문제에 대해서 이러쿵저러쿵 얘기를 많이 들었는데, 한국에 와서 보고 여러 가지로 생각을 좀 달리했다"는 얘기입니다.

만약 미(美) 합중국이 남북으로라든지 동서로라든지 국토가 분단되어 가지고 그 한 쪽에 공산 정권이 서서 미국보다도 더 강력한 군사력을 가지고 미국을 뒤집어엎어 적화 통일을 하려고 자주 도전을 해 오고, 간첩을 보내고 테러 분자를 보내고, 심지어 땅굴을 파고 두더지 모양으로 기어 들어오고, 또 그 옆에 있는 캐나다가 공산주의 국가고 또 남쪽에 있는 멕시코가 공산주의 국가고 그 가운데 둘러싸인 미국이 주위로부터 그런 압력과 위협을 받고 있다, 그랬을 때에 미국 정부는 어떤 조치를 취할 것이고 미국 국민들이 과연 오늘날과 같은 그런 자유를 누릴 수 있겠느냐…, 못할 것입니다. 요즈음 한국의 일부 인사들 중에는 자기는 두 동강이 난 분단(分斷)된 남한 땅에 살고 있으면서 머리와 생각은 미국이나 서구라파에 가 있어 가지고 그 곳에 대한 환상만 자꾸 생각하고 있단 말이에요.

남의 일이니까, 왜 우리는 그만큼 자유를 안 주느냐, 왜 우리한테는 자유가 이렇게 없느냐, 이것을 우리는 소위 환상적 민주주의론자라고 얘기를 합니다.

가장 자유가 많고 민주주의가 잘 된다는 미국이라는 나라도 역사를 보면, 가령 과거 링컨 대통령 때의 남북 전쟁 당시라든지, 또는 루스벨트 대통령 시대의 2차 세계 대전 때라든지, 또는 1930년대의 세계적인 대경제공황시대의 미국 대통령에게 미국 국민이나 입법부가 부여한 방대한 비상 권한이라는 것은 미국의 여러 가지 위기를 구출하기 위해서 그러한 권한이 부여됐다는 것을 우리는 알고 있으며, 또 미국 시민들이 일부 기본권조차 제한받았다는 것도 우리는 알고 있습니다.

서구(西歐), 서구 하지마는 서구에서 가장 대표적인 민주주의 국가라고 하는 프랑스의 예를 하나 들어 봅시다. 프랑스는 서구 민주주의의 발상지의 하나라고 우리는 보고 있는데, 1950년대 알제리 문제를 가지고 국론이 분열되고 국가가 위기에 처하게 되자 프랑스 국민들은 '드골 헌법'을 제정했습니다.

'드골 헌법'의 제16조를 보면 우리 현행 유신헌법 53조와 유사한 국가 비상시에 대한 긴급조치권이 부여되고 있습니다. 드골 대통령은 이 헌법의 권한에 의해서 프랑스의 위기를 구출했습니다. 그런데, 프랑스는 그 '드골 헌법'을 지금도 개정하지 않고 그대로 시행하고 있습니다.

그러면 오늘날 프랑스가 무슨 비상사태 하에 있느냐, 우리 한국과 같이 외부로부터 큰 위협을 받고 있느냐, 나는 그것은 아니라고 생각합니다. 그러나 프랑스는 그 헌법을 아직도 그대로 시행하고 있습니다.

그런데 프랑스에는 이런 헌법이 그대로 시행되어도 말썽이 없는데, 어떻게 대한민국에서는 그렇게 말썽이 많으냐, 이것입니다. 그러면, 대한민국의 민주주의가 프랑스보다 더 앞서고 있느냐, 대한민국의 민주주의 역사가 프랑스보다 더 오랜 역사를 가지고 있느냐, 우리나라에서 헌법에 대해서 운운하는 사람은 이런 문제도 한 번 연구해 볼 필요가 있지 않는가 생각합니다.

그 다음에 인권에 대한 얘기가 많이 나오는데, 우리 정부가 인권 침해를 많이 했다고 하는데, 작년 4월에 있었던 소위 '민청 학련 사건'이라는 것이 있었지요. 여기의 주모자들 130여 명을 지금 구속하고 재판에 회부하고 있는데, 이것을 가지고 그 가족들이나 그 동료들, 또 이 사람들을 구출하겠다는 일부 인사들은 "그 사람들은 아무 죄도 없는 사람들인데, 정부가 그냥 막 잡아다가 고문을 해서 군법 회의에다 돌려 가지고 비밀 재판을 해서 지금 징역을 보내고 있다." 이렇게 악선전을 하고 있습니다.

자유와 인권이라는 것은 대단히 소중한 것입니다. 이것은 우리가 또 존중해야 할 것입니다. 그러나 자유와 인권이라는 것은 절대적인 것이 아니라, 역시 이것도 헌법과 법 테두리 안에서 보장되는 것입니다. 우리나라 일부 인사들은 자유와 인권이라는 것은 아주 천부의 절대 신성불가침으로서, 헌법이나 법을 가지고도 규제할 수 없는 그런 것이라고 생각하고 있는데, 그것은 잘못이다, 이것입니다. 우리나라 법에도 정부를 비판할 수 있는 자유는 보장되어 있지마는, 폭력으로써 정부를 전복할 수 있는 자유는 보장이 되어 있지 않습니다. 이것은 우리나라뿐만 아니라 다른 모든 나라가 다 마찬가지일 것입니다.

무슨 외국 언론 기관에, 미국 국회의원들한테, 어느 학자들한테, 무슨 정치인들한테……,

그것도 사실을 사실대로 써서 보내면 좋겠는데 전혀 허위 날조된 그런 사실을 가지고 우리 정부가 마치 무슨 인권을 크게 침해하는 것처럼 이렇게 선전을 해서 외국에서 어떤 세력을 끌어들여 가지고 우리 정부에다가 압력을 넣어서 그 사람들을 석방시키겠다하는 그런 운동을 하는 사람이 있었다는데 대해서 나는 지극히 불쾌하게 생각합니다.

솔직히 말하면 이것은 사대주의 근성입니다. 민주주의도 좋고 자유도 좋지만, 우리나라가 하나의 자주독립국가로서 앞으로 이 지구상에서 뻗어나가자면, 우선 우리 조상 때부터 내려오는 뿌리 깊은 사대주의 근성을 뽑아내야 되겠다는 것입니다.

그 다음에 민주주의 얘기가 나왔으니까 또 몇 마디 언급을 하겠습니다만, 여러분들이 잘 아시다시피 2차 대전 후 이 지구상에는 신생 민주주의 국가가 많이 생겼습니다. 내가 알기에도 한국전쟁 당시 유엔 회원국이 약 50여 개 국이었는데 지금 현재는

130여 개 국으로 늘어났습니다.

그런데 이들 국가 중에 공산주의 국가를 빼놓고 기타 서방 진영에 속하는 국가들은 거의 대부분 서구 민주주의를 자기 나라에 받아들여서 시행을 해보았는데……, 솔직히 말해서 그것을 직수입해서 성공해 가지고 지금 잘해 나가는 국가가 이 지구상에 몇 개나 되느냐, 여러분들 손꼽아 보셔요. 지도를 내놓고 보십시오.

동남아시아든지, 중남미라든지, 아프리카라든지……, 내가 알기로는 거의 한 번씩 다 홍역을 치르고 중병을 앓았어요. 지금도 민주주의 소화불량증에 걸려서 신음하고 있는 나라가 한 두 나라가 아닙니다.

그래도 그중에서 조금 잘 해 나가는 나라는 서구 민주주의를 받아들이되, 자기 나라의 실정을 감안해서 가급적 실정에 알맞게끔 이것을 잘 조화해 나간 나라는 비교적 잘하고, 그렇지 않고 무비판적으로 직수입을 한 나라는 열이면 열 전부 민주주의 병에 한번씩 걸렸다는 것입니다. 이것은 역사적인 엄연한 사실이 아닙니까. 민주주의 제도라고 하는 것도 민주주의가 그 나라에서 자랄 수 있는 토양과 풍토가 조성되어야만 자라는 것이지, 그런 것 없이 그냥 갖다 심어 가지고는 잘 자라나지 않습니다.

예를 들면, 같은 우리 한국 내에 있지만 제주도에 있는 밀감나무를 서울 근처에 심어 보아도 살지 못하지 않습니까? 같은 국내라도, 서울에 갖다 놓고 밀감나무가 자라나게 하려면 특별히 방풍(防風)을 잘한다든지, 온실을 만든다든지…… 무언가 제주도하고 비슷한 토양이나 기후나 이런 조건을 갖추어 주어야지, 서울의 영하 20

도가 되는데다 그냥 갖다 놓았다면 당장 다 얼어 죽을 것입니다.

음식도 마찬가지입니다. 아무리 맛이 좋은 음식이라도 자기 체질에 맞지 않으면 소화가 안 되는 것입니다.

좀 쑥스러운 얘기입니다마는, 나는 지금도 목장우유라든지 끓이지 않는 우유를 먹지 못합니다. 왜냐? 체질에 맞지 않기 때문입니다. 어릴 때 깡보리밥에 깍두기를 먹고 자란 뱃속이 되어서 그런지 목장우유라든지 생우유는 맞지 않아 먹으면 배탈이 나고 설사가 납니다. 그러나 우리 집 아이들은 잘 먹습니다. 어릴 때부터 먹어서 훈련을 시켰으니까…… 민주주의라고 하는 것도 역시 그런 것이 아니겠습니까.

우리나라에도 해방 후에 서구 민주주의를 받아들여가지고 이렇게도 해보고 저렇게도 해보고 별별 것을 다 해보았습니다. 자유당 때 헌법, 민주당 때 헌법, 또 5·16 후에 민정 이후 제3 공화국헌법, 다 해보았지만 우리나라의 특수 여건을 감안하지 않고 우리의 풍토에 잘 맞도록 조정을 하지 않으면 여기에서 자라날 수 없다는 결론을 우리는 얻지 않았습니까?

일부에서 유신헌법을 철폐하고 옛날 헌법으로 다시 환원해야 한다고 주장하고 있는데, 과연 옛날 상태로 돌아가서 나라가 잘 되고 국민들이 모두 행복스럽게 잘 살 수 있겠느냐……, 몇몇 정치인들은 좋아할 것입니다. 옛날 그런 헌법 체제로 돌아가면 정치인 만능 시대가 되고 그들이 활개를 치고, 여러 가지 좋은 점이 많을는지는 모르지만, 과연 그것이 국민 전체의 행복이 되고 국가 전체에 이익이 될 수 있겠느냐는 것입니다.

요즈음 그 사람들은 우리나라 건국 이후에 어느 헌법이 제일 좋았느냐, 이렇게 물으면 제2 공화국 헌법이 제일 좋았다고 그래요. 즉 민주당 때의 헌법이지요. 그것이 자유 황금시대라 그 말이에요. 그런데, 요즈음 여러분들이 그 시대의 기록을 보십시오. 내가 본 어떤 기록에는, 어떤 날은 하루에 전국에서 데모가 1천여 건이나 일어났어요.

국민학교 아동들까지도 거리에 나와서 데모를 하고, 이러한 무질서, 자유를 빙자한 방종, 혼란, 비능률, 또 선거 때만 하더라도 과거의 그 선거제도를 우리가 다 여러 번 겪은 아닙니까. 얼마나 거기에서 많은 돈이 낭비되고, 사회적인 혼란, 국민 도의의 타락, 또 그 병폐라는 것은 일일이 우리가 열거할 수 없지 않습니까. 그런 상태로 우리가 다시 돌아가고 지금 체제를 철폐해버리고 그런 낭비와 혼란을 되풀이하면서도 자주국방도 잘되고, 자립경제도 잘되고, 민주주의도 잘되겠냐는 것입니다.

이런 모든 병폐를 깨끗이 일소하고 국민의 모든 능력을 한 곳에 집중해서 국력의 가속화를 해보자는 것이 유신체제입니다. 그렇게 해야만 우리나라의 민주주의도 서서히, 착실히 이 땅에 뿌리를 내리고 우리도 남부럽지 않게 자유와 번영을 누릴 수 있는 날이 멀지 않아 올 것이라고 나는 생각합니다.

그래서 결론적으로 현행 헌법은 고쳐서는 안 되겠다, 유신헌법을 철폐하고 옛날 헌법으로 다시 돌아가는 것은 솔직히 말하면 나라 망하는 길이다, 나는 이렇게 단언하여 얘기하고 싶습니다.

1월 15일 김영삼 신민당 총재는 박정희 대통령의 연두기자회견에 대응하여 민주회복을 위한 개헌투쟁을 계속할 것이며, 동아일보 광고 탄압 사태를 철저히 조사하겠다고 언명했다. 그는 이틀 후인 17일 일본과 미국 순방 길에 올랐다.

1월 22일 박정희 대통령은 유신헌법에 대한 찬반 국민투표를 하겠다면서 부결되면 물러나겠다고 선언했다.

1월 23일 민주회복국민회의는 국민투표를 거부한다는 성명을 발표했다.

1월 25일 신민당은 정부가 국민의 의사 표시를 봉쇄하고 언론의 침묵을 강요하고 있으며 일방적으로 찬성투표를 유도하는 활동을 하고 있다고 비난했다.

이날 김대중도 기자회견을 갖고 난국 타개를 위해 국민투표를 중지하고 재야인사와 애국적 대화의 길을 열기를 희망한다고 말했다.

1월 27일 가톨릭 사제단이 국민투표를 거부하는 성명을 발표했다. 1월 30일 신민당은 정무회의를 열고 국민투표를 거부하며 재야 세력과 연대해 거부 운동을 벌이기로 당론을 결정했다.

2월 4일 미 국무부는 백악관 대통령 안보보좌관인 브렌트 스코우크로프트(Brent Scowcroft) 중장에게 보고서를 보냈다. 요지는 다음과 같았다.

한국의 국방과학연구소(ADD)는 미사일뿐만 아니라 핵무기 생산을 목표로 하고 있다는 것이 우리의 판단이다. 이는 한반도 정세에 매우 심각한 전략적 문제를 야기시킬 것이다.

2월 12일 유신헌법에 대한 신임을 묻는 국민투표가 실시되었다. 79.8% 투표율에 찬성 73.1%였다. 그러나 신민당은 정당성에 의문을 제기했다.

시도별/구분	선거인수	투표수	유효투표수		
			찬성	반대	계
합계	16,788,839 (529,801)	13,404,245 (518,692)	9,800,201 (74.4%)	3,370,085 (25.6%)	13,170,286
서울	3,491,541 (91,047)	2,102,851 (88,948)	1,220,557	849,644	2,070,201
부산	1,161,018 (30,190)	812,290 (29,426)	504,657	292,814	797,471
경기	1,892,305 (54,438)	1,603,494 (53,473)	1,162,887	414,009	1,576,896
강원	859,667 (25,344)	788,395 (25,630)	652,595	122,681	775,276
충북	728,690 (27,148)	657,201 (26,592)	525,766	119,412	654,178
충남	1,429,743 (50,557)	1,216,480 (49,727)	909,891	280,194	1,190,085
전북	1,180,103 (42,903)	1,017,173 (42,072)	736,040	261,598	997,638
전남	1,928,767 (64,801)	1,638,816 (63,398)	1,250,716	356,330	1,607,046
경북	2,321,415 (79,429)	2,029,807 (77,777)	1,629,468	367,942	1,997,410
경남	1,601,801 (58,282)	1,362,513 (57,055)	1,057,413	283,732	1,341,145
제주	193,789 (4,662)	175,225 (4,594)	150,211	21,729	171,940

2월 15일 정부는 긴급조치 1호와 4호 위반으로 구속 중인 인사들을 석방했다.

3월 4일 헨리 키신저 미 국무장관은 베트남 문제로 바쁜 와중에도 한국·일본·캐나다·프랑스·오스트리아 주재 미국 대사관으로 훈령을 긴급 발송했다. 그 내용은 다음과 같다.

워싱턴의 정보기관들은 한국이 향후 10년 안에 제한된 범위의 핵무기 개발에 성공할 것이라는 판단을 내렸다. 한국의 핵무기 보유는 일본, 소련, 중국, 그리고 미국까지 직접 관련되는 이 지역의 가장 큰 불안정 요인이 될 것이다. 이는 분쟁이 생길 경우 소련과 중국이 북한에 대해 핵무기를 지원하도록 할 것이다. 한미 동맹에도 큰 영향을 미칠 것이다.

이 개발계획은 미국의 대한(對韓) 안보 공약에 대한 한국의 신뢰가 약화되었다는 것을 의미하며, 박 대통령은 대미(對美) 군사 의존도를 줄이려 하고 있다.

이 문제에서 우리의 근본적 목표는 한국정부로 하여금 그 계획을 포기하도록 하거나, 핵무기 또는 그 운반 능력을 갖지 못하도록 하는 것이다. 이런 노력은 다자간 협력을 통해서 이루어져야 한다. 우리는 최근 프랑스에 대해 한국에 재처리 시설을 제공할 것인지 여부를 묻고 있는 상태이다. 가까운 시일 내에 한국에 대해서 우리는 분명한 정책을 수립할 계획이다.

1. 미국은 국제적 핵시설 공급 국가들과의 공조 속에서 한국이 민감한 기술과 장비에 접근하는 것을 막아야 한다. 한국에 대한 원자로 판매에 국제원자력기구(IAEA)의 안전규칙을 완벽하게 적용해야 하는 것은 물론이고 한국이 독자 핵무기 개발에 이용할 가능성이 있다고 판단되는 민감한 기술과 장비가 한국에 판매되는 것을 제한해야 한다. 우리는 한국이 캐나다에서 캔두(CANDU) 형 원자로를 획득하는 것이 재처리 기술의 확산으로 이어지지 않을까 하는 점에 특히 관심을 갖고 있다.
2. 핵확산금지조약(NPT)에 가입하도록 한국에 압력을 가해야 한다. 캐나다는 이미 그렇게 하고 있다.
3. 한국의 핵시설에 대한 우리의 첩보 및 감시 능력을 높이고, 관련 분야에서 한국의 기술적 상태가 어떠한지에 관한 정보

를 더 많이 수입해야 한다. 우리는 핵에너지 관련 기관들에 대한 정기적 방문조사를 더 자주 할 계획이며, 훈련된 기술자들에 의한 사찰의 횟수를 늘릴 생각이다.

3월 10일 북베트남은 남베트남의 중앙 고원 지대를 공격하기 시작했다. 부패한 남베트남군은 신속하게 무너졌다.

3월 12일 주한 미국 대사관은 한국이 핵무기를 개발하는데 10년 이내의 기간만이 소요될 것이라고 전망하는 전문을 미국 국무부에 보냈다. 다음은 그 내용이다.

우리는 한국이 핵무기를 개발하는데 필요한 시간은 10년에 훨씬 못 미친다고 판단한다. 우리가 확보한 여러 정보에 따르면, 한국의 지도부는 핵무기 개발에 높은 우선순위를 매겨놓고 있으며 1980년대 초에 그 결과가 나타나기를 기대하고 있다. **한국인들의 저돌적인 추진력과 그들이 이미 확보하고 있는 높은 기술 수준, 그리고 외국의 전문 인력을 불러들일 수도 있다는 사실과 상부의 강한 독려 등을 감안할 때 그것은 결코 불가능한 일이 아니다.** 또한 제3국으로부터 핵무기 관련 장비와 기술을 도입할 수 있는 한국의 구매력도 과소평가해서는 안 된다. 핵무기 개발에 따르는 정치적 경제적 부담이 한국의 움직임을 저지할 것이라는 견해에 대해 우리는 의구심을 품고 있다. 한국이 제3국으로부터 (관련 물질과 기계를) 구입하기로 선택할 경우에는 한국에 대한 우리의 통제력이 크게 약화될 것이다. **이 분야에 관한 한 한국은 아주 위험한 목적을 가진, 끈질기고 거친 대상이다.** 우리가 조기에 단호하게 행동하는 것만이 우리의 입장에서 최상의 목적 달성 기회를 갖는 방법이라고 믿는다.

3월 19일 철원 북동쪽 13km 지점에서 북한이 판 땅굴이 두 번째로 발견되었다.

너비 2m, 높이 2m, 깊이 지하 50~160m, 길이는 약 3.5km의 지하터널로 화강암층 굴착 구조였다. 시간당 약 3만의 무장병력과 야포, 차량 등이 통과할 수 있었다. 제1 땅굴의 약 5배에 이르는 크기였다.

또한 이날 한국 국회는 핵무기 확산 금지조약(NPT) 가입을 비준했다. 이로써 한국은 세계에서 86번째로 NPT에 가입한 나라가 되었다.

미국 정부는 박 정권의 핵무기 개발을 포기시키려 더욱 거세고 압박했는데, 그 하나가 박 정권으로 하여금 핵무기 확산 금지조약(NPT)에 가입하라는 요구였다. 이것이 드디어 성과를 낸 것이다. 또한 미국정부는 주한미군 철수 압력과 함께 상업·재정 차관 제공을 중단했다. 당시 남해 화학이 여천에 건설 중이던 비료공장은 미국의 차관 중단으로 공사에 차질을 빚었다.

(북한은 1985년 12월 12일 NPT에 가입했으나 1993년 3월 12일 탈퇴를 선언하고, 1994년 6월 13일 IAEA에 탈퇴선언문을 제출했다.)

3월 22일 민주회복국민회의 운영위원인 한승헌 변호사가 반공법 위반으로 구속되었다.

4월 4일 한국 원자력발전공사법이 공포되었다.

4월 8일 박정희 대통령은 긴급조치 7호를 발동하여 고려대에 휴교령을 내렸다. 이날 인민혁명당 관련자 8명에 대해 대법원이 사형 확정 판결을 내렸다.

4월 9일 전일 확정판결을 받은 인혁당 관련자 8명의 사형이 집행되었다.

4월 12일 원자력 연구소는 프랑스의 생고뱅 사(社)와 '재처리 연구시설 공급 및 기술용역 시설 도입 계약'을 체결했다. 생고뱅 사의 포앙세 사장이 한국을 방문해 윤용구 원자력연구소장과 원자력 병원 회의실에 숨어서 서명했다(한국 정부는 벨기에와도 '혼합 핵연료 가공 기술 도입 계약을 체결했다).】

역시 시위 준비는 우리 팀이 맡고, 당일 비상총회와 시위는 총학생회장이 이끌기로 했다. 교내에서 총학생회 등사기로 밤새 유인물을 만들었다. 총학생회 명의의 시국선언문이었다.

[문재인은 늘 배후 조종을 하려 하지 전면에 나서지는 않는데, 이는 대학 시절부터의 습관 또는 처세술이다.]

다음날 교문에 총학생회 이름으로 비상학생총회 소집 공고를 내걸었다. 유인물은 아예 교문에서 총학생회 간부들이 등교하는 학생들에게 내놓고 배포했다. 처벌을 각오했다. 직선제로 선출된 총학생회가 앞장서서 유신 반대 시위를 주도하자 엄청난 규모의 학생들이 운집했다. 학생처 집계로만 5,000명이 넘었던 것 같다. 경희대생 전체가 7~8,000명 규모일 때였다.

[말도 안 된다! 수백 명 수준이었다.]

초능력자들 209

학생들이 다 모였는데 총학생회장이 오질 않았다. 학교로 오다가 경찰에 붙잡혀 예비 구금됐다고 했다. 총무부장인 내가 총학생회장 대행으로 비상학생총회를 개최했다. 시국토론을 하고 유신독재 화형식까지 한 후 대열을 이끌고 교문으로 향했다. 태극기를 들고 대열의 선두에 섰다. 경찰은 학교 앞을 봉쇄하고, 교문에 페퍼포그 차량 가스 발사구를 들이민 채 기다리고 있었다.

우리가 교문에 접근해 밀어붙이려 하자 경찰이 갑자기 페퍼포그를 발사했다. 최루탄도 일제히 쏴 댔다. 맨 앞에 있던 내가 페퍼포그 발사구에서 뿜어져 나온, 확산되기 전의 가스를 얼굴 정면에 맞았다. 순간 정신을 잃었다. 학우들이 후퇴하다가 내가 쓰러져 있는 것을 보고 되돌아와 나를 학교 안으로 옮겼다. 물수건으로 닦아주고 돌봐 줘서 한참 만에 정신을 차렸다. 시위 분위기가 더 달아올랐다. 오후 늦게까지 정문과 후문을 오가며 격렬한 시위가 이어졌다.

오후 늦게 총학생회장이 경찰의 눈을 피해 도망쳤다며 맨발 차림으로 학교에 왔다. 그때부터 시위 마무리를 그에게 맡기고 쉴 수 있었다. 당시 학내 시위가 벌어지면 학교별로 주동자 3명 정도를 구속하는 것이 보통이었다. 나를 비롯해 구속될 3명을 확정하고 서로 말을 맞췄다. 경찰이 학내 진입을 못할 때여서, 학교 주변을 지키며 주동자를 체포할 준비를 하고 있었다. 시위가 끝난 후 우리 발로 걸어가 체포됐다. 청량리 경찰서 유치장에 구속·수감됐다. 처음부터 각오했던 일이었다.

【문재인 일행이 데모 준비하고 실행하는 동안에 김일성은 남침

결심을 굳히고 중국과 소련의 지원을 기대했다.

4월 17일 크메르(캄보디아)가 붕괴되고 수도 프놈펜이 공산 반군 크메르 루지에 점령되었다.

김일성은 베트남에서의 사태 전개에 고무되어 중국과 소련을 비롯하여 사회주의를 표방하는 국가들에 대한 순행을 했다.

4월 18일 김일성은 북경에 도착했다. 김일성은 환영 연회에서 '전쟁이 일어나면 잃을 것은 군사분계선이요 얻을 것은 통일'이라며 남침 지원을 요청했으나 중국 지도부는 한반도의 안정을 원한다고 대답했다.

이어 소련을 방문했으나 소련 정부는 '한국문제의 평화적 해결만을 원한다'고 김일성에게 전했다. 이에 실망한 김일성은 소련 영공을 피하여 동유럽과 아프리카 국가를 순방했다.

4월 29일 박정희 대통령은 '국가안보와 시국에 관한 특별 담화'를 발표했다. 자유 베트남 패망이 임박했다는 뉴스에 민심이 동요하고 있었기 때문이다.

(이때 남부 베트남 수도 사이공은 월맹군에 포위되어 탄손누트 공항이 포격을 받고 있었고 베트남 주재 한국 대사관이 문을 닫고 교민들이 철수선을 타고 귀환 중이었다.)

시국에 관한 나의 소신을 얘기하고 국민에게 몇 가지를 당부하고자 합니다.

작금 신문지상이나 방송을 통해 보도되고 있는 인도지나 사태를 보고 국민 여러분도 매우 착잡한 심경에 빠져 있을 것으로 짐작됩니다.

특히 월남은 과거 우리 청년들이 가서 피 흘려 지켜준 땅이기 때문에 공산 수중으로 넘어가는 것을 보는 우리의 심정은 안타깝습니다.

크메르공화국은 지난 4월 17일 고군분투하던 정부군이 끝내 항복함으로써 크메르라는 이름은 지도상에서 없어져 버렸습니다.

월남도 지난 3월 초순 공산군 대공세 시작 이후 우세한 정부군이 있지만 초기에 적의 공세를 저지하는 데 실패하고 계속 후퇴하여 한 달 남짓 만에 전국토의 3분의 2를 공산군에게 뺏기고 수도 사이공이 공산군에 완전히 포위돼 매우 절박한 위기에 직면하고 있습니다.

어제 저녁 보도로는 사이공에 공산군이 상당수 침투했다고 합니다.

지난 22일 티우 대통령이 하야했고 후옹이 계승했다가 민 장군에게 인계되어 새 정부를 수립, 공산군과 협상에 바쁘나 군사적 위기에 겹쳐 정치적으로 혼미를 계속하고 있습니다. 열흘 만에 대통령이 2명이나 바뀌고 조각(組閣)도 안 되고 있습니다.

월남 정부가 앞으로 여하한 희생을 무릅쓰고 수도 사이공을 끝까지 사수해서 현재의 정세를 역전시키고 국면을 타개하여 공산 측과 협상할 수 있는 전기를 마련할 수 있겠느냐 하는 전망에 대해서는 예측을 불허합니다.

금년 봄에 들어와 인도지나 정세는 급전직하로 급변을 거듭하고 있습니다.

인도지나반도는 지리적으로는 우리와 멀리 떨어졌으나 그 정세를 결코 대안(對岸)의 화재(火災)로 봐서는 안 됩니다.

이번 인도지나반도 사태는 극히 귀중한 교훈을 주고 있습니다.

첫째, 공산주의자들과의 평화협정 혹은 긴장완화 등은 힘의 균형을 이루고 있을 때만 가능하다는 것입니다. 만약 힘의 균형이 깨지고 우리가 약하다고 그들이 봤을 때는 협정이다, 협상이다, 하는 것은 하루아침에 던져버리고 무력으로 덤벼드는 것이 공산주의의 기본 전략입니다. 그들과 휴전·대화·협상할 때는 조심해야 합니다. 그들이 쉽게 나올 때는 힘으로 안 되니까 시간을 벌어 새 음모를 꾸미기 위해 준비하는 시간이라는 것을 알아야 합니다.

이번 월남 사태도 73년 봄 월남휴전협정을 체결했으나 이미 2년 전부터 그들은 월남 침략을 위한 힘을 갖춰 왔고 월남은 대비에 소홀했습니다.

둘째, 자국 국가안보를 남의 나라에 의존하던 시대는 확실히 지났다는 것입니다. 자기 나라는 자기가 지킨다는 결의와 능력을 갖고 있어야만 생존할 수 있다는 것입니다.

우방 지원도 한계가 있어 자기를 지키는 능력을 갖추지 못하면 남의 도움도 못 받는다는 냉혹한 현실을 인식해야 합니다.

세 번째로 중요한 것은 국론이 분열되고 혼란에 빠졌을 때는 일단 유사시에 힘을 갖고 있으면서도 힘을 제대로 발휘할 수 없다는 것입니다.

이번 인도지나 사태의 예를 봐도 정부군이 힘이나 장비 면에서 공산군보다 우세했습니다. 그런데 왜 패배했나. 즉 국론이 통일 안 되고 국민의 총화단결이 안됐기 때문입니다.

정치 불안과 혼란이 계속되어 집안싸움만 하다가 패배를 맛본 것입니다.

이런 것은 우리 역사에도 있다. 아울러 타산지석으로 삼아 교훈으로 명심해야 합니다.

인도지나 사태가 우리 한반도 및 우리의 안보에 어떤 영향을 미칠 것인가.

인도지나반도에서 공산주의자가 쓰고 있는 인민해방전선, 폭력혁명 수법은 우리나라 공산주의의 남조선해방 전선과 같은 술책입니다.

호전적인 것으로 악명 높은 북한 공산주의자들이 무엇을 꿈꾸고 있는가 생각해 봅시다.

그들은 지금 큰 흉계와 음모를 꿈꾸고 있을 것이나, 해방 후 그들은 이런 일을 계속해와 이번 인도지나 사태에 크게 고무됐으며 용기를 얻었을 것입니다. 한반도에서도 성공할 수 있다는 용기를 갖게 됐을 것입니다.

김일성은 중공에서 큰소리쳤습니다. 그가 북경에서 중공 수뇌들과 어떤 얘기를 했을 것인가를 우리는 충분히 짐작하고도 남습니다.

김일성은 이번 북경에서 남조선혁명을 위해 전쟁도 불사하며 모든 준비가 됐다고 호언장담했습니다. 이는 우리에게 지극히 도전적인 말입니다.

금년 연초 내가 수차 이런 말을 했는데 그것은 북한 공산집단은 75년을 남조선 적화통일의 결정적인 해로 정하고 이를 추진해 왔으며 이런 증거를 우리는 갖고 있습니다.

김일성이 지난해 해방 30주년이며 노동당 창당 30주년인 금년을 혁명해방의 승리의 해로 만들자고 호언장담했고 그들이 휴전선 안에 판 땅굴의 완공 목표가 금년 가을이라는 사실이 이를 증명합니다. 늦어도 금년 가을이 그들의 최종 목표입니다. 또 그들의 6개년 계획이 계획대로라면 내년에 끝나는데 이를 앞당겨 금년 10월 이전에 끝내라고 노동당이 지시하고 있습니다.

북한에선 올 봄부터 고교 이상의 학생에게 학업을 전폐시키고 6개년 계획의 앞당기기 운동에 강제 동원하고 있습니다. 우리 학생들이 데모하고 휴교하고 놀고 있는 동안 북한 학생들은 이 같은 노동에 나서고 있습니다. 군사·사회적 분야에서도 이런 증거를 뒷받침할 사례가 많습니다.

그러면 왜 그들이 75년으로 타이밍을 맞췄겠느냐 하는 것이 중요합니다.

가장 중요한 이유의 하나는 금년이 우리의 구헌법대로 하면 선거의 해라는 것입니다. 유신헌법으로 헌법이 바뀌었지만 구헌법에 따르면 금년 봄이 선거이고 지금쯤 대통령선거를 치를 것입니다.

우리에게 선거의 해는 무엇이냐. 국력이 가장 약화되어 있는 시기입니다. 해방 후 선거 풍조가 이상해서 사회혼란·정국불안·행정공백 등이 나타나 선거 1년 전부터 선거바람으로 사회가 시끄럽고 정국이 극도로 혼란해져 선거 때면 국가의 기틀까지 흔들렸고 선거가 끝나고도 후유증이다 해서 1~2년 동안 정치 불안·행정공백으로 국력이 약화되곤 했습니다.

아마도 저네들은 이 시기를 맞췄을 것입니다. 해방 30년, 노동당 창당 30년이라는 시점에다 여기에 덧붙여 우리의 선거 시기에

초점을 맞췄을 것입니다.

이런 도중 뜻밖에도 그들이 용기와 자신을 얻고 고무시켜 주는 사태가 바로 인도지나 사태였습니다. 그들이 예상 못했는지 모르나 그들에겐 상당히 정세가 유리하게 전개된 것입니다.

그들은 아마도 이 시기가 또 금년이 남조선혁명의 절호의 찬스라고 판단했을지 모릅니다.

김일성도 이런 정세를 보고 앉았다가 안절부절못하고 북경에 뛰어간 것입니다. 이런 정세로 보아 금년에 북한 공산집단이 위험한 불장난을 치를 가능성이 가장 농후한 해라고 보지 않을 수 없습니다.

이런 사정을 감안해 볼 때 나는 이 이상 더 남침의 위협이 있다 없다 토론할 시기는 지났다고 봅니다.

이제부터 우리가 해야 할 일은 북한 공산집단이 무장도발을 했을 때 즉각 대처하고 초전에 치명적인 타격을 주어 허황된 그들의 꿈을 이 기회에 철저히 봉쇄해야 합니다.

불퇴전의 결의와 각오를 가질 시기입니다. 공연히 갑론을박 시간만 허비할 때가 아닙니다.

우리 국군과 주한미군은 이런 사태에 대비, 만반의 결의와 경계태세를 갖추고 있습니다. 이런 북한의 도발을 분쇄할 힘과 준비가 충분히 돼 있다는 사실을 국민은 믿어주기 바랍니다.

강조하지만 국민이 이런 사태에 대처할 수 있는 굳건한 결의와 각오와 필승의 신념이 국민 가슴에 서 있느냐 하는 문제입니다.

오늘날의 전쟁은 군대만 갖고 하는 것이 아닙니다. 정부와 군대와 국민이 혼연일체가 되어 총력으로 대결해야만 승리합니다. 이

것이 바로 총력전이요, 총력안보 태세입니다. 군대뿐 아니라 국민 하나하나가 나라를 위해 싸우는 전사라는 생각을 가져야 합니다.

정치인·언론인·종교인·교수·학생·농민·상공인·공무원·근로자·가정주부도 모두가 나라를 지키는 전사라는 결의와 자부심을 가져야 하며, 모든 사람이 자기가 해야 할 일을 똑똑히 인식하고 자기 책임을 성실히 이행하고 실천해야 합니다.

나라를 지키기 위해, 나라를 지키는 일이라면 여하한 희생도 불사한다는 굳은 각오 아래 한데 뭉쳐 싸우면 필승한다는 신념을 가져야 합니다.

국민 한 사람도 이 대열에서 이탈해선 안 됩니다. 이것이 승리할 수 있는 길이라고 확신합니다. 우리는 한 치의 영토도 적에게 양보해선 안 됩니다.

분단된 이 나라에서 온갖 어려움을 참고 극복하며 피땀 흘려 건설해온 이 땅을, 조상의 뼈가 묻혔고 자손에게 길이 물려줄 이 땅을 왜 공산당에 양보하고 뺏겨야 하는가.

우리는 공산당에 나쁜 일을 안했습니다. 30년 동안 일방적인 피해만 받았습니다. 더 이상 이유 없이 피해를 받을 수 없습니다.

앞으로 만일 북한 공산집단이 전쟁을 도발해 온다면 우리가 사는 수도 서울은 절대로 철수해서는 안 됩니다.

전 시민이 남아 사수해야 합니다. 정부도 6백50만 시민과 끝까지 수도에 남아 사수하고 대통령도 시민과 같이 사수를 할 것입니다.

전방은 우리 군인들이 양보 않고 국토를 수호할 것이고, 서울은 서울 시민들이, 후방은 후방 국민들이 내 고장, 내 산천을 사수할 것입니다. 나라를 지키고 내 고장을 지키고 내 자신을 지키기 위해 죽기로 싸우면 반드시 승리한다는 각오를 가져야 합니다.

충무공은 일찍이 필사즉생(必死卽生)이요 필생즉사(必生卽死)라고 말했습니다. 노량해전 때 장군이 부서진 배 12척을 거느리고 일본 배 수백 척과 싸울 때 한 얘기인 것입니다. 죽을 각오로 싸우면 살고 살려고 발버둥 치면 죽는다는 것은 바로 오늘의 현실입니다.

만약 이런 사태가 일어날 때 겁부터 먹고 짐을 싸가지고 도망하는 얌체 국민이 있다면 전쟁도 못 이기고 그 사람도 살 수 없게 될 것입니다. 비국민적·반국가적 행동을 하는 국민은 민족의 이름으로 규탄해야 할 것이며 이 같은 행동은 바로 이적행위입니다.

또 국론을 분열시키거나 총화를 해치는 행동을 하는 사람, 유언비어로 민심을 흉흉케 하는 사람도 용납할 수 없습니다. 나는 국민 각자가 내 자신, 내 나라를 지키겠다는 굳은 각오가 돼 있다고 생각합니다.

만약 북한 공산집단이 어떤 오판에 의해 또다시 남침해 온다면 오직 그들의 자멸만이 있을 뿐임을 다시 경고해 둡니다. 자고로 위대한 국민은 국난을 당했을 때 더 위대한 용기를 내어 국가를 수호해온 역사를 우리는 잘 알고 있습니다.

국민 여러분, 우리들은 오늘의 이 중대한 시국을 정확하고 에누리 없이 인식해야겠고 지나치게 과장할 필요도, 또 과소평가하거나 안일한 생각을 해서도 안 됩니다.

사실대로 정확히 인식해야 난국을 극복할 수 있고 또 신념이 생길 것입니다.

앞으로 여하한 어려움이 닥치더라도 동요해서는 안 됩니다. 아무리 어렵더라도 조국과 나라, 가족을 지킨다는 각오와 신념만 있다면 두려울 게 없습니다.

60만 우리 국군과 주한미군은 세계에서 가장 막강한 장비와 자질을 가진 군대입니다. 또 우리에겐 잘 훈련된 270만 예비군과 반공정신과 애국심으로 무장된 3천 4백만의 국민이 있습니다. 이런 힘을 가지고 나라를 지키지 못할 이유가 없습니다. 우리의 각오와 결의에 달려 있는 것입니다.

앞으로 국민 여러분은 정부와 국군을 믿기 바라며, 정부는 슬기롭고 용감한 국민을 믿고 필승의 의연한 자세로 나아가야 할 것입니다. 국민 한 사람 한 사람이 제각기 자기 직책에 충실하고 책임 있게 일해 나가야 할 것입니다. 이것만이 국난극복을 위한 국민의 자세며 나아갈 길이라고 확신합니다.

국민 여러분의 건승을 기원합니다.

(이후 5월 3일 제작된 대한 뉴스는 이날 담화를 조금 변형시킨 것이다.)

4월 30일 북부 베트남은 남부 베트남의 수도 사이공을 점령하여 베트남을 무력으로 흡수 통일했다. 한국 신문은 '베트남 패망'이란 제목으로 8면의 지면을 가득 채웠다.

이날 밤 박정희 대통령은 일기에 이렇게 썼다.

월남 공화국이 공산군에게 무조건 항복. 참으로 비통함을 금할 수 없다. 한때 우리 젊은이들이 파병되어 월남 국민들의 자유 수호를 위하여 8년간이나 싸워서 그들을 도왔다. 연(延) 파병 수 30만 명. 이제 그 나라는 멸망하고 월남공화국이란 이름은 지도상에서 지워지고 말았다. 참으로 비통하기 짝이 없다.

자기 나라를 자기들의 힘으로 지키겠다는 결의와 힘이 없는 나라는 생존하지 못한다는 엄연하고도 냉혹한 현실과 진리를 우리는 보았다. 남이 도와주려니 하고 그것만을 믿고 나라 지키겠다는 준비를 갖추지 못하고 있다가 망국의 비애를 겪는 역사의 교훈을 우리 눈으로 보았다.

조국과 민족과 나 자신을 지키기 위해서는 여하한 희생도 불사하겠다는 결의와 힘을 배양하지 않으면 망국하고 난 연후에 아무리 후회해 보았자 후회막급일 것이다. 충무공의 말씀대로『必死卽生 必生卽死(필사즉생 필생즉사)』다.

이 강산은 조상들이 과거 수천 년 동안 영고성쇠를 다 겪으면서 지켜 오며 이룩한 조상의 나라이다. 조국이다. 우리가 살다가 이 땅에 묻혀야 하고 길이길이 우리의 후손들에게 물려주어서 지켜 가도록 해야 할 소중한 땅이다. 영원히 영원히 이 세상이 끝나는 그날까지 지켜 가야 한다. 저 무지막지한 붉은 오랑캐들에게 더럽혀서는 결코 안 된다.

지키지 못하는 날에는 다 죽어야 한다. 죽음을 각오한다면 결코 못 지킬 리 없으리라.

남부 베트남 멸망으로 북한과 대치한 대한민국은 큰 충격을 받았다. 민심은 동요하고 불안에 휩싸였고 해외 이민 신청자가 급증했다(1976년 해외 이민자는 46,533명으로 역사상 가장 많았다.).

문재인 일행은 베트남 다음은 대한민국 차례라는 생각으로 희망에 부풀어 데모한 것은 아니었을까?

남부 베트남이 패망하자 스나이더 주한 미국대사는 한국정부가 미국의 대한 방위 공약에 신뢰를 잃어가고 있는 상황이므로 미국정부는 이에 대비하여 정책전환을 해야 한다고 본국에 제의했다.

5월 13일 긴급조치 9호가 공포되었다.

대통령 긴급조치 9호는 유신헌법의 부정·반대·왜곡·비방·개정 및 폐기를 주장하거나 청원·선동 또는 이를 보도하는 일체의 행위를 금지하며 이의 위반자는 영장 없이 체포한다는 내용을 담고 있다. 쉽게 말해 유신헌법 찬양은 죄가 되지 않지만 그 외의 언동은 죄가 되는 것으로 규정한 것이다.

긴급조치 9호는 자유민주주의를 근본으로 하는 나라에서 지나친 조치였다고 볼 수 있다. 그러나 박 정권의 입장으로서는 계엄령을 선포할 수도 있는 위기상황이었다고 할 수도 있었다.

아무튼 긴급조치 9호는 위기의식이 팽배한 가운데 내려진 것이라 반대 목소리는 힘을 얻지 못했다. 이후 1975 내내 안보에 대한 불안감으로 개헌 운동이 잠잠해졌다.

연구용 원자로를 얻기 위한 캐나다 측과의 협상은 주재양 박사가 대표로 나섰는데, 원활히 진행되어 1975년 중반에는 성사단계에 이르렀다.

연구용 원자로와 핵연료 재처리 시설만 확보하면 핵폭탄의 원료인 플루토늄 생산은 시간 문제였다. 그러나 미국 정부는 박 정권에 핵무기 개발 포기를 압박하고 있었다.

6월 16일 「워싱턴 포스트」지는 한미통합 1군단장 제임스 F 홀링스워스(James F. Hollingsworth) 중장의 '9일 속결전'을 보도했다.

북한이 남침할 경우 5일 동안 B-52 폭격기 등 각종 폭격기를 동원, 하루 1천회 이상 출격하여 폭격하여 북한군의 전진을 막고 4일 동안 소탕한다는 내용이었다.

이 당시 남한은 북한에 군사적으로 상당히 열세였다. 주한미군 사령부가 워 게임(War Game) 형식으로 전쟁을 예상한 결과는 북한이 남침할 경우 미국이 주한미군 이외에 지상군을 추가로 파병하지 않으면 서울은 190일 만에 함락되고 216일 만에 남한 전역이 점령될 것이라는 것이었다.

9일 속결전은 지상군의 열세를 공군력으로 만회한다는 내용인데, 사실은 미국은 이를 수행할 전력이 없었다.

같은 달 스나이더 주한 미국대사는 자신의 견해를 상세하게 담은 보고서를 미국 정부에 제출했다. 다음은 그 내용의 일부이다.

우리의 현 對韓 정책은 잘못된 것으로, 미국은 남한이 미국의 후견을 받는 국가라는 구시대적 발상을 토대로 삼고 있다(Our present policy toward Korea is ill-defined and based on an outdated view of Korea as a client state.). 이런 식의 접근으로는 장차 중견 국가로 성장할 남한에 대한 장기적 접근이 불가능하다. 남한 정부는 미국에게 무엇을 기대할 수 있는지에 대한 확신을 갖지 못하고 미국 정부는 한반도 문제에 대해 임기응변식으로 대응할 수밖에 없게 될 것이다. 예컨대 미국 정부는 주한미군의 장기 주둔 여부에 대해 아직까지도 남한 정부에 분명하게 답을 준 적이 없다. 또한 자체적으로 첨단 무기를 개발하려는 박 대통령의 노력을 저지하면서도 정작 미국 정부가 남한에 제공할 수 있는 군사기술은 무엇인지 분명하게 가르쳐주지 않았다. 이와 같이 불확실한 상황 때문에 박 대통령은 언젠가 다가올 미군 철수에 대비하고 있고 그 대책으로 남한 내에서 탄압 조치를 강화하는 한편 핵무기 개발을 추진하고 있는 것이다. 같은 이유로 북한은 언젠가 미군이 철수할 날을 고대하고 있는 반면 일본은 미국의 신뢰성을 의심하며 남한의 장래에 대해서 불안감을 품고 있다.

미국은 처음에는 한국 정부에 직접 압력을 행사하지 않고 우회적인 방법을 썼다. 스나이더(Richard Sneider) 주한 미국대사는 피에르 랑디(Pierre Landy) 주한 프랑스 대사를 만나 "미국은 남한 정부가 플루토늄을 군사적 목적에 사용할 것이라는 사실을 믿어 의심치 않는다"고 넌지시 경고했다. 그러나 랑디 대사는 남한이 먼저 포기하지 않는 한 프랑스가 먼저 핵 기술 판매를 포기할 의사가 없음을 밝혔다. 미국은 캐나다와 벨기에에도 한국과 맺은 계약을 취소하라고 압력을 가했다.

1975년 8월 23일 리처드 스나이더 미국 대사는 핵무기 개발을 포기시키기 위해 최형섭 과기처 장관을 방문했다. 그는 국제정치 불안을 내세워 핵무기 개발 포기를 요구했다.

박정희 대통령은 일생일대의 굴욕을 맛보았다. 미국정부에 핵무기 개발 포기 각서를 써주고 만 것이다.

8월 25~28일 한미 연례안보 협의회가 열렸다. 제임스 슐레진저(James Rodney Schlesinger) 미 국방장관은 한미 연례안보 협의회에 참석한다는 명목으로 이례적으로 한국을 방문했다. 슐레진저는 박정희 대통령을 협박해서 핵무기 개발 포기 각서를 받아냈다.

　8월 27일 슐레진저 미국 국방장관은 리처드 L. 슈나이더 주한 미국 대사를 데리고 박정희 대통령을 찾아가 한국의 핵무기 개발 의혹과 관련하여 깊은 대화를 나눴다. 미국 정부가 공개한 대화록엔 다음과 같은 대목이 있다.

　슐레진저 국방장관은 한국이 NPT(핵확산금지조약)를 존중하기로 한 것은 건전한 정책이라면서 미국은 한국에 핵(核)억지력을 제공하기에 적합한 나라라고 강조하였다. 미국은 작은 핵보유국이 제공할 수 없는 방법으로 중심 국가들의 핵위협에 대처할 수 있다는 것이었다. 한국은 소련의 핵위협에 대처할 수 없지만 미국은 할 수 있고, 한국이 핵무기를 개발하려는 노력을 하면 소련으로 하여금 한국에 대하여 핵위협을 가하는 행위를 합리화시키는 결과를 빚을 것이다. 국방장관은 핵억지정책에 대하여 다음 번 양국 국방장관 회담 때 설명을 드릴 것이라고 했다.

　이에 대하여 박정희 대통령은 NPT를 지킬 의지가 있다는 사실을 강조하였다. 그는 봅 노박이 보도한 자신의 논평에 대하여 해명하였다. 노박은 자신에게 미국이 핵우산을 제거하면 어떻게 하겠느냐고 물었고, 자신은 미국이 핵우산을 철거하지 않을 것으로 생각한다고 답하였다. 그러나 노박은 계속하여 그런 경우 한국은 핵무기 개발을 고려할 것이냐고 물었다. 박 대통령은 한국이 연구를 시작할 능력은 있으나 현재의 조건하에선 그럴 생각이 없다고 답하였다. 박 대통령은 그가 노박 기자에게 한 논평이 잘못 해석되었고, 특히 원자로 관련 협상에 나온 캐나다 정부가 오해를 하였다고 했다. 그는 내가 아무 대답을 하지 않았더라면 한국인의 사기에 큰 타격이 되었을 것으로 생각한다고 했다. 그는 재차 장관에게 한국은 NPT 조약의 의무조항들을 이행할 것이라고 보증하였다.

슐레진저는 핵무기가 한국에 얽혀들지 않는 게 최선이라고 논평하였다. 핵무기를 평양에 쓴다면 2만 내지 3만 명이 죽을 것이다. 한편 소련이 서울에 핵공격을 가한다면 서울은 평양보다 더 취약하므로 300만 명이 죽을 것이다. 박 대통령은 국방장관의 생각에 동의한다면서 장관이 전술핵무기에 대하여 한 말이 한국인의 사기를 높여주었다고 했다. 그는 핵무기 사용 없이도 북한의 공격을 감당할 수 있어야 한다고 했다. 슐레진저는 한국이 핵 재처리 시설을 도입하는 것은 원자력 정책 전반에도 나쁜 영향을 줄 것이라고 경고하였다.

슐레진저는 미국 원자력 위원회 위원장과 CIA 국장을 역임한 핵문제 전문가이다. 하버드대 동창인 키신저 국무장관과의 불화로 1975년 11월 포드 행정부에서 물러났다. 1976년 카터 행정부가 출범하자 다시 에너지 장관으로 기용되었다.
슐레진저는 각서를 받아낸 대가로 '북한전쟁 도발 시 선제 핵사용', '한국 수도권 방위 9일 속결전' 등의 강력한 대한(對韓)방위 공약을 제공했다.】

이어 문재인은 '아내와의 만남'이란 소제목의 글에서 김정숙이 면회온 이야기를 한다. 여기서 문재인은 교내 학년대항 야구대회에서 주장을 맡아 우승했던 일화도 말한다. 그만큼 고시 공부와 거리가 멀었다는 말이다.

그다음 '구치소 수감 생활'이란 소제목의 글에서 지나가는 말로 사법고시 1차 합격한 일이 있다고 슬쩍 말한다. 그리고 재판에서 징역 10개월에 집행유예를 선고받고 석방되었다고 한다.

구치소 수감 생활

서울 구치소 수감 생활은 견딜 만했다. 원래 시국 사범은 노란 딱지 요(要) 시찰이어서 독방(獨房)에 수감된다. 그때는 시국 사범이 넘쳐서 일반 사범 방에 수감됐다. 한 방에 8명 정도였다. 어떤 사람들은 독방이 좋다고 했는데, 나는 일반 사범과 함께 있는 혼거(混居)방이 좋았다. 세상 공부, 인생 공부가 됐다.

(중략)

같은 방 사람들은 모두 나를 '학생'이라고 부르며 잘 대해줬다. 나도 명색이 법대 4학년이고 **사법고시 1차 시험에 합격한 경력이 있어서** 재소자들이 탄원서나 진정서를 쓸 때면 도움을 줬다.

【사법시험은 법조인이 될 자격을 검정하는 시험이다. 제1차(객

관식), 제2차(서술형 주관식), 제3차(면접) 등 세 번에 걸쳐 치러진다.

합격 후 반드시 사법연수원을 수료하여야 판사, 검사, 변호사의 자격이 주어지므로, 엄밀히 말하자면 사법연수원에 입소할 자격을 얻기 위한 시험으로 볼 수 있다.

1947년부터 1949년까지는 "조선변호사시험", 1950년부터 1963년까지는 고등고시 사법과가 실시되었다.

1963년부터 사법시험이 시행되었다. 이때 사법시험 합격자는 서울대 사법대학원에서 연수를 받았으나, 1971년 사법연수원이 생겨서 이후 이곳에서 2년간 연수를 받았다.

1970년 12회 사법시험까지는 고정된 합격자 수를 보장하지 않고 2차 시험에서 평균 60점 이상을 획득해야 합격할 수 있어 최종 합격자 수가 5~83명이었다. 1971년 13회 사법시험부터 등수로 일정한 수의 합격자를 뽑았다. 13회에서 19회 사법시험까지 합격자 수는 60~80명이었다.

1980년 22회 사법시험 때까지는 합격자 전원이 판사, 검사로 임용될 수 있었다.

1963, 1964, 1967, 1970년에는 연 2회 사법시험이 있었다. 1971년 13회 사법시험부터 연 1회로 고정되었다.

17회 사법시험까지는 1차 시험 치는 해와 2차 시험 치는 연도가 달랐다. 최종 합격자를 발표하는 해를 기준으로 따지므로, 예를 들어 16회 합격자는 최종 합격은 1974년 3월 발표되었으나 1차 시험 친 때는 1973년 가을이다. 그리고 사법연수원은 여름에 들어갔다.

1981년 제23회 사법시험 때부터 300명 수준으로 합격 정원이 증원되어 1995년 37회 사법시험까지 이 정원이 지켜졌다. 이 기간 동안에는 합격자의 절반 수준인 150명 정도가 판사 검사로 임용되었다. 가을에 최종 합격이 발표되었고 이듬해 3월에 사법연수원에 들어갔다.

1996년 38회 사법시험에서 500명을 선발한 이후 매년 100명씩 증원되어 제43회 이후부터는 1,000명 내외를 선발했다.

1977년까지 사법시험 응시자 수가 5천을 넘지 않았는데, 이는 대학생 수가 절대적으로 적어서였다. 1970년대 후반이 되어서야 4년제 대학 정원이 5만 명을 넘어섰다. 이에 따라 법대 학생 수도 1980년대에 비해 절반 수준이었다.

* 출원자 수와 응시자 수는 다르다. 1차 합격자는 당 회차 2차 시험과 다음 회차 2차 시험을 칠 수 있어 다음 회차 사법시험에 응시해도 1차 시험은 치지 않는다.

회(연도)	출원자 수	1차 합격자 수 (합격선)	2차 응시자 수	2차 합격자 수 (합격선)
1회(1963)	1476	1471 (60)	2115	41 (60.00)
2회(1963)	3732	1205 (60)	2530	45 (60.04)
3회(1964)	4969	781 (80)	1848	10 (60.25)
4회(1964)	4214	461 (80)	1186	22 (60.07)
5회(1965)	2141	475 (75)	408	16 (60.07)
6회(1966)	2370	470 (70)	756	19 (60.03)
7회(1967)	2820	496 (77)	835	5 (60.57)
8회(1967)	2466	473 (74)	779	83 (60.00)
9회(1968)	2599	447 (76)	736	37 (60.02)
10회(1969)	2873	629 (76)	750	34 (60.04)

11회(1970)	2561	520 (77)	930	33 (60.02)
12회(1970)	2786	762 (72)	944	49 (60.76)
13회1971)	2776	420 (80)	967	81 (56.83)
14회(1972)	3514	577 (80)	829	80 (56.19)
15회(1973)	4072	430 (75)	787	60 (59.04)
16회(1974)	4010	498 (79)	705	60 (57.20)
17회(1975)	4119	424 (77)	747	60 (55.33)
18회(1976)	4498	405 (77)	653	60 (54.95)
19회(1977)	4767	541 (79)	801	80 (54.50)
20회(1978)	5387	522 (80)	912	100 (60.20)
21회(1979)	5788	564 (74.06)	929	120 (56.58)
22회(1980)	6658	575 (73.43)	986	141 (53.54)
23회(1981)	7983	785	1227	316 (53.16)
24회(1982)	9272	830	1350	307 (49.00)
25회(1983)	9785	722	1353	306 (53.75)
26회(1984)	11600	816	1365	353 (49.08)
27회(1985)	11743	755	1401	312 (49.08)
28회(1986)	13635	791	1373	309 (50.45)
29회(1987)	14252	732	1381	311 (49.20)
30회(1988)	13568	818	1419	310 (52.33)
31회(1989)	13429	714	1417	311 (55.25)
32회(1990)	14365	830	1425	298 (52.83)
33회(1991)	15540	741	1468	287 (56.29)
34회(1992)	16424	821	1488	288 (52.04)
35회(1993)	18232	777	1492	288 (51.75)
36회(1994)	19006	850	1530	290 (53.79)
37회(1995)	19934	1053	1807	308 (54.20)

기이하게도 문재인은 몇 회 사법시험을 쳤는지도 밝히지 않는다. 대학교 3학년 겨울 방학 때라고 하니 1975년 1월 28일 실시된 17회 사법고시 1차 시험이라고 밖에 볼 수 없다. 법 공부도 소

홀히 했겠지만 관건은 영어 시험이었을 것이다. 영어에 까막눈인 문재인에게 '영어'라는 어휘 자체가 금기어이다.】

(중략)

　그때는 또 거의 무조건 실형이 선고될 때였다. 그때 여러 대학 중에서 집행유예를 선고받은 것은 우리밖에 없었다.

　이어 문재인은 '강제 징집'과 '공수부대'란 소제목으로 군 생활에 대해 쓴다. 공수부대 훈련에 대해 말하며 이런 자백을 한다.
"나는 학교 다닐 때 개근상 말고는 상을 받아보지 못했다."
　1975년 9월 입대한 문재인은 1978년 5월, 군을 재대했다.

【문재인은 월남 공산화에 희열을 느꼈지만, 박 대통령의 자주국방 계획은 성과를 거두고 있었다.
　박 정권이 재처리 시설 도입을 포기하지 않자 1976년 1월 미국 정부는 최후통첩을 전하기 위해 국무부 관리들을 보냈다.
　마이런 크런처 해양·국제 환경·과학 담당 차관보 서리를 단장으로 한 미국 교섭단 일행은 1976년 1월 22~23일 주한 미 대사관에서 최형섭 과기처 장관을 대표로 한 한국 측 관계자들과 협상을 벌였다. 실제로는 협상이 아니라 한국 관계자들을 심문하는 자리였다.
　미국 교섭단은 재처리 시설 도입을 포기하지 않으면 고리 1호 원자력 발전소에 대한 핵연료 공급을 중단하고 핵우산도 철거하겠다고 협박했다. 이들 일행은 회담에 앞서 박정희 대통령을 만나 '재처리 시설 도입 강행 시 군사 원조 중단' 방침을 통고한 상태였다(1976년부터 미국은 핵무기 개발 감시를 위해 미 대사관에 과학관을 파견했다).

결국 한국정부는 프랑스로부터의 재처리 시설 도입을 포기하겠다고 말했다. 한국과의 사업을 최우선 국책사업으로 선정했던 프랑스 정부도 미국의 압력을 버틸 수 없었다. 1976년 1월 23일 한국과 프랑스와의 계약은 공식파기 되었다. 캐나다에서 수입하기로 한 연구용 원자로 도입 계획도 좌절되었다(다만 월성 1호기는 1976년 착공되어 1983년에 완공되었다). 벨기에와 함께 추진 중이던 혼합핵 연료 사업도 1977년 11월 11일 공식 중단됐다.

한국이 핵무기를 보유하는 순간 미국의 대한(對韓) 통제력은 결정적으로 약화되며, 일본도 미국의 핵우산에서 벗어나 핵무장을 하게 된다. 미국이 한국의 핵무기 보유를 결사 저지해야 하는 이유가 여기에 있다. 또한 한국의 핵무기 개발은 미국 군수업체의 이익에도 해가 되는 것이었다. 미국 군수업체는 한국이 지속적인 경제성장으로 인하여 구매력이 커지자 전투기 등 고가의 무기를 판매하고자 하였다. 한국이 핵무기를 개발하게 된다며 고가의 재래식 무기 구입 필요성은 크게 줄어든다. 이 역시 미국 정부가 한국이 핵무기 보유를 막아야 하는 이유 가운데 하나였다(미국 군수업계의 정치권에 대한 영향력을 벗어나는 미국 정치인은 거의 없다).

그러나 박정희 대통령은 결코 핵무기 개발을 포기하지 않았다. 미국의 엄중한 감시망을 피하기 위해 1976년 1월 말 핵연료 재처리 사업은 '화학 처리 대체사업'으로 이름을 바꾸었다. 연구용 원자로는 자체 개발하기로 결정했다.

미사일 개발도 난관을 뚫고 진행했다.

ADD는 맥도널 더글러스(MD) 社에 나이스 허큘리스 미사일 사정거리를 180km에서 240km로 늘리는 사업을 공동으로 추진하자고 제의했는데, MD가 이에 응했다. 공동 사업은 기초 조사, 설계, 개발 생산 3단계로 나누기로 하고 1단계만 계약했다. 이 계약에 따라 한국 연구진이 미국에 가서 배울 수 있었다.

1975년 초 ADD의 이경서, 홍재학, 최호연(崔浩顯), 구상회 박사 등 10명의 연구진은 로스앤젤레스의 맥도널 더글러스 사(社)에서 6개월 동안 미사일 기초 설계 방법 등을 익혔다.

6개월이 지났을 때 미 국무부는 '기술인도 불가(不可)' 판정을 내렸다. 그러나 6개월 동안 ADD연구원들은 미사일 설계에 필요한 자료와 기술을 확보하게 됐다. 2, 3단계 계약이 취소되자 독자 개발로 들어갔다. 다음 문제는 추진제 제조 시설과 기술 확보였다. 추진제는 고가(高價)이나 즉시 발사가 가능한 고체식 추진제를 사용하기로 결정했다. 나이스 허큘리스 추진제를 생산하는 다이아콜 사(社)와 교섭을 벌였으나 미 국무부의 허가가 나오지 않았다. 목영일 박사가 추진제 제조 시설 및 기술이전을 위해 프랑스 SNPE 사(社)와 교섭했다. SNPE 사(社)는 당시 세계 3위의 화약회사로 대륙간 탄도탄 추진제를 생산하기도 했다.

이 무렵 미국의 록히드 사(社) 계열의 록히드 추진제 회사(LPC)가 파산해 추진제 공장을 매각하려 했다. 사정거리가 200km의 미사일을 만들려면 용량이 300갤론인 믹서가 필요했다. 그런데 이때 300갤론 믹서를 생산하는 나라는 미국이 유일했다. LPC의 추진제 공장에는 용량이 300갤론인 믹서가 2개 있었고 용량이 작은 믹서도 여분으로 있었다. 이외에 비파괴 시험장비, 지상연소 시험 장비 등이 있었다. 추진제 공장 시설 일체를 살 수 있다는 정보를 이경서 박사가 얻어 급히 260만 달러에 계약했다. 또한 관련 기술 서적과 각종 군사 규격이 있는 LPC의 도서실 자료까지 인수했다. 이는 엄청난 행운이었다. 1975년 7월 ADD 연구원들은 미국으로 가서 추진제 공장의 시설을 해체하고 배에 실었다. 11월 한국에 도착한 시설물을 대전 기계창 안에 설치했다. 이로서 추진제 공장과 지상연소 시험장을 완성했다.

프랑스의 SNPE 사(社)에서는 추진제 제조 기술과 원료를 도입했다. 10여 명의 연구 인력이 장기간 프랑스에 체류하며 기술을 습득했다. 영국의 한 회사로부터는 유도 조정 장치 제작 기술을 습득했다.

박 대통령은 1976년에 들어 건설 중인 대전 기계창을 여러 차례 방문했다. 이경서(李景瑞), 구상회(具尙會), 홍재학(洪在鶴) 박사 등은 당시를 다음과 같이 회상한다.

늘 구내식당에서 식사를 하셨죠. 시험장, 기계창 건설현장을 둘러볼 땐 일꾼들이 먹는 임시 식당에 들러 '밥 한 그릇 부탁합니다. 그냥 있는 대로 가져오세요' 했어요. 대통령이 불쑥 들어와서 밥을 달라고 하니 다들 기절초풍했지요. 대통령은 밥 한 그릇에 숭늉을 뚝딱 비우면서 그저 '무기 만들어야 힘 있는 나라가 된다'고만 강조했습니다.

1976년 12월 2일 대전 기계창이 준공되었다.

대전 기계창은 사방이 산으로 둘러싸인 지형에 자리 잡고 있었는데 군부대가 삼엄하게 감시했다. 대전 기계창에서는 500명의 연구 인력이 모여 미사일 개발에 몰두했다.

미사일 추진기관은 목영일 박사 책임 하에 SEP와 SNPE의 기술 훈련에서 습득한 기술을 바탕으로 추진제 공장에서 제작하여 비파괴시험 및 연소 시험 등을 했다. 미사일 기체는 홍재학 박사 책임 하에 NH 미사일을 역설계해 제작 조립했다. 유도 조종 장치는 최호현 박사 책임 하에 NH 미사일을 역설계하여 모두 반도체화하여 개발했다.

미국은 미 합동군사고문단(JUSMAC-K) 요원 6명을 대전 기계창에 보내 미사일 개발 상황을 감시했다.

1976년 8월 18일에는 판문점에서 이른바 미루나무 사건이 일어났다.

판문점 공동경비구역에서 미루나무 절단작업 관리·감독을 하던 미군 장교 2명이 북한군이 휘두른 도끼에 살해되었다. 한국 언론은 '도끼만행사건'이라 부르며 규탄했다.

미군은 UN군의 일원으로 판문점 공동경비구역 안의 제5관측소에서 제3초소와 비무장지대를 관측하는 임무를 수행하고 있었다. 그러나 북한군 3개 초소에 둘러싸인 제3초소 부근에 약 12m에 이르는 미루나무 가지가 무성하게 자라 있어 제대로 관측하기가 어려웠다. 이 때문에 UN군은 나뭇가지를 치기로 결정하고 한국인 노무자 5명에게 작업을 의뢰했다. 동시에 미군 장교 2명과 사병 4명, 한국군 장교 1명과 사병 4명 등 11명에게 이들의 작업을 감독·경비하라고 지시했다.

이날 오전 10시경. 이들은 판문점 공동경비구역 안으로 들어가 '돌아오지 않는 다리' 남쪽 UN군 측 제3초소 부근의 미루나무 가지를 치기 시작했다. 잠시 후 작업을 하던 우리 측 군에게, 북한군 박철 대좌를 포함한 장교 2명과 사병 10여 명이 다가와 "나뭇가지를 치지 말라"고 요구했다. 그러나 미군 장교는 관측소의 시야 확보를 위해 필요한 것이라며 작업을 계속했다.

그러자 북한군은 인근 초소에 있던 경비 병력을 요청하여 20여 명의 사병들이 트럭으로 도착했다. 그리고 곧 박철은 "죽여"라고 명령했다. 북한군은 가지고 온 곡괭이와 한국인 노무자가 나무 밑에 둔 도끼 등을 빼앗아 휘두르며, 우리 측 군에게 기습공격을 가했다. 특히 UN군 측 지휘관과 장병들에게 집중 공격을 가해 경비중대장 아서 보니파스(Arthur Bonifas) 미군 대위와 소대장 마크 바렛(Mark Barrett) 미군 중위가 이마에 중상을 입고 피살되었으며, 이밖에 미군 사병 4명, 한국군 장교와 사병 4명 등이 중경상을 입었다. 이들은 이와 함께 UN군 트럭 3대와 초소를 부순 뒤 도주하였는데, 이때 걸린 시간이 단 4분여에 불과하다. 미군 기동타격대가 출동했을 때는 북한군이 이미 철수한 뒤였다.

사건 직후 주한미군 사령관 리차드 스틸웰은 '데프콘 3(전투준비태세)'를 발동하고, 미군 방송을 통해 휴가 중이거나 부대를 떠나 있는 전 장병에게 즉시 부대복귀를 명령했다. 한국전쟁 이후 '데프콘 3'가 발령된 것은 이때가 처음이었다. 김일성도 인민군과 로농적위대, 붉은청년 근위대 등에 전투태세에 돌입하라고 명령하고 '북풍 1호(준전시 상태)'를 선포했다.

제럴드 포드 미국 대통령은 사건 보고를 받고 분노하여 군사적

응징을 즉각 검토하도록 지시했다. 당일로 미국 정부는 "이 사건의 결과로 빚어지는 어떠한 사태에 대해서도 그 책임은 북한에 있다"는 성명을 발표했다. 미국 정부는 긴급 참모회의를 열어 문제가 된 미루나무를 제거하기로 결정했다. 이를 '폴 번연 작전(Operation Paul Bunyan)'으로 이름 지었는데, 폴 번연은 미국 전설에 등장하는 거인 나무꾼이다. 박정희 대통령은 김종헌 소령을 특공대장으로 임명하여 폴 번연 작전 실행 시 북한의 초소 4곳을 파괴하도록 지시했다.

8월 20일 제3사관학교 졸업식에서 박정희 대통령은 훈시를 하면서 "우리가 참는 데는 한계가 있습니다. 미친개에게는 몽둥이가 필요합니다"라고 말했다. 이는 본래 연설 원고에는 없었던 것이었다.

8월 21일 아침 7시 폴 번연 작전이 실시되었다. M16 소총, 수류탄, 크레모어 등으로 무장한 한국 특전사 요원 64명은 공동경비구역으로 진입해 미루나무를 베어내는 미군 공병대원들을 엄호했다. 특공대로 투입된 한국 특전사 요원들은 군사분계선 남쪽에 있던 북한 초소 4개를 파괴했다. 그러나 북한은 이에 반격하지 못했다. 미군 공병대원들은 40여분 만에 미루나무를 잘라냈다.

이때 UN군은 '데프콘 2(공격준비태세)'를 발령했는데, 이는 사실상 〈전쟁 계획〉을 전개한 것이었다. 미국 본토에서는 핵무기 탑재가 가능한 F111 전투기 20대가 한반도에 배치되었고 괌에서는 B-52 폭격기 3대, 오키나와 미 공군기지에서는 F4 24대가 한반도 상공을 선회했다. 또한 함재기 65대를 탑재한 미 7함대 소속 항공모함 미드웨이 호가 순양함 등 중무장한 5척의 호위함을 거느리고 동해를 북상하여 북한 해역으로 이동했다.

미국은 교전상황에 대비해 구체적인 〈전쟁계획〉인 일명 〈우발계획〉까지 수립했다. 미루나무 절단 작업 시 교전상태가 발생할 경우 한국군 포병과 미군 포병이 북한지역 개성의 인민군 막사와 개성 위쪽의 시변까지 포격하여 초토화하고, 인민군 포병부대를 궤멸시킨다는 것이었다. 또한 전쟁이 확대될 경우 개성과 연백평야에 대한 탈환까지도 염두에 두고 있었으며, 북한군의 전차부대가 남진할 경우 이에 대한 전술핵의 사용도 고려됐다. 핵전쟁까지 상정한 실질적인 〈전쟁계획〉이다.

폴 번연 작전이 끝나자 즉시 북한은 긴급 수석대표회의를 요청했다. 이 자리에서 김일성의 '유감성명'이 전달됐다. 처음에 미국은 북한의 유감성명이 잘못을 인정한 것이 아니라며 거부했으나 24시간 뒤 이를 받아 들였다.

(1984년 11월 23일 평양 주재 소련대사관의 외교관 바실리 야고브레비치 마싸작이 판문점을 통해 한국으로 망명했다. 이를 저지하려는 북한군 경비대와 탈출을 도우려는 유엔 경비대 사이에서 총격전이 벌어졌다. 박철은 유엔 경비대의 집중사격을 받고 피살되었다.)

1976년 11월 2일(목요일) 실시된 48대 미국 대통령 선거에서 민주당의 지미 카터(Jimmy Carter) 후보가 현직 대통령인 제럴드 포드(Gerald Ford) 공화당 후보를 근소한 차로 이기고 당선되었다.

카터 :　40,831,881 (50.08%)　　선거인단 수 297
포드 :　39,148,634 (48.02%)　　선거인단 수 240

무명에 가까운 그가 돌풍을 일으키며 당선된 이유는 워터게이트로 상징되는 기성 정치인들의 부패에 미국 국민들이 염증을 느

졌기 때문이었다. 카터 후보가 내세우는 도덕성 회복이 유권자들의 마음을 사로잡았다.
　카터 후보는 대외정책에서 인권 개선을 내세우겠다고 천명하였고 주한미군 철수를 선거 공약으로 내걸었으므로 한국 정계의 비상한 관심을 끌었다.】

　문재인은 '공수부대'라는 소제목에 이어 '고시 공부'란 소제목으로 고시 공부를 말한다.

고시 공부

　집에 돌아왔지만 갑갑한 상황이었다. 내 인생에 가장 난감하고 대책 없는 기간이었다. 제대는 했는데 복학도 안 되고, 마냥 집에서 쉬기도 그렇고…. 모두 진퇴양난이었다.
　고생하시는 부모님을 생각하면, 언제일지 모를 복학을 기다리며 빈둥빈둥 놀 수도 없었다.
　[엉뚱한 말이다. 고생하는 부모의 돈으로 서울 유학을 했다면 결코 데모로 대학 시절을 보내지는 못했을 것이다. 왜 사법고시 1차 합격 소식마저 말하지 않았을까?]

　부산 해운업계에 있던 선배들이 취업 권유를 했다. 대학 졸업장 없이도 대졸 사원 처우를 해 줄 테니 오라는 것이다. 그러기로 하고 준비를 하고 있었다.

그런데 갑자기 아버지가 돌아가셨다. 지병이 있는 것도 아니었는데, 심장마비라고 했다. 그때 아버지는 친척이 하는 회사 일을 도와주고 계셨는데, 출근했다가 밖에서 변을 당하셨다. 일을 마치고 목욕을 한 후, 저녁을 드시는 자리에서 맥주 한 잔 정도 마시고는 앞으로 고개를 떨궜는데, 한참 동안 그리고 계셔서 보니까 돌아가셨다는 것이다.

그때 아버지 연세는 겨우 쉰아홉, 지금 내 나이였다.

[이 부분 문재인의 서술은 문제가 있다. 제대한 이후 부친 문용형이 사망한 것으로 썼다. 그러나 문재인은 특전사에서 1978년 5월 제대했다. 문용형은 1978년 4월 7일 사망.

문용형은 공식적으로 1920년생이다. 자녀가 2남 3녀이다. 문재인이 장남인 듯한데, 공식적으로 문재인은 1953년생이다. 그렇다면 첫 아이를 34세에 낳은 것이다. 문용형 부부는 도저히 월남한 부부라고 보기 어렵다.]

아버지를 위해서도 그냥 취업하는 정도로는 안 된다고 생각했다. 늦게나마 잘되는 모습을 보여드리고 싶었다. 사법시험을 보기로 결심했다. 어머니께 이왕 고생하신 거, 조금만 더 고생하시라고 말씀드렸다.

[가족의 생계를 계모 또는 친모가 오랜 세월 맡았는데, 그 은혜를 갚을 생각을 하지 않고 무슨 사명감이 있다고 대학 생활을 온통 반정부 투쟁하느라 보냈을까?]

49일을 치르고 다음날 바로 집을 떠났다. 전남 해남의 대흥사로 갔다. 그때 나는 하숙비를 집에서 도움받을 형편이 못 됐다.

[초상이 4월 7일이니 5월 말 집을 떠나 대흥사로 간 것이다. 재수 시절, 대학 시절 하숙비 등 교육비는 누가 감당했는지? 왜 이때 와서는 하숙비를 주지 못하게 되었을까?]

마침 대흥사에 묵을 수 있도록 도움을 주신 분이 있었다. 그래서 대흥사로 갔다. 대흥사 내 대광명전이라는 암자였다. 대흥사가 도립공원으로 지정되기 전이어서 참으로 고즈넉하고 아름다운 절이었다.

[고기채(高棋采, 1940~2023)이다.

고기채는 1940년 1월 16일 전라남도 해남군에서 태어났다. 문태고등학교를 졸업하고 경희대 체육대학을 나왔다(58학번). 경희대학교 대학원에서 체육학 전공으로 석사 학위를 받았다. 석사 학위 논문은 〈뮌헨 올림픽 韓國候補選手의 體力에 關한 調査 硏究(1975)〉였다.

이후 경희대학교에서 체육대학 교수로 체육대학 학장, 경희대학교 체육대학원 원장을 지냈다. 경희대학교 학생처장이었을 때 경희대 법학과를 다니던 문재인이 특전사에서 제대하자 해남군 대흥사로 데려가 공부를 시켰다.

2019년 5월 여주대학교 총장으로 취임.

경력 가운데 한국체육학회 선임 부회장, 중국 북경체육사범학원 명예교수가 있다.]

절 경내에 일체 시멘트가 없이 자연 그대로였고, 길도 포장되지 않은 흙길이었다. 경상도 땅에 있었으면 스님이 200명은 북적

거릴 규모인데도 20여 명밖에 되지 않아 한적한 느낌이 들었다.
 그곳에서 열심히 공부했다. **중학교 입시 공부를 하던 초등학교 6학년 이후 처음으로 공부답게 했다.** 대학 재학 중 3학년 겨울 방학 때 사법고시 1차 시험에 합격한 일이 있었다. 그해 가을 교내 시위를 주도한 뒤여서, 공부도 결코 소홀히 하지 않겠다는 각오로 본 시험이었다. 다행히 합격했고, 게다가 우리 학년에서 유일한 합격자여서 나는 단번에 '고시 유망주'가 됐다. 그러나 법률 과목은 거의 공부가 안된 상태여서 나머지 암기 과목들을 잘해 합격한 것이어서, 제대로 된 고시 공부는 새로 시작하는 것이나 진배없었다.

 [문재인은 구치소 생활을 기술하며 은근슬쩍 사법고시 1차 합격했다고 한마디 한다. 그리고 여기 '고시 공부'란 소제목에서 다시 언급하는데, 공부하지 않은 상태에서 쳤다고 자백한다. **"공부도 결코 소홀히 하지 않겠다는 각오로 본 시험이었다"**라는 구절을 공부 열심히 했다는 것으로 오해하지 말아야 한다.
 사법고시 1차에서도 법률 과목이 주요 과목이다. 당시 관보에 기재된 총무처 공고를 보면 5지 선다형인 1차 시험은 모두 8과목이다. 필수과목 5(헌법, 민법, 형법, 경제학개론, 문화사)에다가 선택과목 3이다. 제1 선택과목은 국제법, 국제사법, 사회법, 형사정책 가운데 선택이고, 제2 선택과목은 정치학, 사회학, 심리학, 법철학 가운데 선택이다. 제3 선택과목은 외국어 가운데 하나 선택으로 영어, 독어, 불어, 일어, 중국어가 대상이었다.
 문재인은 마치 법률 과목을 거의 공부를 안해도 다른 (암기) 과목 잘 쳐서 합격할 수 있다는 듯이 거짓말을 한다. 최대한 법률 과목을 피해 선택했다면 필수 5과목에다가 제1 선택과목에서 형사정책을 골랐을 것이고, 제2선택으로 정치학, 사회학, 심리학 중 하나 선택했을 것이다. 법률 과목이 대다수이다. 그리고 재인이가 문화사(세계사), 경제학 개론, 외국어 점수가 엄청 좋았을 것인가? 그리고 문재인은 다른 과목 공부할 시간 여유 자체가 없었다. 문재인이 시험 준비를 했다고 하더라도 30일을 넘기 어렵다. 왜 초능력을 자랑하지 않고 숨기려 할까?]

이후 합격할 때까지 구체적으로 여러 과목을 어떻게 공부했다는 말은 없고 그저 놀은 이야기만 나온다.

대흥사도 좋았지만 둘러싸고 있는 두륜산도 매우 아름다운 산이었다. 공부에 지치면 산길에서 보이지 않는 계곡으로 가서 벌거벗고 목욕을 했다. 때로는 두륜산 정상에 올라 그 너머로 내려다보이는 '땅끝'을 바라보기도 했다. 두륜산에 올라가서 봐야 '땅끝'임이 실감난다. 한반도의 끝부분이 바다와 맞닿아 있는 모습, 그리고 그 너머의 다도해를 멀리서 바라보면 가슴이 뭉클해지곤 했다.

그곳에서 우리 차 '작설차'를 배웠다. 대흥사 일지암은 『동다송(東茶頌)』으로 우리 차의 맥을 되살려내고, 차를 매개로 다산 정약용과 추사 김정희와 교유했던 초의선사가 계셨던 곳이다. 말하자면 우리 차 문화의 본산이라고 말할 수 있는 곳이다. 내가 대흥사에 머물 때에도 일지암에서 만든 차가 전국 사찰에 공급되고 있었다. 머물던 암자의 주지 스님이 때때로 불러서 차를 같이 마시자고 했다. 작설차를 그때 처음 마셨다. 차를 우려내는 방법도, 차를 마시는 다도(茶道)도 그때 처음 배웠다. 야생 찻잎을 손으로

덖어 만든 수제차였다. 입안의 차향이 어찌나 오래 남는지, 다른 음식을 먹거나 담배를 피우지 않으면 종일 입속에 차향이 남아있었다. 차향이 사라질까 아쉬워 담배를 피울 수 없을 정도였다. 그 후로는 그런 차를 다시 맛보지 못했다. 그래도 그때의 차 맛에 매료돼 지금까지 우리 차를 즐기고 있다.

계곡에 버들치가 많았다. 세숫대야에 비닐을 씌워서 구멍을 뚫고 그 속에 된장을 넣어 계곡물에 담가 두면 목욕하는 사이에 세숫대야 안이 버들치로 바글거렸다.

암자에서 하숙하는 사람들과 함께 그렇게 버들치를 잡아 매운탕을 두어 번 끓여 먹었다. 그런데 나중에 암자로 돌아가면 주지 스님이 "처사님, 오늘 살생(殺生) 꽤나 하셨네요"라고 귀신같이 알아맞혀 놀라곤 했다. 그래도 나를 좋게 봤는지 자신은 마시지 않으면서 절 마당에 있는 매화나무 매실로 술을 담가 내게 슬쩍 주기도 했다.

또 하나 기억에 남는 일은 예비군 훈련이었다. 그때 나는 동원예비군이어서 훈련에 빠지지 않으려고 대흥사로 주민등록을 옮겼다. 그 지역 예비군 중대의 전투소대에 소속됐는데, 훈련을 나가면 대흥사의 젊은 스님들도 여러 명 같은 전투소대에 소속돼 훈련받고 있었다.

신부나 목사들은 지역방위협의회의 일을 돕는 대신 훈련이 사실상 면제됐지만, 스님들은 꼼짝없이 훈련을 받고 있어서 이채로웠다. 게다가 평소 승복 입고 거룩한 모습이던 스님들이 예비군복을 입고 삭발한 머리에 예비군 모자를 쓰고 있는 모습을 보니 절로 웃음이 났다. 전투소대는 다른 예비군 부대와 달리 훈련을 제대로 받았다. 시골이어서 그런지 훈련받는 날이면 지역방위협의회에서 막걸리 두 말씩을 자전거에 실어서 보내 줬다. 훈련을 마치면 두륜산 계곡에 발 담그고 막걸리를 마시는 맛이 일품이었다.

공부하기 좋았던 곳인데, [놀기 좋았던 곳이 아니고?] 몇 달 만에 떠나야 했다. 떠나고 싶어 떠난 게 아니라 암자가 하숙을 그만뒀다. 조계종 종정을 지내신 윤고암 스님이 그때 대흥사 조실로 오면서 대광명전을 선원(禪院)으로 바꾸도록 했다고 들었다.

할 수 없이 그곳을 떠나 여기저기 전전하며 고시 공부를 계속했다. 한 곳에 오래 있으면 익숙해져서 안일해지고 사람들과 어울리게 된다. 긴장을 유지하려고 일부러 몇 달에 한 번씩 장소를 옮기곤 했다. 늘 저렴한 곳을 찾아다녔다.

[초능력자라는 것을 들키지 않으려고 자주 옮긴 것이 아닐까? 한 곳에서 진득하게 공부하는 것이 정석이다.]

1979년 초 사법시험 1차에 합격했다. 다음 해 2차 합격을 목표로 했다.

[각 과목을 어떻게 구체적으로 공부했다는 말은 한 마디도 없다. 공부한 게 없어서?]

그런데 그해 10월 부마항쟁이 발발했다. **군 탱크가 시위대를 깔아뭉갰다는 등 소문이 흉흉했다.** 급기야 10월 26일 박정희 대통령이 시해됐다.

[군 탱크가 시위대를 깔아뭉갰다는 소문은 어디에서 들은 것인가? 이런 소문은 늘 북한이 대남 방송으로 퍼트린다.]

그리고 그때부터 '서울의 봄'이 시작됐다. **그때부터는 마음이 들떠서 공부에 집중하기가 어려웠다.** 그러다가 1980년 1월 무렵부터 학교 측과 복학 논의가 시작됐다. **나는 내 의사와 무관하게 복학생 대표가 됐다.** [다른 누가 시켰나?] 그리고 그해 3월 초 복학하면서 곧바로 '서울의 봄'이 일으키는 정국의 소용돌이 속으로 끌려 들어갔다.

[1979년 10월 26일 이후 공부를 하지 않았다는 말!]

문재인은 이어 '다시 구속되다'란 소제목으로 80년 봄의 반정부 투쟁을 기술하고 슬쩍 사법고시 2차 시험을 쳤다고 말한다. 이미 2차 시험공부는 그만둔 지 오래. 2차 시험공부를 한 적이나 있는지 의심되는 글이다.

다시 구속되다

캠퍼스로 돌아갔다. 18년 군사독재가 끝나면서 시작된 '서울의 봄'과 함께 캠퍼스에도 봄이 찾아왔다. 복학은 당연한 일이었고, 복학 조건을 놓고 학교와 협상했다. 학교 측과 여러 번 만났다.

복학 문제는 모든 대학에서 거의 비슷한 시기에 일괄 타결됐다. 학교별로 자율적으로 결정하는 모양새를 취했지만 내용에 별 차이가 없었다. 그동안 복학이 이뤄지지 않은 1974년 하반기부터 1979년 사이에 제적된 학생 전체가 1980년 봄 신학기에 한꺼번에 복학할 수 있게 됐다.

복학 조건이 파격적이었다. 제적됐던 1975년 1학기 4월 초까지 학교에 다닌 것을 한 학기 이수로 인정해 줬다. 나 같은 4학년의 경우 한 학기만 더 이수하면 졸업이었다. 어떻게 그런 처리가 가능했는지는 모르겠다.

거기다 복학 학기 등록금을 면제해 줬다. 나는 그 덕에 1980년 8월에 졸업했다. 당시 '코스모스 졸업'이라고 부르던 가을학기 졸업이었는데, 졸업식에 참석하지 않아 졸업사진이 남아있지 않다. 그냥 친구·후배들로부터 축하받고 소주 한 잔 하는 것으로 9년 만의 대학 졸업을 자축했을 뿐이다.

경희대는 1980년 신학기가 시작되자 곧바로 족벌재단을 상대로 한 '학원 민주화 투쟁'에 들어갔다. 한양대와 세종대 같은 사학들도 뒤따랐다. 학교는 장기휴강으로 대응했다.

무려 5년 만의 복학이었으나, 그 때문에 학교 강의는 한 과목 100분짜리 강의 하나 듣고 끝이었다. 강의가 없는 동안 매일 교내에서 족벌재단 사퇴와 학원민주화를 요구하는 농성을 했다. 그러다가 4월 하순부터 다른 대학들도 반독재 민주화 요구 시위를 시작함에 따라 경희대도 자연히 그 방향으로 전환했다.

학교 측과 복학 협상을 시작하면서부터 고시 공부를 계속하기 어려웠다. 복학하고는 더더욱 그랬다. 사법시험은 다음을 기약하는 수밖에 없다고 생각했다. 그래도 전년도 1차 합격으로 바로 2차 시험을 칠 자격이 있었다. **그동안 공부했던 것이 아까워, 1980년 4월 학내 시위 와중에 제22회 사법시험 2차 시험을 쳤다. 시험을 앞둔 가장 중요한 시기 두세 달 동안 공부를 못 했기 때문에 큰 기대를 하지 않았다.** 다음 해를 위한 경험 쌓기 정도로 욕심 없이 임했다.

[1980년 4월 22~25일 간 2차 시험이 있었다. 1979년 10·26 이후 마음이 들떠서 공부에 집중하기 어려웠다고 했다.

문재인은 2012년 10월 24일 대선 후보 자격으로 국민대학교를 방문하여 이른바 《대학생들과의 청춘 토크》를 가졌다.

"시험과 스펙 대신 꿈을 말하다"라는 주제였다. 여기서 사법고시 공부에 대해 말했다.

사법시험 공부란 '밑 빠진 독에 물 붓기'라고 빗대었다.

"그 많은 책들을 다 읽는데도 여러 달이 걸리는데 다 읽고 나면 먼저 읽었던 책들은 잊어버리기 때문에 책 한 권도 다 읽으면 앞부분을 잊어 버렸다. 결국은 짧은 기간 동안에 얼마나 빨리 물을 들이부어서 빠져나가는 걸 줄여 가장 수위가 높은 순간에 시험을 보면 합격할 수 있다. 결국 집중력이다. 매일매일 놀지 않고 공부하는 것이 유리한 것이 아니고, 일주일에 하루씩 때때로 술도 한 잔씩 하면서 놀기도 하지만, 공부하는 시간은 아주 집중력 있게 하는 것이 중요하다."]

경희대가 반독재 민주화요구 시위로 전환할 때부터 나는 그 시위에 빠지지 않고 참석했다. 재학생들이 시위 경험이 전혀 없어서 복학생들이 시위 요령을 가르쳐 줘야 했다. 경찰은 처음 며칠간은 정문을 막았다. 서울의 거의 모든 대학이 시위를 시작하고, 광화문 등 시내에서 기습시위가 이어지자 더 이상 정문을 막지 않았다. 청와대와 중앙청, 세종로 등 시내 요지를 집중 방어하는 쪽으로 전환한 것이다. 곧 나머지 지역은 학생들이 시위행진을 해도 아무 제지를 받지 않는 해방구처럼 됐다. 대학생들은 매일 서울역 광장으로 집결했다.

경희대는 매일 학교에서 출정식을 갖고 서울역 광장까지 행진해서 대학생 연합시위에 참석한 후, 다시 학교까지 행진해서 돌아와 해산식을 하곤 했다. 서울역에 집결하는 대학생 수는 갈수록 늘어났다. 마지막 5월 15일엔 거의 20만 명에 달했다. 신군부의 군부 독재 연장 책동에 대한 저항이 최고조에 달한 순간이었다.

그 순간 서울대 총학생회를 비롯한 각 대학 총학생회장단이 학생들의 전면 퇴각을 결정했다. 군 투입의 빌미를 주지 않겠다는 것이었다. 이른바 '서울역 대회군'이다. 참으로 허망한 일이었다.

그 며칠 전부터 군 투입설이 있었다. 믿을 만한 교수들이 내게도 그런 정보를 전하며, 군 투입의 빌미를 주면 안 된다고 말했다. 그러나 어느 대학이라 할 것 없이 복학생 그룹은 대체로 군이 투입되더라도 사즉생(死卽生)의 결의로 맞서 싸워야 한다는 생각이었다. 민주화를 향한 마지막 고비였다. 거기서 주저앉으면 또다시 군부 독재가 연장되는 것이었다. 군이 투입되더라도 국제사회의 눈 때문에 강경 진압에 한계가 있을 것으로 봤다.

【1980년 봄 대한민국의 정세는 다음과 같다.

80년 봄 학원자율화를 요구하는 학내시위로 출발한 대학생시위는 언제 가두로 진출할지 모르는 상황이었다. 4월 중순에 들어서면서 대학은 병영집체훈련 거부를 이슈로 내걸었다.

학내시위로 국한시키며 자제하던 대학생들은 4월 10일부터 산발적으로 거리에 나오기 시작했다.

4월 14일 최규하 대통령은 「최근의 내외정세에 관한 대통령 담화문」을 통해 『내외정세가 어려운 때에 사회일부에서 국민단합을 저해하는 언동을 하는가 하면 학원가에서 군사교육을 거부하는 등 사회질서가 소란해지고 있는 것은 유감』이라고 했다.

"勉學 해치는 學園소란은 유감"
崔大統領 최근 內外정세에 관한 談話발표
"自制와 和合으로 단결, 당면한 試鍊 극복해야"

『작금의 세계정세는 蘇聯의 「아프가니스탄」 침공사태를 비롯, 인질문제 長期化로 인한 美國의 對「이란」斷交와 경제적 制裁조치, 「이란」과 인접한 「이라크」간의 武力충돌 등 격동과 혼미를 거듭하고 있으며 이와 같은 사태의 발전은 우리나라의 안전보장과 경제운영에 대하여도 심대한 영향을 미칠 것으로 예상되고 있어 우리는 매우 어렵고 중대한 국면에 처하여 있습니다.

정부는 이같은 국제정세의 추이가 우리나라에 미칠 영향을 면밀히 분석하여 국제정치·외교 및 경제면에서의 적절한 대응책을 마련하고자 최선을 다하고 있습니다.

그간 계속 군사력을 증강해온 北韓공산집단은 南北예비회담이 진행되고 있는 중에도 무장간첩의 南派등 각종 도발책동을 거듭해오는 한편 우리나라에 대한 비방과 중상 등 모략선전을 격화하고 있습니다.

나는 작년 12월 21일 대통령 就任辭를 비롯하여 기회 있을 때마다 「10·26」 사태 후 우리나라가 국내외적으로 비상시국에 처해있음을 지적하고 국민 모두가 상호이해와 자제로 합심협력하여 사회안정을 유지하면서 내외의 도전과 시련을 극복해나갈 것을 되풀이 강조해온바 있습니다.

그간 국민여러분이 우리나라가 처한 어려움을 인식하여 자제와 근검절약으로 지속적인 국가발전을 위해 협조해온 것을 마음 든든하게 생각하는 바입니다.

그런데 저는 최근 사회일부에서 時局의 중대성을 깊이 생각함이 없이 국민적 단합을 저해하는 言動을 하는가 하면 勉學분위기 조성을 위한 정부의 진지한 노력에도 불구하고 일부 학원에서 대화와 협조가 아닌 배척과 대결로 인한 소란이 계속되어 질서가 문란해지고 있음은 매우 유감된 일이라 아니할 수 없습니다.

학생들이 스승의 인격을 욕되게 하는 등의 지나친 행동은 우리의 道義와 美風良俗에 어긋나는 일이라 하겠으며 더구나 우리의 국가적 현실에 비추어 매우 긴요한 소정의 군사교육훈련을 거부하여서는 안 될 일이라고 생각합니다.

만약 학교운영에 있어 개선을 요하는 사항이 있다면 이는 상호 이해의 바탕위에서 격의 없는 대화를 통하여 順理的으로 해결하도록 해야할 것입니다.

정부는 앞으로도 勉學풍토의 정착을 위한 노력을 계속할 것인바 학교당국에서도 학원정상화를 위해 성의 있는 노력을 계속 경주해야 할 것이며 학생들은 학원도 우리사회의 일부임을 명심하여 法과 秩序를 지키는 가운데 시간을 아껴 학업에 정진하여야할 것입니다.

이미 천명한대로 정부는 국가의 안전보장을 공고히 하고 사회안정과 공공질서의 유지, 그리고 국민생활의 안정과 경제성장을 기해나가면서 질서정연하고 착실한 정치발전을 위한 노력을 지속하고 있습니다.

그 어느 때 보다도 공공질서의 유지와 사회안정이 절실히 요청되는 이때 우리 국민 모두가 대국적 견지에서 自制와 和合으로 大同團結하여 당면한 국가적 시련을 극복해 나갈 것을 다시 한번 간곡히 당부하는 바입니다.』 　『중앙일보』1980년 4월 14일자)

이날 최규하 대통령은 전두환 보안사령관을 중앙정보부장 서리(署理)로 임명해 보안 사령관직과 겸임하게 하였다.

현역 군인은 중앙정보부장에 취임할 수 없다는 규정 때문에 전두환은 '서리(署理)'라는 꼬리를 달고 중앙정보부장이 되었다. 전두환은 중앙정보부장을 겸직함으로서 공직 서열상 부총리급으로 격상되어 국방부장관보다 서열이 올라갔다.

4월 16일 김대중은 집권을 대비한 자체 조직으로 '한국 민주제도연구소'를 발족하였다.

한국 민주제도연구소는 기존의 김대중의 방계조직인 한국 정치문화연구소 · 민주헌정동지회 · 민주연합청년동지회 등을 통합하여 인맥을 보강하되 정책개발에 치중하여 집권전략 지휘본부 역할을 담당할 조직이었다. 신민당의 김대중 계 의원들도 마포 신민당사 근처의 가든 호텔에서 거의 매일 모임을 가졌다.

김대중은 동시에 국민연합을 주축으로 한 재야의 유력인사들과 접촉을 강화하면서 신당 창당을 모색했다. 김대중은 국민연합의 규약을 개정, 종전의 3인 공동 의장단(윤보선, 함석헌, 김대중) 중심으로 운영하던 것을 중앙상임위원회 중심제로 바꾸고 중앙상임위원회 위원장에 문익환 목사, 부위원장에 시인 고은과 함세웅 신부를 선임하도록 했다.

 신민당과 결별한 김대중의 다음 전략은 김영삼 총재와 신민당에 대한 공공연한 비난이었으며, 5월에 들어 가시화되었다.
 김대중이 이 시점에서 강행한 위험한 모험은 대학을 강연 장소로 택한 점이었다. 김대중은 학생들의 자제를 당부한다는 단서를 달기는 했지만, 대학에서 대규모 군중집회를 가짐으로서 계엄령으로 유지되던 불안한 정국의 뇌관을 건드렸다. 이것은 전두환을 리더로 하는 신군부에게는 좋은 명분을 주었다.

 민주 민권세력의 구심점은 유신 7년 동안 온갖 박해를 받고도 굴하지 않고 싸워온 재야인사들로, 한국신학대학이나, 서울대학이나, 고려대학이나, 여러 대학에서 싸운 이러한 동지들이라고 나는 이 자리에서 단언할 수 있습니다.
(1980년 4월 16일 한신대에서 「하나가 되자-도덕정치의 구현」이라는 제목으로 연설)

國會 빨리 열어 當面문제 解決을
어떠한 民主逆行도 분쇄
金大中씨 연설

 金大中씨는 16일 中央情報部長서리 임명 등 일련의 사태발전을 보이고 있는 政局推移와 관련, 『昨今의 상황은 매우 미묘하며 민주발전 전망은 더욱 불투명하므로 우리는 주권자로서의 경각

심과 책임감을 견지하여 어떠한 민주逆行의 企圖도 이를 분쇄해야 한다』고 말했다.

金씨는 이날 상오 서울 水踰里에 있는 韓國神學大學에서 『하나가 되자-道德정치의 구현』이란 제목으로 연설하면서 이같이 말하고 『그러나 우리는 혼란이 조성됨으로써 安保를 위태롭게 하고 민주주의를 원치 않는 자들에게 구실을 주지 않기 위해 최대로 자제하고 질서를 지켜야하며 學園의 부조리는 반드시 시정해야 하나 그 방법은 평화적인 대화를 통해 이루어져야한다』고 말했다.

그는 ▲계엄령의 해제를 결의하고 ▲二元政府制헌법과 中選擧區制 등 국민여망에 배치된 정부계획을 추궁하고 ▲物價苦·저임금·失業·농축산업의 파멸 등에 대한 정부조치의 추구 등을 위해 즉각 國會를 소집해야한다고 주장했다.

新民黨입당 포기선언후 국민과의 직접대화방법으로 강연행사에 나서고 있는 金씨는 『민주세력의 구심점은 在野민주·민족세력이므로 앞으로 수립될 민주정부는 그들이 主體勢力이 돼야한다』고 말해 그의 장래 정치進路를 시사했다.

(『중앙일보』 1980년 4월 16일자)

어떤 사람이 나를 보고 과격하다고 하는 게 신문에 났습니다. 그렇습니다.

나는 과격합니다. **악에 대해서 나는 과격합니다. 국민을 괴롭힌 자에 대해서 과격합니다. 자유를 짓밟고 정의를 유린한 자에 대해서 과격합니다. 이 나라를 반통일로 끌고 가는 자에 대해서 철저히 과격합니다.** 그러나 선을 행하고, 국민을 위하고, 자유와 정의와 통일의 길로 가는 사람에게 나는 그 앞에서는 양보다 순하고 온순하다는 것을 나는 여러분께 말씀드립니다.

(80년 4월 18일 동국대에서「4·19 혁명과 민족통일」이라는 제목으로 연설)

"學園사태 惡用말라"
金大中씨 過渡政府 빨리 終熄돼야
東國大學서 演說

金大中씨는 18일 최근 학원사태 등에 언급,『어떤 다른 의도를 가지고 학원문제를 악용해서는 안 될 것』이라고 말하고『不安定한 과도정부는 하루 빨리 종식돼야 할 것』이라고 주장했다.

金씨는 이날 오후 東國大 학생회가 4·19 기념행사의 일환으로 동교 강당에서 주최한 강연회에 참석『민주주의 없이는 自由 正義 統一이 없으므로 국민의 힘으로 목전의 장애를 뚫고 민주회복을 성취하자』고 말하고『혼란을 일으켜 안보를 위태롭게 하고 민주주의를 원치 않는 자에게 구실을 주는 일이 있어서는 안 될 것』이라고 강조했다.

金씨는 지난 16일 韓國神學大연설에서와 마찬가지로 이날 연설에서도『在野勢力이야말로 민주세력의 구심점이며 이를 부인한다면 그것은 역사 사실을 왜곡하는 것』이라고 거듭 강조해 新民黨이 民主勢力의 求心點이라고 주장하고 있는 金泳三 신민당 총재와 다른 견해를 보였다.

金씨는『4·19정신은 억압과 不義와 싸워온 우리 민족의 저항

정신의 발로였으며 질서와 관용의 정신이었고 또 自由 正義 統一의 실현을 갈망하는 국민의지를 대표하는 것』이라고 평가했다.

金씨는 『요즈음 학원사태는 최소한의 진통이며 혼란으로 보지 않으나 어디까지나 평화적인 대화로 문제를 해결해야할 것』이라고 말하고 『平和시장의 경우 분규해결을 위해 노동자 뿐 아니라 어려운 여건속의 영세기업인들이 성의 있는 노력을 한데 대해 감사한다』고 밝혔다.

그는 『南北대화를 열어놓고 게릴라를 계속 南派하는 공산당의 만행을 규탄해야한다』고 말했다.

金씨는 자신의 新民黨입당포기선언과 관련, 『신민당은 겸허한 자세로 在野와 하나가 되려는 노력을 보이지 않았으며 이것이 汎野單一化가 실패한 근본원인』이라고 말했다.

金씨는 『어떤 일이 있어도 정치보복은 나의 대로서 끝이 나야하며 어떠한 소급立法도 반대한다』면서 『공무원은 새정부가 들어선 뒤에도 長次官을 제외하고는 전원 그대로 신분보장이 돼야하며 양심적인 기업이나 반성한 기업인은 모두 새로운 民主정부의 경제발전에 참여, 국민을 위한 기업인으로 새로이 출발해야할 것』이라고 말했다.　　　　　- (『동아일보』 1980년 4월 19일자)

이런 보도도 있었다.

사무실 解約에 法的 투쟁

金大中씨는 25일 저녁 「코리아나·호텔」에서 열린 寬勳「클럽」초청으로 열리는 연설과 토론을 위한 원고를 작성하느라 23日엔

自宅에 들어오지 않고 「호텔」에서 숙박.

　金씨는 東國大 연설이 演題밖의 정치발언이라는 일부 학생들의 항의를 받고 측근을 보내 해명을 하면서 청중들에 의해 입은 학교기물과 나무 등의 피해를 보상키로 했다.

　한편 중도금까지 지불한 사무실계약이 건물주인 南光土建에 의해 뚜렷한 이유없이 해약통고 된 데 대해 김씨 측은 李宅敦의원을 통해 법정투쟁까지 하기로 했다.

(『중앙일보』 1980년 4월 24일자)

　4월 21일 발생한 강원도 정선군 사북읍 탄광사태는 민주화보다는 안정이라는 명분을 제공해 주었다.

　사북 탄광 광원 3천5백 명이 봉기(蜂起)하여 이 지역을 4일간 장악했다. 이 와중에 진압 경찰관 1명이 사망하고, 광부와 경찰관을 합쳐 70여 명이 다쳤다. 정부는 11공수여단을 투입하여 공권력을 회복시키려 하였으나 4일 만에 사태가 수습되어 실제로 투입하지는 않았다. 곧이어 전국 곳곳에서 노동자들의 시위가 일어났다.

　4월 25일 김대중은 관훈 클럽 초청연설에서 「80년대의 좌표」라는 제목으로 연설했다.

　10·26 사태는 결코 우발적인 사고가 아닙니다. 10·26 사태는 민중이 주체였던 동학농민혁명, 민족이 주체였던 3·1독립운동, 민주학생이 주최였던 4·19 혁명을 총괄적으로 계승한 민중·민족민주의 국민적 의지의 집약적 표현이라 하겠습니다. 이것은 분명히 자유·정의·통일을 거부해 온 반민중·반

민족반민주 세력에 대한 국민적 투쟁의 결과였습니다.

4월 25일 노동청은 1980년에 들어서 노사분규가 1979년의 7배인 719건 발생했다고 발표했다.

[이날 카터 미국 대통령은 이란에 억류된 미국 대사관원을 구출하려는 미국의 특공 작전이 실패했다고 발표하였다. 실패의 책임을 지고 밴스 국무장관이 사임하고 머스키(Edmund Muskie) 상원의원이 후임이 되었다. 이로써 카터 대통령의 재선 승리 가능성은 더욱 낮아졌다. 카터 행정부는 한국에 비상한 관심을 갖고 있었으나 이후 한국 정치에 대한 영향력이 매우 약화되었다.]

4월 26일 신현확 국무총리는 자신과 최규하 대통령의 1981년 대통령 선거출마 가능성을 부인하였다.

4월 28일 김녹영(金祿永) 통일당 총재 권한대행은 통일당의 진로와 당면 목표를 밝히는 기자회견에서 민주회복을 할 때까지 모든 재야인사 및 정당 사회단체의 연합전선 구성을 제안하였다.

4월 29일 김대중은 충남 예산의 윤봉길 의사 의거 48주 강연에서 「國民聯合」이 民主化촉진 全國民운동의 구심점이 되었으면 좋겠다고 말했다.

"過政 길면 安定해친다" 金新民총재
"民主化 國民운동 추진" 金大中씨

[儒城=韓南圭 기자] 金永三 신민당총재는 29일 『누적된 모순의

결과로 나타나고 있는 政治안정문제와 경제·사회적 문제들은 過渡정부로서는 감당해 갈 수 없으므로 過渡기간이 길면 국민의 고통이 연장되고 새 政府의 과제가 어려워진다』고 말하고『과도정부는 새정부 수립을 앞당기기 위한 政治日程을 지체없이 구체적으로 제시하라』고 요구했다.

金총재는 忠武公·尹奉吉의사·고 柳珍山씨 등의 祠堂과 묘소를 참배한 후 儒城숙소에서 가진 기자회견을 통해『이미 否定당한 세력이 二元執政府制나 中選擧區制로 정치적 명맥을 유지할 수 있으리라고 생각한다면 시대착오적 망상』이라고 비판했다.

그는 또『공화당은 더 이상 머뭇거리지 말고 5월초에 국회가 개회되도록 협조해 줄 것을 촉구한다』고 말했다.

金총재는 최근 金大中씨가 신민당의 時局觀을 비판하고 在野新黨의 창당가능성을 시사한데 대해『그의 발언에 대해 거론할 필요를 느끼지 않는다』고 했다.

[德山=文晶克 기자] 金大中씨는 29일『政局이 불투명하고 民主化에 역행되는 방향으로 전개되고 있는 것과 관련해 앞으로 민주화추진 全國民운동을 추진하겠다』고 밝히고「국민연합」을 중심으로 중앙과 각 地方에 조직을 결성하며 서명운동 및 집회·강연 등을 통해 국민의 輿論과 힘을 집결시켜 나아가겠다고 말했다. 金씨는 禮山郡 德山에서 거행된 梅軒 尹奉吉의사 義擧 45주년 기념식 참석에 앞서 기자들과 만나 민주화 추진운동의 당명목표가 ▲二元執政府制와 中選擧區制 등을 통해 維新잔존세력이 계속 執權을 획책하고 있는 것 등 민주화에 逆行하는 일체의 기도를 분쇄하고 ▲戒嚴令 해제, 罪名이 어떻든 모든 정치범의 석방·復

權·복직 및 언론자유보장과 ▲ 과도정부의 엄정中立과 명확한 憲政「스케줄」을 밝히도록 촉구하는 것이라고 말했다.

- (『중앙일보』 1980년 4월 29일자)

이 당시 계엄당국은 김대중의 활동에 대해 계엄 포고령 위반으로 단속하려 했으나 법을 적용하기에 애매한 면이 있어 포기했다.

5월 1일 서울대 총학생회는 다음날부터 유신잔당 퇴진, 계엄해제, 정부주도개헌 중단, 노동 3권 보장 등을 요구하는 정치투쟁을 본격적으로 전개하기로 결정했다.

이 무렵 신민당에서는 기묘한 일이 벌어지고 있었다. 김대중 계보의원들이 당의 공식행사를 기피하고 신민당 입당 포기를 선언한 김대중의 여러 가지 행사 나들이에 계속 따라갔다. 이에 김영삼 총재를 중심으로 한 주류는 징계를 하려 했다.

5월 1일 신민당 당기 위원회는 박영록 부총재, 노승환(盧承煥) 훈련원장, 정대철 정책심의위 부위원장, 김영배(金令培) 부총무 등 4명의 '김대중 수행의원'을 해당행위자로 고발했다. 또한 13명에게 경고서한을 보냈다. 예춘호 천명기(千命基), 이용희, 고재청(高在淸), 이필선(李必善), 최성석(崔成石), 조세형(趙世衡), 김원기(金元基), 이진연(李震淵), 박병효(朴炳涍), 허경만(許京萬), 김승목(金承穆) 의원과 조연하(趙淵夏) 정무위원이었다. 경고 내용은 '공개사과를 하지 않을 경우 당에서 추방'이었다.

이들은 즉각 반발하여 5월 2일 국회에서 별도의 대책회의를 열었다. 이들은 "당권파가 징계문제를 강행할 경우 별도의 교섭단체를 구성하겠다"고 말했다. 즉 징계하면 탈당하겠다는 뜻을 밝힌 것이다.

5월 2일 윤보선 전 대통령은 4월 29일의 김대중 발언을 비판했다.

「國民聯合」은 政治활동 할수없다
尹潽善씨, 金大中씨를 비난

「民主主義와 民族統一을 위한 國民聯合」 공동의장의 한사람인 尹潽善 전 대통령은 2일 『金大中씨가 지난 29일 「國民聯合」이 民主化촉진 全國民운동의 구심점이 되었으면 좋겠다고 한 의사를 표명했으나 찬성하지 않는다』고 말했다.

尹씨는 『金大中씨가 대통령에 입후보하려는 것은 三尺童子도 다 아는 사실인데 그가 民主化운동을 한다고 돌아다니는 것을 누가 국민운동이라고 보겠느냐』고 비난하고 『國民聯合은 순수한 국민운동이지 政治活動을 할 수는 없으며 과거에도 國民聯合에 참석했던 정치인은 政黨을 탈당했었다』고 말했다.

尹씨는 이어 民主化촉진운동이 시기에도 적절치 못하다고 말하고 『운동이 지나치게 되면 계엄연장의 구실이 될 것』이라고 주장했다.

- (『서울신문』 1980년 5월 3일자)

5월 3일 국민연합은 학원사태의 해결을 위해 계엄령을 조속히 해제하고 개헌과 총선실시를 촉구했다.

學園사태 解決위해 民主化日程 밝혀야
國民聯合 주장

「民主主義와 民族統一을 위한 國民聯合」(共同議長 尹潽善 金大中 咸錫憲)은 3일 상오 성명을 발표,『최근의 學園사태는 舊體制를 청산하기 위한 불가피한 현상이며 維新殘滓세력의 집권음모를 분쇄하기 위한 학생들의 정당한 抗拒』라 주장하고『학원사태의 근본적 해결을 위해 過渡정부는 비상계엄령을 즉각 해제하고 改憲과 總選이 조속히 실시되도록 民主化日程을 분명히 밝혀야한다』고 주장했다.

이 성명은 또 이밖의 해결책으로 ▲정부주도의 二元執政制나 中選擧區制改憲구상을 포기하고 ▲政治犯의 석방 復權 ▲言論의 자유가 보장되고 부당한 검열과 보도관제는 철폐되어야하고 ▲학생군사훈련과 병영집체훈련은 철폐되어야 한다고 아울러 주장했다.

- 『서울신문』 1980년 5월 3일자

이날 신현확 총리는 국회 헌법개정 특별위원회에 출석하여, 이원집정부제는 제의도 없으며 늦어도 1980년 안에 개헌작업을 마무리할 방침이며 이러한 약속은 지켜질 것이라고 언명하였다.

5월 4일 동력자원부는 석유 가격을 41.92%, 석탄 가격을 35.29% 인상한다고 발표했다.

5월 6일 김대중 계 신민당 의원 25명은 동교동 김대중 집에 모여 이른바 '시국에 관한 신민당의원 간담회' 결성을 발표했다. 이는 본격적으로 김대중 신당을 창당하려는 움직임이었다.

사실상의 野圈 兩分
新民議員 24명의 時局간담회 結成의 波長
金大中씨, 院內優位 확보면 入黨꾀할듯
黨權派선 "新民黨 포위작전"이라 경계

新民黨원내 金大中씨 세력이 會議體로나마 결국 명칭・소집책을 갖추어 黨의 二元化가 현실화한 느낌이다.

金씨측은 6일「時局에 관한 신민당의원 간담회」를 결성하면서『시국협의를 위한 당내「서클」로 성격을 규정하고 新黨이나 별도 교섭단체와는 무관하다고 주장했다.

그러나 非黨權派의원들의 金씨 행사참석 수행에 대해 징계문제까지 거론하고 있는 金永三총재측으로서는 간담회를「組織化」로 간주하고 있어 兩派간의 聲討戰은 組織戰으로 擴戰되고 있다.

지난달 28일 德山회견을 통해「민주화를 위한 全國民운동」을 천명하면서 신민당의 참여를 督勵했던 金씨로서는 自派의원「시국 간담회」를 결성시킴으로써 일단 德山선언을 구체화한 셈이다.

신민당訣別선언후 汎國民운동의 길을 택하겠다고 밝힌 金씨로서는 學園이 이미 오래전부터 時局문제로 진통하고 있을 뿐 아니라 개헌작업 등 몇 가지 시국의 變數를 둘러싼 잡음이 예상되고 있어 더 이상 시국관찰만으로 시간을 보낼 수 없는 입장이다.

이와 관련해 李宅敦의원은『학생들에게 불행이 닥치기 전에 우리가 문제를 맡아 院內투쟁 등을 벌이겠다는 것』이라고 했다.

그러나 金씨에게는『危機感이 도는 時局의 적극적 대처』이외에도 간담회구성이 불가피한 몇 가지 당면한 다른 속사정들이 있었던 것 같다.

예를 들어 金씨 수행원들에게 黨權派가 懲戒위협을 가하는데 대해 의기소침해질 수도 있는 비당권파의 士氣를 높이고 金총재측에 대해서도「實力대항」의 의지를 나타내기 위해「간담회」로 이를 과시한 것이 아니냐는 해석도 있다.

6일 東橋洞의 24人 회의에서도 韓建洙의원 등은 이같은 非黨權派의 분위기를 발전시켜『필요하다면 分黨이라도 해야한다』고 말했다가 金씨로부터『이 자리를 마련한 것은 내 時局觀과 여러분의 의견을 교환하자는 것』이라고 제지를 당했다는 것.

이밖에 金씨측은 이번 행동으로 金총재의 시국관과 지도노선에 대한 비판과 이에 따른 상대적인 鮮明性의 과시를 크게 의식하고 있는 것 같다.

李龍熙의원은『학원소요와 勞使문제에도 불구하고 金총재측이 民主化에 지장이 없다고 낙관하는데 대해 정신차리라는 경고적 의미가 있다』고 스스로의 움직임을 설명한다.

이러한 복합적 효과를 겨냥해서인지 金씨측은 6일 모임의 참석자 숫자에 크게 신경을 쓴 것으로 보인다.

金씨가 직접 전화를 걸어 간곡하게 초청하는가 하면 주변에서는 반대파의 참석저지를 막기 위해 當日아침까지 모임자체를 참석자이외에게는 철저하게 對外秘에 붙였다.

실제로 24명이란 숫자는 지금까지 있었던 金씨 세력의 규합으로는 가장 큰 것이다. 이중 朴永祿, 宋元英, 韓建洙, 芮春浩, 盧承煥, 李宅敦, 千命基, 李龍熙, 高在淸, 李必善, 崔成石, 鄭大哲,

趙世衡, 金元基, 金令培의원은 당초부터 참모·측근으로 행동해온 사람들. 金胤德, 李震淵, 林鍾基, 朴炳浡의원도 출신지역 관계 등으로 보조를 같이해왔다. 특히 中道를 자처해온 韓英洙, 金濟萬의원이 『아침이나 먹으며 시국얘기를 나누자는 얘기를 듣고 갔더니 그런 모임이더라』는 말을 했듯이 東橋洞사람들 회의에 처음 참석했고, 金총재가 梁海焌 전의원의 반대를 무릅쓰고 지구당위원장을 배려한 孫周恒의원이 참석해 주목을 끌었다.

참석이 예상되어 회의를 통고해준 사람으로 鄭海永, 金俊爕, 吳世應, 嚴永達, 金承穆의원 등 5명이 또 있다는 것.

金씨측 한 의원은 이들 말고도 4~5명이 더 확보케 되어있어 굳이 同調의원을 따지자면 35명선에 이른다고 주장했다(新民의석 66명). 그러나 회의 후 韓英洙의원은 『新民黨을 떠나서 김씨를 지지할 생각은 없다』며 『다음 회의참석은 확실치 않다』고 했고, 金濟萬의원은 『黨外「서클」엔 참여치 않겠다』고 밝혔다. 金守漢의원은 『新黨하면 그 숫자가 된다고도 장담할 수 없으니 모임 규모를 놓고 숫자풀이를 할 것도 없고 신경질적으로 반응을 보이는 것도 도움이 안 된다』고 했다.

그래도 國民聯合을 비롯해 憲政同志會·韓國政治文化硏究所 등 관여단체나 외곽단체를 확보해놓은 金씨는 이번 간담회로 院內조직도 겸비한 셈이다.

黨權派의 鄭在原 임시대변인 같은 이는 이러한 金씨의 조직을 가리켜 『統一黨까지 엮어 新民黨에 대해 포위작전을 펴고 있다』고 경계했다.

金씨측은 단기적으로 金총재쪽 당집행부에 대해 籠城·時局선언 등을 통한 국회소집貫徹을 요구, 黨內정치主導를 계획하는데 반해 金총재측은 「간담회」 결성에 대해선 주시하면서 노선비판의 봉쇄를 위해 총재회견·상대방 전략 폭로 등을 구상중이어서 時局對處를 내세운 攻防戰은 격화될 것이다.

장기적으로 金씨측은 金총재측에 대한 적극적 공세와 동조의원 확보노력을 계속해 院內優位를 확보한다면 新民黨에 入城할 것이며 그렇지 못하면 新黨 또는 在野의 길을 가게 될 공산이 비교적 크다.

그러나 어느 경우가 되건 兩金씨가 스스로의 名分과 術策만을 고집할 때 지도자로서의 狹量만 노출되고 야당에 대한 돌이키기 어려운 상처를 남길 것으로 우려된다. 〈韓南圭 기자〉

- (『중앙일보』 1980년 5월 7일자)

5월 7일 최규하 대통령은 현 시국이 불투명하다는 것은 근거 없는 억측이라고 말하고 정부는 이미 밝힌 데로 착실한 민주발전을 계획대로 진전시켜 나가고 있으며 앞으로도 이 같은 방침에는 아무런 변동이 없을 것이라고 밝혔다.

또한 국회 개헌특위 제19차 전체회의가 열렸다. 회의에서 대통령중심제를 골격으로 하는 조정안을 보고 받고 권력구조 부문에 대한 마무리 작업을 벌여 15일까지 단일안을 만들기로 합의하였다.

이날 국민연합은 『갈수록 노골화 되어가는 유신잔당의 독재 연장 책동을 그대로 내버려 두고 어떻게 민주화가 가능한가. 단호한 민중의 결단으로 이들을 철저히 분쇄하지 않으면 안 된다. 민족사의 결전장은 우리들 한 사람 한 사람의 단호한 시민적 행동을 통한 합류를 절실히 요구하고 있다」는 요지의 「제1차 민주화 촉진 선언문」을 발표했다(이 선언문은 나중에 김대중 내란음모 사건 재판에서 계엄사령부에 의해 증거물로 제출되었다).

다음은 그 전문이다.

위대한 민중의 시대 민주주의와 민족통일의 새 시대가 바로 우리의 눈앞에서 열리려 하고 있다. 4월 혁명 이래 지난 20년간 바로 이 시대를 탄생시키기 위하여 피와 땀과 눈물 그리고 생명까지도 바치는 온갖 고난과 희생을 무릅쓰며 불요불굴의 민주민권투쟁을 전개해 온 각계각층의 민주애국시민들을 향하여 호소하는 바이다. 무엇이 민주주의와 민권의 확고한 승리를 가져올 것인가?

낙관 속에서 수수방관하며 앉아서 기다리는 것인가? 아니다! 갈수록 노골화되어 가는 유신잔당의 독재연장 책동을 그대로 내버려 둔 채 어떻게 민주화가 가능하단 말인가? 비관 속에서 체념하고 공포에 떨며 움츠러드는 것인가? 아니다! 국민의 함성 속에서 독재자가 타도되었고 유신체제가 결정적인 파멸의 길로 들어선 오늘, 더 이상 두려워해야 할 무엇이 남아 있단 말인가? 눈앞에 다가온 민주주의의 승리를 확고하게 쟁취하기 위하여 우리는 일체의 안이하고 낙관적 환상과 일체의 비겁한 비관적 체념을 동시에 내던져 버리고 단호한 민중적 결단으로 민주화에 역행하려는 반민주세력의 책동을 대담하고 철저하게 분쇄하지 않으면 안 된다.

유신잔당의 노골적인 독재연장 책동과 더불어 작금에 폭발적인 기세로 고양되어 가고 있는 근로자들, 청년 학생들의 장엄한 민주, 민권 투쟁은 민주주의와 민족통일의 새 시대를 탄생시키는 최후의 진통이 이미 시작되었다는 사실에 대해 우리에게 똑똑히 보여주고 있다. 억압 대신에 자유를, 수탈 대신에 정의를, 특권 대신에 민권을, 비인간적 노예화 대신에 인간적 존엄을, 분단 대신에 통일을 쟁취하기 위한 이 숨가쁜 민족사의 결전장은 우리들 한 사람 한 사람의 단호한 시민적 행동을 통한 합류를 절실히 요청하고 있다.

이 엄숙한 시점에 서서 우리는 다음과 같이 선언한다.

1. 아무런 합법적 근거도 없이, 아무런 정당한 명분도 없이 이유도 없이, 오로지 유신잔당들을 비호하고 언론자유를 억압하고 민주정치 발전의 일정을 방해하기 위하여 존재 할뿐인 불법불의한 비상계엄령은 즉각 해제되어야 한다.
2. 과도정부의 책임있는 자리에 있으면서 이른바 중립을 표방하고 민주정치발전의 산파역을 하는 자처하는 입장에서 유신체제를 미화, 찬양하고 유신정권에 의한 개헌주도를 공언하는 등 국민을 경시, 우롱하는 방약무인한 언동을 일삼음으로써 전국민적 분노를 촉발하고 있는 신현확 총리는 즉각 물러나야 한다.
3. 김재규씨의 재판에 대한 사법권 독립을 침해하고 중앙정보부장직을 불법으로 겸직하여 노골적인 정치개입을 일삼음으로써 신성한 국군 전체의 명예와 긍지를 실추시키는 전두환 보안사령관은 모든 공직에서 물러나야 한다.
4. 유신체제에 반대하여 구속된 모든 정치범, 양심범은 즉각 석방되어야 하며 완전복권되어야 한다. 동일방직 해고 근로

자들, 동아투위, 조선투위의 해고언론인들을 비롯, 유신체제의 박해로 일터에서 추방되었던 모든 민주시민들은 즉각 전원복직되어야 한다.
5. 왜곡보도와 반민주적 논설로써 민중들의 민주화 열망을 배반하고 유신잔당의 독재연장 음모에 협력하고 있는 일부 언론, 방송, 기업들은 역사와 민중의 준엄한 심판을 각오하여야 하며, 만약 그것을 면하려면 지금 이 순간부터 태도를 확실히 전향하지 않으면 안 된다. 모든 양심적 언론인들은 이 막중한 역사적 순간의 준엄한 의미를 깊이 인식하고 바로 이 순간부터 결연히 일어나 과감히, 자유언론 투쟁을 전개함으로써 민중과 역사의 편에 확고하게 서기를 촉구한다.
6. 유신체제의 사생아이며 국민주권 찬탈의 상징인 유정회와 통일주체국민회의는 자진 해산되어야 한다.
7. 국민이 주체가 되어 민주헌법이 제정되어야 함에도 불구하고 국민의 의사를 무시한 채 유신잔당에 의한 또 한 차례의 국민주권 찬탈음모를 획책하고 있는 이른바 정부개헌심의 위원회는 해산되어야 하며 명백한 국민적 합의를 외면하고 이원집정부제, 중선거구제를 민의로 위장선전하기 위해 획책되고 있는 정부 개헌공청회는 포기되어야 하며 그 누구도 이에 들러리가 되어서는 아니 된다.

각 정당, 사회단체는 더 이상 안이한 환상에 사로잡혀 현 시국을 수수방관하지 말고 민주주의를 위한 전국민적 투쟁에 결연히 합류하기를 촉구한다. 우리는 각계각층의 민주애국시민들과 함께 모든 민주역량을 총집결하여 유신잔당의 음모를 분쇄하는 민주화운동을 과감히 전개할 것을 엄숙히 선언한다.

1980년 5월 7일
민주주의와 민족통일을 위한 국민연합

이날 연세대, 이화여대, 동국대, 한신대, 숭전대, 외국어대 학생들이 교문을 나서 계엄철폐, 민주화일정 촉진, 언론자유보장 등을 요구하며 거리에서 시위를 벌였다.

5월 8일 김옥길 문교부장관은 대학생들의 가두시위와 관련하여 자제와 양보를 강조하는 공한을 전국의 대학총장과 학장에게 발송하였다.

이날 강원도에 있는 특전사의 11공수여단이 서울의 강동구 거여동으로 이동하여 시위진압훈련을 하면서 출동 대기 태세에 들어갔다.

이날 서울대 교내에서 기이한 모의재판이 진행되었다. **법대 2학년생인 윤석열이 판사로 신현확 국무총리에게 사형, 전두환 보안사령관에게 무기징역을 선고했다.** 대중이가 좋아할 일!

5월 9일 김영삼 신민당 총재는 기자회견을 가졌다. 그는 계엄령 해제·임시국회 즉각 소집·정부의 개헌 작업 중지를 요구했다.

이날 연세대, 국민대, 숙명여대, 경희대, 동국대, 홍익대, 인하대, 외국어대 등의 대학생들이 시국에 대한 성토대회를 열어 계엄철폐, 민주화 일정 단축 등을 요구하며 교내 및 가두시위를 계속하였다.

5월 10일 최규하 대통령은 석유를 얻기 위해 중동(中東)으로 떠

났다(군에서는 유병현 합참의장이 수행했다). **이날 공화당과 신민당은 총무회담을 갖고 계엄령 해제요구를 하기로 합의했다.**

이날 오후 김대중은 동학 기념제에 참석하러 전북 정읍에 도착하였다. 수많은 인파가 몰려 김대중을 환영하였다. 각 정당, 사회단체, 김대중 사조직 등이 만든 플래카드가 형형색색으로 걸렸다. 이중에는 '민족의 태양 김대중, 정읍에 오시다', '다음 대통령은 김대중, 호남 만세', '전라도의 희망 김대중! 김대중 만세'라고 쓴 플래카드도 있었다.

5월 11일 김대중은 오전 9시부터 정읍시장 입구에서 동학 기념제 행사장까지 무개차를 타고 시가행진을 벌였다. 이날 김대중을 수행한 인사들은 유신 옹호에 앞장섰던 자들이 대부분이었다.

김대중은 오전 10시부터 1시간 30여 분간 정치연설을 하였다.

행사가 끝난 후 김대중 일행은 5시 열차 편으로 상경하러 정읍 역장실로 갔다. 통일당 정읍 지구당 당원들은 유인물을 배포하며 마이크로 김대중 일행과 그 주위에 몰려있는 청중들에게 "유신 동반자 자폭하고 유신 지지자 자숙하라", "김대중은 유신 옹호론자를 앞세우고 다니지 말라"고 외쳤다.

이날 신현확 국무총리는 전국 대학 학장들과의 오찬에서 사회가 안정되면 즉각 계엄을 해제할 것이라고 언명하였다.

5월 12일 공화당과 신민당이 5월 20일 임시국회를 소집하기로 합의했다. 국회가 열리면 계엄해제는 당연한 수순이었다. 한편 철야농성 중이던 대학 캠퍼스는 모두 농성을 풀고 귀가했다.

이날 비상국무회의에서 중앙정보부 담당 국장은『일본 방위청으로부터 북괴 특수 8군단이 자취를 감추었다는 연락을 받았다』

는 보고를 했다.

5월 12일 오후 5시 김대중은 북악 파크호텔에서 국민연합 주요 관계자들을 소집해서 시국전반에 관해 논의했다.

5월 13일 오전 김대중은 기자회견에서 '민주화 촉진국민운동'을 발족시킬 것이라고 말했다.

"「民主化國民運動」 결성 추진"
金大中씨 밝혀 新民入黨문제 논의할 때 아니다

金大中씨는 13일 상오 『北韓共産주의자들이 우리의 과도기를 이용하여 南韓에 대해 무력에 의한 野慾성취의 음모가 절대 없기를 엄중히 요구·경고한다』고 말했다. 金씨는 이날 東橋洞 자택에서 기자들과 만나 이같이 말하고 金永三 신민당총재가 최근 기자회견에서 밝힌 兩金씨 면담 및 金씨 入黨권유문제에 대해 『지금은 대통령후보문제나 入黨문제를 논의할 때가 아니라 민주화 촉진에 전념할 때』라고 말하고 『오히려 신민당 지도부가 시국을 옳게 인식하여 民主化촉진국민운동의 대열에 참여할 것을 제의한다』고 말했다.

얼마전 德山발언을 통해 민주화국민운동을 벌이겠다고 다짐했던 金씨는 『민주화促進국민운동』을 멀지 않아 발족시킬 생각』이라고 말했다.

『정부와 정치인들이 時局문제를 해결하지 못한데 대해 共和黨·新民黨·본인 모두가 책임을 느껴야 한다』고 말한 金씨는 『국민·학생·근로자들은 질서와 사회안정을 유지하여 北傀에

誤判자료를 주지 않도록 해야 한다』고 말했다.

個人利害에만 집착
新民서는 批判

　新民黨의 鄭在原 임시대변인은 13일 金大中씨의 신민당 비판에 대해 성명을 내고『개인적인 정치이해에만 집착하여 입으로는 민주세력의 단합과 民主化국민연합戰線 등을 주장하면서도 30년간의 투쟁을 벌인 신민당을「5개월 투쟁」운운으로 매도하는 처사는 누구를 도와주자는 것이냐』고 반문했다.
　鄭대변인은 유례없이 격렬한 표현을 구사해『金씨는 자신이 유리할 때는 同志의 우의를 내세워 入黨의사를 밝히고 불리할 때는 하루아침에 동지를 배반하는 不道德한 背理를 자행하고 있다』고 주장했다.
　　　　　　　　　　　　　- (『중앙일보』1980년 5월 13일자)

이날 계엄사령부는 다음과 같은 지시를 군에 내렸다.

| 對간첩작전 태세 강화 지시 |

　　　　　　　　　(국방부 對間電 제49호-1980년 5월 13일)
　-국내 소요사태와 관련, 북괴의 적극적인 對南활동 및 비정규전 위협이 예상됨에 따라 對간첩 작전 태세 강화 지시 하달
▲기간 : 1980년 5월 14일~5월 20일(7일간)

▲조치사항
  −조기경보체제 확립(감시활동 강화)
  −지상, 해상, 공중 경계 강화
  −중요 시설 경비보강
  −검문검색 및 요인 신변 보호 철저
  −즉각 출동 상태 확립
▲陸本 조치
  −1980년 5월 10일 기 하달한 대비태세 강화지시에 미포함 사항 추가 지시 하달

투쟁양식을 교내시위에서 가두시위로 바꾼 서울의 남녀 대학생들은 5월 13일부터 15일까지 3일 연속으로 시내를 누비며 '계엄철폐' '전두환 퇴진' 등의 구호를 외쳤다.

5월 13일 서울 시내 6개 대학 2천 5백여 명이 광화문 일대에서 '계엄 철폐'를 외치며 야간까지 가두시위를 벌였다.

5월 14일 전국 37개 대학교 대학생들이 가두시위를 벌였다.

이날 특전사의 1, 3, 5, 9, 11, 13공수여단에 출동준비령이 내려졌다.

이날 신민당은 소속의원 66명 전원의 이름으로 계엄해제 촉구 결의안을 국회에 제출하였다.

5월 15일 10만 명의 대학생들은 서울역 앞까지 진출하여 대규모 가두시위를 벌였다.

이날 오후 6시 10분 경, 정체불명의 20대 청년 3명이 학생대열에서 뛰어나와 시내버스에 올라가 20여 명의 승객과 운전사를 강

제로 몰아내고 버스를 탈취했다.

  이들은 버스를 몰아 △도큐 호텔까지 올라갔다가 차를 돌려 △서울역 쪽으로 향해 일렬로 서 있던 경찰의 저지선을 뚫고 △남대문을 반 바퀴 돌아 △역시 서울역 방향을 향해 일렬로 서 있던 기동 경찰관들을 덮쳤다.

  이 바람에 전경 1명이 숨지고 4명이 중경상을 입었다.

  이날 밤 최규하 대통령이 중동방문으로 부재중이었으므로 대신 신현확 국무총리가 학생들의 自制를 당부하고 정치일정을 앞당기겠다는 내용으로 時局에 관한 談話를 발표했다.

  친애하는 국민여러분, 학부모 여러분, 학생 여러분.

  본인은 오늘 학생시위로 조성된 社會不安을 하루빨리 해소하여 사회안정을 되찾기 위해 국민 여러분과 학부모 여러분의 따뜻한 협조와 학생들의 自肅·自制를 다시 한번 간절히 호소하고자 합니다.

  지금 우리 사회는 일부학생들의 집단가두시위로 治安이 마비상태에 빠져 혼란이 일어나고 있읍니다.

  法과 秩序를 깨뜨린 무분별한 학생들의 행동 때문에 이처럼 사회가 혼란에 빠져들 때 그 결과가 우리나라의 장래에 어떤 영향을 미치리라는 것은 불을 보는 것보다 더 분명하다고 생각합니다.

  새삼 말씀드릴 필요도 없이 우리사회가 혼란에 빠져 걷잡을 수 없는 상태가 된다면 틈만 있으면 한반도를 武力등 온갖 수단방법을 가리지 않고라도 赤化통일하겠다는 야욕을 버리지 않고 있는 北韓공산집단이 가만히 보고만 있지만은 않을 것입니다.

  또한 학생시위로 야기된 사회불안 때문에 겨우 안정세를 잡아가던 우리 經濟도 지금 깊은 수렁에 빠져들어 자칫하면 破局이 올지도 모르겠읍니다.

외국 구매자들의 발길도 줄어들고 信用狀 개설도 주저하게 되었으며 외국은행들은 우리와 거래를 再考하려 하고 있읍니다.

이렇게 되니 겨우 다시 숨을 쉬게 된 우리 경제는 더욱 어려워져 가고 있으며 나라 안 곳곳에서 혼란과 무질서 때문에 장사가 안 되고 生業에 지장이 많다는 소리도 높아가고 있읍니다.

국민 여러분, 학생 여러분, 충격적인 「10·26」사태 후 우리 국민들은 안정과 질서를 유지하면서 민주발전도 이룩해야 한다고 열망하였읍니다.

따라서 정부는 3천7백만 국민이 바라는 民主發展을 기필코 이룩하기 위해 여러분 앞에 늦어도 年末까지 改憲案을 확정해서 내년 上半期에 양대 선거를 치러 정권을 이양하겠다고 누차에 걸쳐 약속하였으며 이 약속은 지금까지 추호의 변동도 없이 지켜져 가고 있습니다.

앞으로 상황과 정세변동에 따라 모든 정치일정을 國會 등과 긴밀히 협의해가면서 적절히 조정하여 앞당길 수 있는 것은 최대한 앞당김으로써 국민의 여망에 부응토록 할 것입니다.

또한 戒嚴令도 사회가 안정되었다고 판단되는 즉시 해제할 것임을 이미 밝혀 왔읍니다.

이제 국민 여러분과 학생여러분은 이같은 정부의 약속을 믿고 학생들은 학원으로 돌아가 勉學에 정진해 줄 것을 간곡히 당부합니다.

근로자 여러분, 지난날 우리의 놀라운 경제성장이 정부와 기업, 그리고 근로자 여러분이 혼연일체가 되어 노력한 결과이며 특히 근로자 여러분들이 흘린 땀이 발전의 밑거름이 되었다는 것을 우리 국민 모두가 잘 알고 있읍니다.

그리고 최근 여러분들이 관심을 갖고 있는 勞動3權을 비롯한 근로자 여러분들의 권익보장문제는 현실이 허용하는 범위 안에서 최대한 보장되어야하고 개선될 것은 개선되어야 한다고 생각합니다.

그러나 결국 근로자 여러분들의 이같은 권익도 전체 경제가 원활히 이루어지고 기업이 활발해야 확고히 보장될 수 있다는 점을 생각해서 슬기롭게 대처해 주시기를 당부드립니다.

학부형 여러분, 학생 여러분, 학생들은 학생이기 전에 우리의 사랑하는 아들딸들입니다. 따라서 설혹 좀 잘못한 점이 있더라도 우리는 사랑과 관용, 인내와 이해의 눈길로 우리 학생들을 보고 있는 것입니다.

학생 여러분은 아직 젊기 때문에 때로는 격정에 휘말리기 쉽고 事理를 잘못 판단하는 일도 있을 것입니다.

특히 그 주장이 지나쳐 법을 어기거나 과격한 행동으로 걷잡을 수 없을 만큼 엄청난 사회혼란과 무질서를 초래한다면 이같은 행동은 학생들을 아끼고 사랑하는 부모님들이나 모든 국민들을 크게 실망시키게 될 것입니다.

학부모 여러분께서도 사랑하는 여러분의 子女들이 거리에 뛰쳐나와 법과 질서를 어지럽히는 일이 없도록 잘 타일러 주실 것을 간곡히 부탁드립니다.

정부는 앞으로도 이미 약속한 학원 自律性의 원칙은 계속 지켜 나갈 것이며 학생들이 주장도 사랑과 이해의 눈길로 지켜볼 것입니다. 학생들이 사회를 불안에 떨게 하는 질서파괴 행동을 계속

한다면 언제까지나 그냥 보고만 있을 수는 없을 것입니다.

민주발전을 열망하면서 민주발전에 逆行하는 행동을 한다면 이것은 자기모순이며 모든 국민들이 납득하지 못할 것입니다.

사회의 안녕질서가 파괴되고 혼란이 소용돌이쳐 국가안보가 위태로워지고 경제파탄이 온다면 국민모두가 바라는 민주발전에 이것이 무슨 도움이 되겠읍니까.

특히 지금 국가원수인 崔圭夏 대통령께서 中東을 순방 중에 계시는데 국내에서 이런 소동을 피운다는 것은 국민된 도리가 아닐 것입니다.

국민 여러분과 학부모 여러분들의 깊은 이해와 협조를 다시 한번 부탁드리며 학생 여러분들의 냉철한 理性에 호소해서 자숙·자제해줄 것을 거듭 당부하는 바입니다.

5월 16일 하오 5시 30분 경 이화여대 연구관 경영교실에서는 전국 55개 대학(서울 소재 대학 29·지방대학 26개)의 학생대표 100여명이 모여 앞으로의 행동에 대해 논의했다. 이들은 밤을 새며 24시간이 넘도록 회의를 갖다가 이튿날 17일 하오 경찰의 급습을 받았다. 대부분 도피하고 일부만 체포되었다.

이 회의에서 통일된 결론은 도출되지 않았다. 당시 사회자 중의 한 사람이었던 서울대 학생회 임원 이 모씨는 다음과 같은 증언을 했다.

18일까지 비상계엄령을 해제할 것을 요구키로 했다. 그렇지 않을 경우 19일에 모종의 대궐기를 하기로 했다. 그것은 일단 결론이 난 안이었다. 당시 일부 복학생(민주청년협의회 소속)들이 중심이 되어 20일로 대궐기의 D데이를 조정하자는 견해도 있었다.

그런데 갑자기 총학생회장 중의 한 사람이 연단에 올라와서 "지금 컨트롤 타워에서 연락이 왔다. D데이를 하루 이틀 늦추는 게 낫겠다"고 강력하게 주장했다. 그는 서울 시내 '메이저 캠' 중의 한 명이었다.

다시 논의는 원점으로 돌아갔다. **당시 그가 말한 '컨트롤 타워'의 의미가 무엇이었으며 왜 그때 그런 얘기를 했는지는 지금도 이해하지 못한다.** 메이저 캠의 대표들은 별도로 모여 협의를 시작했다.

윤보선 전 대통령의 비서 가운데 한 사람이었던 이한두 씨의 증언은 심각하게 받아들일 만하다.

서울역 앞 시위가 지나간 이튿날인 16일 아침, 그동안 학생시위를 주도했던 청년들(국민연합 산하 민주청년연합회의 복학생들)이 안국동에 찾아왔다. 그들은 13, 14, 15일에 있었던 학생 시위에 대해 얘기했다.

"우리가 데모를 하는데 일반 시민들의 반응이 썩 좋지 않습니다. '야 이놈들아, 데모 좀 그만해라'고 소리치는 노인도 있었습니다. 데모를 해도 재미가 없고 흥이 나지 않습니다. 어떻게 하면 좋겠습니까?"하고 하소연했다.

그러자 海葦(윤보선의 호)와 함께 반체제운동을 주도해 오던 **한 인사가 '학생대표'들에게 거의 지령하다시피 말했다.**

"5월 20일 김재규 재판의 대법원 확정판결이 있게 될 것이다.

그것을 구실로 삼아 데모대가 대법원을 에워싸고 김재규 구출 구호를 내세워라. 그러면 김재규 구출위원회 위원장인 윤보선 전 대통령을 비롯해 부위원장단인 **각 지역 천주교 주교단, 신부와 수녀는 물론 개신교 목사 등 성직자들과 모든 반체제 인사들이 모두 함께 학생데모에 합류하게 될 것이다.**"

그날 안국동을 방문했던 학생대표들은 일단 5월 20일을 D데이로 정하고 그 이전에는 일체의 시위를 중지하기로 했다. 정부와 신군부 측에서 가시적인 조치를 발표하지 않는다면 총궐기할 것을 재차 확인했다.

이날 국민연합은 「제2차 민주화 촉진 선언문」을 발표했다. 『5월 7일 제1차 선언에서 요구한 사항에 대해 5월 19일까지 정부가 명확한 답변을 할 것』을 요구하고 『이 요구가 관철되지 않으면 5월 22일 정오를 기해 대정부 투쟁에 돌입 할 것』을 선언했다. 이와 함께 발표한 투쟁 방침은 다음과 같다.

▲민주애국시민은 유신체제를 종결짓는 민주투쟁에 동참하는 의사표시로 검은 리본을 가슴에 단다.
▲**비상계엄은 무효이므로 국군은 비상계엄령에 의거한 일체의 지시에 복종하지 말 것이며,** 언론은 검열과 통제를 거부하고 전 국민은 민주화 투쟁을 용감히 전개한다.
▲정당, 사회단체, 종교단체, 노동자, 농민, 학생, 공무원, 중소상인, 민주애국시민은 5월 22일 정오에, 서울은 장충단 공원, 지방은 시청 앞 광장에서 민주화 촉진 국민대회를 개최한다.

이 성명이 나오게 된 경위에 대해 김대중은 먼 훗날에 다음과 같이 설명했다.

14일 그날에는 또 하나 특기할 만한 일이 있었다. 문익환(文益煥), 이문영(李文永), 예춘호, 이해동(李海東) 씨 등 재야 민주 세력의 지도자들이 나를 찾아와 성명서를 내보이며 서명을 요청했다. 이미 윤보선 전 대통령 등은 서명이 되어 있었다. 그런데 성명서 끝의 '우리의 요구'를 보니 참으로 가공할 내용이었다. 그중 첫 번째가 **'군은 무장을 해제하고 병영을 나와라'**하는 주장이었던 것이다. 국군에게 전선을 포기하라는 얘기였다. 물론 당사자들은 계엄군이나 후방부대를 말하는 것이었겠지만 문서는 그냥 '군'으로 돼 있을 뿐이었다. 비상계엄 중에 이런 성명을 내면 '즉결 처분'을 당한다 해도 할 말이 없었다. 나는 강력하게 반대하여 세 시간 동안 격론을 벌인 끝에 원안을 버리게 했다. 대신 '계엄령의 즉시 해제'와 '신현확(申鉉碻), 전두환의 퇴진'으로 압축해서 성명을 새로 썼다. 훗날 나는 나를 담당한 수사관으로부터 그 일과 관련된 얘기를 들을 수 있었다.

"그때 만약 그 성명을 원안대로 냈더라면, 아마 당신 목숨이 몇 개 있어도 부족했을 거요."

- (김대중, 『나의 삶 나의 길』 서울: 산하출판사, 1997, P235~236에서)

이 모든 단체행동 등이 비상계엄령이 선포된 상황에서 일어났다. 5월 16일 아침 김대중은 김영삼에게 급히 연락, 동교동 집에서 회동한 뒤 시국수습 6개항을 제시했다. 김영삼과 김대중은 비상계엄령의 즉각 해제, 모든 정치범의 석방과 사면·복권 단행, 정부주도하의 개헌포기, 정치일정의 연내 완결 등을 주장하고, 학생들에게는 "질서와 평화를 유지하기 위해 최대한의 자제력을 발휘해줄 것"을 요망했다.

최규하 대통령은 예정을 하루 앞당겨 16일 밤 10시 5분 김포공항에 도착했다. 밤 11시부터 청와대에서 전두환 보안사령관, 이희성 계엄사령관, 주영복 국방부장관, 김종환 내무부장관, 최광수 대통령 비서실장이 모여 심야대책회의를 했다.

5월 17일 오전, 국회는 임시국회를 5월 20일 소집한다고 공고했다.

이날 오전 10시부터 오후 2시 30분 사이 국방부회의실에서 전두환의 지시로 비상 全軍 주요지휘관 회의가 열렸다. 참석자들은 유병현 합참의장, 조문환 국방부 차관, 이희성 계엄사령관 겸 육군참모총장, 윤자중 공군참모총장, 김종곤 해군참모총장, 노태우 수도경비사령관(육사 11기), 정호용 특전사령관(육사 11기), 윤성민 1군 사령관, 진종채 2군 사령관, 유학성 3군 사령관 등 군단장급 지휘관들, 최성택 합참본부 2국장(육사 11기), 육군·해군·공군 사관학교 교장 등 44명이었다. 이 시간 전두환은 대통령 최규하를 찾아가 계엄 확대안, 국회해산과 비상기구 설치를 요구하고 있었다.

회의가 시작되자 합참본부 2국장 최성택은 '현재의 국가적 위기상황과 북괴의 동향을 비롯한 제반 국제정세'에 대해 브리핑했다. 브리핑을 마치면서 "국가의 안위를 위해서 사전에 철저한 대비책을 세우지 않으면 안 된다"고 결론을 내렸다.

이어 특전사령관 정호용이 몇 가지 방안을 제시했다.

▲비상계엄을 제주도를 포함, 전국적으로 확대할 것

▲각급 학교에 휴교조치를 내릴 것

▲대통령의 자문보좌기구로서 '국가보위비상대책위원회'를 설치할 것 등이 중요한 내용이었다.

국방장관 周永福은 지역비상계엄을 전국비상계엄으로 확대하고, 정치풍토쇄신을 위해 軍이 나서야 한다는 점을 역설했고, 안종훈 군수기지사령관을 제외한 전 참석자가 찬성했다.

회의가 끝나자 주영복 국방부장관과 이희성 계엄사령관은 총리 공관을 찾아가 신현확 국무총리에게 군의 결의를 보고하고 시국수습안으로 계엄확대, 비상기구 설치, 국회해산안 결재를 요구했다. 신현확 총리는 주영복과 이희성을 대동하여 청와대에 갔다. 이 자리에서 전두환, 주영복, 이희성은 시국수습안 결재를 최규하 대통령에게 요구했다.

최규하 대통령은 이중 전국비상계엄안건만을 국무회의에 회부하도록 지시했다. 수도경비 사령관 노태우는 전군 주요지휘관회의가 끝나고 귀대하자마자 수경사 헌병단과 30경비단에 지시하여 중앙청을 포위하고 외부와의 통신을 두절시켰다. 오후 9시 40분 중앙청 회의실에서 개최된 비상 국무회의에서 전국 비상계엄안이 의결되었고 이날 자정을 기해 계엄령 확대가 선포되었다.

이에 따라 비상계엄에 제주도가 포함되었다. 이전까지의 계엄령은 제주도를 제외한 전국이었다. 제주도가 계엄령 하에 들어가는 것과 들어가지 않는 것은 정치적으로 엄청난 차이가 있었다. 당시의 계엄법에 따르면 전국에 비상계엄령이 선포될 경우 내각의 기능은 정지하고 모든 정부 업무는 대통령→계엄 사령관 라인을 통해 이루어지게 되어 있었다. 그러니까 당시의 계엄법은 전국에 비상계엄이 선포되면 곧 군정(軍政)이 실시된다고 규정했던 것이다. 그러나 전두환이 바라던 국회해산안과 국가보위비상대책위원회 설치 안건은 신현확 국무총리의 반대로 5·17조치에 포함되지 않았다.

17일 자정을 기해 발표된 비상계엄확대조치에 따라 정치활동 중지, 대학 휴교조치 등을 내용으로 하는 포고령 10호가 발표되었다.

계엄확대조치에 동원된 군 병력은 특전사, 20사단, 해병사단 등 2만 5천여 명이었다. 이들은 31개 주요 대학과 136개 보안목표에 진주하였다.

김종필 총재는 부정축재 혐의로 김대중은 내란음모혐의로 검거되고 김영삼 총재는 가택 연금 상태에 놓인다.

5월 17일 밤 김대중, 예춘호 의원, 문익환 목사, 김동길 교수, 인명진 목사, 고은 시인, 이영희 교수 등이 사회혼란조성 학생 노조 소요 관련 조종 혐의로 연행됐다.

5월 18일 새벽 1시 45분 전두환의 지시로 수도군단 33사단 101연대는 국회의사당을 봉쇄했다. 공화당 총재 김종필도 같은 날 계엄 사령부에 연행되었다.

김대중이 체포될 때 김대중이 작성한 '예비 내각 명단'도 압수되었다. 이 명단은 '김대중 내란음모 사건' 재판에서 증거 자료로 제출되었다.

예비 내각은 대통령 선거 당선자가 작성하는 것이 상식이다. 1980년 봄은 개헌에 대한 국민적 합의와 정치권의 합의가 있었지만 전두환 집단의 출현으로 모든 것이 불확실하던 때였다. 언론에서는 '안개정국'으로 묘사하였다. 아직 개헌이 되지 않아 대통령 선거 공고도 나오기 전이었다. 이런 상황에서 대통령 선거 출마자도 아닌 출마 예정자에 불과한 김대중이 미리 장관을 임명했다는 것은 소극(笑劇)이다. 100% 집권을 자신하지 못하는 한 있을 수 없는 일이었다. 김대중이 집권을 확신한 것이 단지 착각인지 아니면(김대중이 생각하기에) 어떤 근거가 있었는지는 알 수 없다. 전두환 측은 김대중이 내란을 일으켜 집권하려 했으므로(내란의 성공을 확신하고) 예비 내각 명단을 작성했다고 주장했다.

* 1980년 김대중 조사한 수사관의 증언 *

엄상익(변호사)

〈늙은 수사관의 고백〉

잠시 같은 팀이 된 늙은 수사관은 나이가 거의 아버지뻘이었다. 나는 그와 친해지려고 했다. 식사를 같이 하자고 해도 그는 사양했다. 커피숍도 가지 않았다.

군용점퍼를 입고 구내식당에서 스테인리스 식판에 밥과 국을 받아먹고 식사가 끝나면 자판기에서 커피를 뽑아 건물 구석에 서서 마시는 사람이었다.

안기부 젊은 수사관들은 그의 조수가 되는 순간 지옥 체험을 한다고 했다. 그는 일이 생기면 집에 갈 줄을 모른다고 했다. 수사가 끝날 때까지 밤과 낮이 없는 집요한 사람이라고 했다.

일을 조수와 나누지도 않고 혼자 한다고 했다. 보조수사관들은 그의 옆에서 있다가 병이 났다는 얘기도 있었다.

수사관들은 그가 헛돈을 쓰는 걸 보지 못했다고 했다. 월급을 한 푼도 빠짐없이 집에 가져다준다고 했다. 그의 아들들은 명문대학을 졸업한 우수한 엘리트라고 했다.

며칠간 같이 지내다 보니 그의 마음이 조금 열리는 것 같았다. 어느 날 그가 남산자락을 물들이는 저녁노을을 보면서 처음으로 자신에 대해 말했다.

"엄 선생 말이요.

나는 6·25 때 농사짓다가 군대에 끌려갔어요. 군에 갔더니 폭탄을 안고 인민군 진지에 올라가 거기서 죽으라고 하더라구요. 그렇게 해야 나라를 살리는 거라고 배웠죠. 전쟁에서 그 많은 사람들이 떼죽음을 당했는데도 이상하게 나는 살아남았어요.

전쟁이 끝났을 때 나는 돌아갈 데가 없었어요. 그때 특무대장이 나를 하사관을 시켜줬어요. 배우지 못했으니까 장교는 될 수 없었죠. 거기서 내가 배운 건 나라를 위해서 빨갱이와 반역자들을 때려잡아야 한다는 거였어요. 내가 특무대에 있을 때 김종필이 혁명을 모의한다고 해서 조사를 한 적이 있어요.

5·16혁명이 일어났을 때 나는 준위로 특무대에 있었어요. 거기서 이번에는 반혁명분자를 조사했죠. 그러다 중앙정보부가 창설되니까 이번에는 나보고 중앙정보부로 가라는 거예요. 그때부터 지금까지 오랜 세월 이곳에서 근무했죠. 나이 육십을 훌쩍 넘어도 쫓아내지 않고 아직도 일을 하게 해주는 겁니다. 나 같은 사람을 그렇게 베풀어 준 대한민국에 그저 감사할 뿐이에요."

그런 유형의 사람이 남아있다는 걸 처음 알았다.

"역사에서 굵직한 정치 사건은 다 조사하셨다면서요?"

내가 물었다. 대한민국 정치인 중 그에게 얻어맞지 않은 사람이 없다는 그곳의 소문을 들었다.

"그런 걸 굵직한 사건이라고 해야 하나? 나는 여기 있으면서 윗분이 명령하신 사건은 그냥 최선을 다해서 노력해 왔어요. 그렇지만 비밀을 지키다가 무덤으로 가져가라는 지시를 받았기 때문에 아무것도 내용을 말해 줄 수는 없어요."

"김대중 선생을 조사할 때는 어땠어요?"

1980년 권력을 잡은 신군부는 김대중을 구속했다. 그리고 광주사태가 터졌다. 그때 김대중을 수사한 사람이 그였다.

"김대중 선생도 제가 여러 날 조사를 했죠. 참 엄 선생은 변호사고 많이 배웠으니까 하나 물어봅시다."

그가 궁금한 표정을 지으며 나를 바라보았다.

"그러시죠, 뭡니까?"

"세상에선 김대중 선생이 고문을 당했다고 하는데 나는 그 분을 고문한 적이 없어요.

그분을 주도적으로 조사한 건 저 한 사람이죠. 다른 수사관들은 식당에서 밥을 가져다주거나 경비를 섰을 뿐이니까.

저는 혹시라도 나중에 고문을 했다는 소리를 듣지 않기 위해 김대중 선생과 함께 있을 때 나도 보름 동안 조금도 잠을 자지 않았어요. 같이 자지 않았는데 그걸 고문이라고 할 수 있어요?"

그의 말을 들으면서 나는 속으로 질렸다. 그는 독한 사람 같았다.

그가 말을 계속했다.

"지하실에서 김대중 선생을 조사하고 있는데 광주사태가 터졌어요. 김대중 선생이 광주사태를 어떻게 생각할까 궁금하더라구요.

전남대에서 시위를 주도한 학생들이 모두 한두 번씩은 서울에 와서 김대중 선생을 만났던 적이 있다는 걸 저는 알고 있었죠.

그 만남이 광주사태와 연결이 된 것인지 아니면 다른 원인에 의해 우발적으로 시위가 폭동으로 번진 것인지 저는 그게 알고 싶었단 말입니다.

그래서 제가 광주의 상황을 보도한 신문을 김대중 선생께 말없이 가져다 드렸어요.

그걸 본 김대중 선생은 별 반응을 보이지 않고 가져다준 식판 위의 밥을 한 알도 남김없이 다 드시더라구요.

그다음 날인가 저는 다시 신문을 김대중 선생에게 가져다드렸죠. 비상계엄이 전국적으로 선포된 내용이었어요. **군부가 모든 권한을 장악하고 정상적인 대통령 선거가 불가능해지는 순간이었죠.** 김대중 선생은 그 순간 온몸에 힘이 빠지는 것 같더니 절망하더라구요. 그 반응이 내가 파악한 진실이죠."

김대중의 자술은 이와 정반대이다.

광주의거가 났을 때 나는 이미 그 전날에 체포되어 중앙정보부 지하실에 있었습니다. 나는 52일 동안이나 광주의거가 일어난 사실조차 모르고 있었습니다. 그러자 하루는 당시 보안사령부의 고위 간부 한 사람이 찾아와서 나에게 말했습니다.

"당신이 우리에게 협력하면 목숨도 살려주고 부귀영화도 같이 하겠다. 그러나 만일 거부하면 반드시 죽여야겠다. 당신을 그대로 살려두고 우리는 해나갈 수 없다. 다음 올 때는 가부간에 답을 달라."

그리고 돌아가면서 신문을 한 뭉치 넣어 주었습니다.

나는 그 신문을 보고 비로소 광주의거를 알았습니다. 광주시민이 일어나서 "계엄령을 해제하라, 전두환은 물러가라, 김대중을 석방하라"등 세 가지 주장을 가지고 시위를 하다 1백86명이 사망했다고 신문은 보도하고 있었습니다.

아! 그때의 심정이 어떠했던가! 나는 이 너무도 충격적인 사실과 엄청난 희생 앞에 그만 의식을 잃고 말았습니다. 응급치료에 의해서 의식을 회복한 후 나는 하룻밤을 통곡과 번민과 기도 속에 보냈습니다. 당시 나는 5·17사태로 매우 낙심하고 있었던 때였으므로 광주의거를 알기 전까지는 군정 당사자들과 적당히 협의해서 죽어도 그들에게 협력은 할 수 없지만, 정계를 영원히 떠서 외국으로 이민이라도 가는 타협을 지어볼까조차 생각했었습니다.

그러나 광주의거를 알고 나서, 나의 심정은 일변했습니다. 나는 결심했습니다. 나는 이제 죽어야 한다. 그 외에 다른 선택을 해서는 안 된다. 죽는 것만이 광주의 영령들에게 보답하는 길이며, 국민과 역사 앞에 바르게 사는 길이다. 죽는 것만이 나로 인해서 고초를 겪고 있는 동지들과 내 가족들을 욕되게 하지 않는 길이다. 이래서 나는 수차에 걸친 군정 당국자들의 집요한 유혹과 협박을 단호히 거부할 수 있었습니다. 내가 그러한 좌절의 위기를 극복할 수 있었던 것도 광주의거와 여러분이었습니다.

- (1986년 5월 18일 광주사태 6주기 추도식에 보낸 김대중의 추도사)

*   *   *

1980년 5월 19일 무렵 문재인은 계엄포고령 위반으로 체포 구속되었다.

문재인은 '유치장에서 맞은 사법고시 합격'이란 소제목의 글에서 사법고시 합격에 대해 말한다. 22회 사법시험 최종 합격자는 모두 141명으로 박원순도 합격했다.

1975년 봄, 문재인과 같은 해 1학년 신입생으로 서울대에서 제적당한 박원순은 1979년 단국대 사학과에 입학하여 고시 공부를 했다. 1980년 봄 복학이 가능했는데도 서울대에 복학하지 않고 고시를 쳐서 합격하고 단국대를 자퇴했다(1979년 21회 사법시험 1차를 합격하고 1980년 22회 사법고시 2차 시험을 합격한 것인지, 22회 1, 2차 시험을 같은 해 합격한 것인지는 불명).

유치장에서 맞은 사법고시 합격

구속된 지 23~24일쯤 됐을까, 뜻밖의 낭보를 받았다. 반가운 소식을 가장 먼저 듣고 온 사람은 아내였다.

내가 사법시험에 합격했다는 것이다. 나는 그 무렵 합격자 발표가 있다는 사실조차 까마득히 잊고 있었다. 아내는 합격자 발표일을 잊지 않고 있다가 결과를 알아봤던 모양이었다. 내가 그런 처지였으니, 더 간절한 마음으로 결과를 기다렸을지도 모를 일이다.

얼마 후 학교 학생처장, 법대 동창회장 같은 분들이 면회를 와서 축하해 줬다. 경찰은 나를 유치장 밖으로 내보낼 수는 없으니 대신 그분들을 유치장 안으로 들여보내 축하할 수 있게 해 줬다.

그분들이 소주와 안주를 가져와서 유치장 안에서 축하주까지 마실 수 있도록 해 줬다. 경찰 허가 하에 외부인사가 유치장 안으로 들어와서 수감자와 함께 축하주를 마신 일은 경찰 역사상 전무후무한 일이라고 했다.

그 며칠 후 석방되었다. 군사재판에 이미 회부됐다면 석방은 불가능했을 것이다. 합격도 취소되거나 3차 시험 불합격으로 처리되고 말았을 것이다. 다행히 미결 상태였기 때문에 석방의 여지가 생겼다. 그 사법시험에서 경희대 합격자는 단 두 명이었다. 그중 한 명이 합격이 취소될 상황이라 학교 측은 총력을 기울여 구명 노력을 했다고 한다.

마침 그때 경희대 대학원장이 육사 1기 출신 김점곤 교수였다. 한국전쟁 때 평양에 제일 먼저 진입한 연대장으로 전사(戰史)에 기록돼 있는 분이다. 그분이 중대장일 때 육사 2기인 박정희 전 대통령이 밑에서 소대장을 했다고 한다. **그분이 계엄사 쪽으로 노력을 많이 했다는 말을 들었다.** 석방은 아마 그 덕택이었을 것이다. 덕분에 특별수사본부의 "참고인"도 끝났고, '계엄포고령 위반' 조사도 유야무야됐다.

문재인은 2차 합격에 대해 이렇게 말한다.

2차 시험 합격도 운이 좋았다. 시험 전 마지막 두세 달을 공부에서 손을 뗐기 때문에, **전형적인 시험문제들이 출제됐으면 합격이 불가능했을 것이다.** 그런데 그해 2차 시험에는 전형적이지 않은 문제들이 많이 출제됐다. 특히 헌법 과목은 마지막 두세 달의 집중공부가 아무 소용없는 뜻밖의 문제가 출제됐다.

나는 헌법 과목에서 거의 최고득점을 했다. 그것으로 나머지 과목의 낮은 점수를 만회해 간신히 합격할 수 있었다.

[문재인은 '전형적이지 않은 뜻밖의 문제'에 특화되었는가? 그것이 운이 좋은 것이었는가?

1968년 12월 김일성이 대남 담당 공작원들과의 담화에서 한 말

"남조선을 가리켜 법치국가라고 하고, 또 법은 만인에게 평등하다하지만 역시 돈과 권력의 시녀 노릇을 하는 것이 황금만능주의에 물 젖은 자본주의사회의 법조인입니다.

'유전무죄요 무전유죄라'는 말이 있듯이 판사, 변호사의 농간에 의해 사건이 뒤집히는 예가 허다합니다. 이것이 오늘 남조선의 법 실태입니다.

현지 당 지도부는 남조선의 이러한 법 체제의 미비점을 잘 이용해야 합니다.

중대한 사건일수록 법조계, 종교계, 언론계의 조직망을 총동원하여 사회적인 여론을 조성하고 사면팔방으로 역공을 펼쳐야 합니다. 그래야 법정 싸움에서도 우리가 승리할 수 있습니다."

김일성이 1973년 4월 대남공작 담당 요원들에게 내린 비밀교시

"남조선에선 고등고시에 합격되기만 하면 행정부, 사법부에도 얼마든지 파고 들어갈 수 있는 길이 열려 있습니다.

앞으로는 검열된 학생들 가운데 머리 좋고 똑똑한 아이들은 데모에 내몰지 말고 고시 준비를 시키도록 해야 하겠습니다.

열 명을 준비시켜서 한 명만 합격된다 해도 소기의 목적은 달성됩니다.

그러니까 각급 지하당 조직들은 대상을 잘 선발해 가지고 그들이 아무 근심 걱정 없이 고시 공부에만 전념할 수 있도록 물심양면으로 적극 지원해 주어야 합니다."]

* 너무나 비교되는 합격 수기 *

사법고시, 행정고시, 외무고시, 기술고시 등 합격 수기는 너무나 많다. 이들 수기에는 공통점이 있다. 독자가 보기에 '처절하게 공부했구나'하는 안쓰러움이 들고, 수험 생활의 고생이 역력히 느껴진다. 마치 소풍 가는 것 같은 문재인의 합격 이야기와 너무나 대조적이다. 합격 수기 하나를 소개한다.

自己琢磨의 結晶

權泰鎬 · 제19회 사법시험 합격
  · 1954. 5. 29 충북 청원 출생
  · 청주고 청주대학 졸업
  · 서울지검 · 부산지검 검사
  · 법무부 검사
  · 청주지방검찰청 충주지청장

머리에

희망, 아니 미래나 미지의 세계라도 좋다. 너야말로 유약한 인간을 웃기고 울리는 놈이다. 험난한 벽을 헐지 않고는 불가능한 너와의 해후(邂逅)를 인간들은 갈구한다. 그 댓가로 너는 우리에게 많은 변화를 강요한다. 그리고 변화된 상황에 능동적으로 대처하는 자에게 웃음을 선물한다.

그 웃음을 영구화시키지 않고 다만 완성 인간으로 향하는 도약대로 이용하는 너에게 매료된 우자(愚者)가 있었음을 알려준다.

아득히 멀어진 추억들이 한꺼번에 뇌리를 엄습해 오는 한 시점에서 주체할 수 없는 희열에 떨고 있는 자신을 보며 수많은 도움과 격려를 주신 여러분에게 감사를 드립니다.

합격 후 코페르니쿠스적 전회를 하는 많은 사람을 보아 온 나로서 합격 수기 부탁을 받고 난 지금, 인격과 실력을 겸비하고 많은 연륜을 쌓으신 선배님들께 비례(非禮)를 범하지 않나 하는 의구심과 합격 후 흔히 범하기 쉬운 과거 수험 생활의 미화 내지 과장의 우를 나 자신은 벗어날 수 있을까 하는 염려와 망설임 속에 같은 길을 걷고 있는 분들께 조금이나마 자극 또는 위안이 되었으면 하는 마음으로 수험 과정의 제 생활을 솔직히 적어보고자 합니다.

그렇게 갈망하던 S대 입학이 예기치 못한 병으로 좌절된 후 재수에 일루의 희망을 걸고 있었습니다. 건강 회복을 위해 집에서 쉬면서 재수 생활의 설계에 열을 올리고 있을 때 시골까지 친히 찾아 오셔서 재수를 만류하는 담임선생님의 성의와 집안 사정을 고려하여 청주대학의 추가모집에 응했습니다.

갑작스럽게 변화된 환경에 대한 불만으로 구석 자리를 전세내고, 뒷길을 좋아하며 땅만 쳐다보는 맥빠진 생활이 서너 달 계속되었습니다. 이러한 Complex를 해소하지 못한 채 연구실에 입실하게 되고 사시(司試)를 숙명처럼 받아들이게 되어 정신적 갈등은 더욱 심했습니다.

어인의(魚寅義) 교수님의 철저한 지도와 대선배님들의 위엄에 눌려 젊음을 마음껏 구가하는 제동이 걸렸지만 도량이 넓으신 선배님들의 보살핌 속에 따스한 인간애를 만끽할 수 있었습니다.

대학에서는 공부보다 주색잡기가 선행한다고 외치면서 Techni-que 전수에 아낌없는 투자를 하시는 선배님들과의 공동생활이 저로 하여금 대학 4년을 한꺼번에 경험하게 한 것입니다. 뿐만 아니라 겹치기 출연을 한 circle 활동이 고달픔을 가르쳐 주기는 커녕 개근으로 귀결되어진 freshman 시절이었습니다. 고시에 대한 피상적인 인식을 벗어나지 못하고 막연한 동경 속에서 헤맨 1년이었습니다.

거리에다 뿌리는 시간의 아까움과 경제적 안정을 위해 연구실을 떠나기로 했습니다. 기말 시험 종료와 함께 입주 arbeit 생활이 시작된 것입니다. 마음 만으로의 고시 공부가 황금의 겨울 방학까지 연장되어서는 안 되겠다는 강박 관념에서 고대하던 법서, 즉 헌법(문홍주), 민총(곽윤직)을 구입했습니다. 동도의 학교 선배, 동료들과 어인의 교수님의 민총특강(民總特講)을 듣는 것으로부터 실질적인 수험 생활이 시작된 것입니다. 이때 시간당 5page의 예습으로 30page 독파가 하루의 성과였습니다. 영어는 민총과 병행했는데 대입용 참고서 한 권을 가지고 순번을 정하여 일일 선생을 하는 방식으로 공부하였습니다. 장소는 연구실이었는데 넓은 교실에 낡고 냄새나는 연탄난로 두 개로서 몰아치는 북풍을 감당한다는 것은 도저히 불가능한 것이었습니다. 그러나 같은 처지의 동료나 선배님들의 총화된 열기에 기세를 부리던 강추위도 고개를 떨구었습니다.

우물 안 개구리

민총 3회독, 물권법 3회독, 헌법 2회독, 영어를 약간 보는 것으로 기나긴 겨울 방학을 마쳐갈 무렵 뜻하지 않은 시련에 봉착했습니다. 종산벌채(宗山伐採) 관계로 부친의 구속이라는 벼락이 떨어진 것입니다. 학비 전액 면제의 혜택을 입으면서도 arbeit를 해 온 저로선 어찌할 바를 몰랐습니다. 입주를 하고 있었기에 외면적인 급변이 없었던 것은 불행 중 다행이었습니다. 시골집 방문이 가뭄에 콩 나듯 하였고 그것도 오후 11시가 넘어 도착할 때가 많았습니다. 그때마다 훤하게 불이 켜진 마당에 비치는 어머님의 분주한 거동이 나의 눈시울을 뜨겁게 하곤 했습니다.

모든 것을 팽개치고 흙과 씨름하면서 부모님의 고충을 함께 나누고 싶은 충동, 집 밖에서의 나태한 제 생활에 대한 양심적 가책이 저를 동요시켰습니다.

저 때문에 중학 진학을 포기한 여동생을 비롯하여 어린 세 동생을 생각하면서 평범한 생활을 박차고 어떠한 고행도 감수하리라 다짐했습니다. 이 당시의 극한 상황을 함께 나누며 가까이 지내던 친구 M군과 과우(科友) 그리고 친족들에게 감사드립니다. 이 때 읽은 「적극적 사고방식」, 「이기려면 버려라」라는 책은 물론 부친의 문제(9월에 선의의 해결), 피지도(被指導) 학생의 예측 불허한 외출 등 정규를 벗어난 행동, 오르지 않는 성적 등의 입주생의 고충을 감내하는 데 힘이 되어주었으며 이러한 상황에서 공부할 용기를 얻었습니다.

그해 겨울에 있었던 17회 1차에 응시할 용기가 어디서 나왔는지 모릅니다. 학교 강의와 관련하여 읽은 헌법 3회독, 지난여름 방학 내내 읽은 민법 2회독, 형총 5회독, 형법각론 2회독 정도로 기본법에 대한 이해도 부족할 뿐만 아니라 기타 과목도 기본서 1~2회독에 얄팍한 문제집 한두 권으로 대처하려 했던 우물 안 개구리의 결과는 명약관화한 것이었습니다.

고시 경력 3~4년의 선배님에게나 알맞는 특유의 style을 초심자인 내가 그대로 모방한 것, 수향거사(守鄕居士)를 뵙겠다고 찾아오는 타향 인사를 거절하지 못하는 개방적인 성격, arbeit 등으로 인한 충분한 시간 확보(평균 11시간)도 하지 못한 것에 패인을 돌리며 새로운 돌파구를 모색하고 있었습니다. 이때 지방 학생의 불리한 조건을 합심해서 극복하고자 행시 4명, 사시 4명 등 8명이 팔기회라는 모임을 74년 11월 11일에 결성한 것입니다. 팔기회원들은 이후 거의 생활을 같이 하다시피 하고 좋은 책을 권하며 서로의 Counselor가 되어 고시 여정(考試旅程)에 나타나는 어려움을 헤쳐 갈 기초공사를 다질 수 있었습니다.

열리기 시작한 門

좁은 시야를 넓히고 지금까지의 얽매인 생활에서 벗어나고자 발버둥치다 보니 하나의 계기를 포착했습니다. 즉 홍신희 교수님, 어인의 교수님의 노력과 정석규 학장님의 배려로 2년 여름 계속해 온 아르바이트 생활에 종지부를 찍게 된 것입니다. 이때가 1975년 5월이었습니다. 즉시 1학년 때에 나를 성장시켰던 청석고교 뒤편에 자리잡은 연구실에 들어갔습니다. 이어서 펼쳐진 대학의 꽃, 축제에 참가하여 조그만 트로피를 차지하는 만용도 부렸습니다. 유난히도 더웠던 그 해 여름은 차갑기로 소문난 우물물로 마사지를 하거나 금녀구역(禁女區域)에서 저절로 이루어지는 스트립쇼(?)를 하면서 보냈습니다. 한창 뜨거운 오후 2~3시 경에 있었던 친구 A군과의 탁구 시합도 더위를 잊는데 도움이 되었습니다. 달밤의 축구 시합, 잦은 술자리와 진지한 인생 토론, 2~3인조의 풍기순찰(風氣巡察) 등이 인상적이었던 연구실 생활이 타성화 되려하기에 장소를 변경할 생각을 했습니다. 그 뜻은 1975년 11월부터 다음 해 2월까지 3개월 간 서울 수유리에 있는 조양독서실에서 이루어졌습니다. 이때의 생활은 제 수험 과정에 있어서 가장 보람 있고 순수했던 것 같습니다. 서울 생리의 체득과 고독한 전진의 위대성이 증명된 시기였습니다. 도보로 10분 정도 걸리는 숙부님 댁에 기거하면서 독서실을 다녔습니다. 오전 6시 기상, 30분 정도 맑은 공기와의 대화, 그리고 1시간의 아침 공부를 마친 다음 독서실로 향한 발걸음은 마냥 가벼웠습니다. 점심시간은 오후 3시였습니다. 한동안 지난 후에는 점심 식사 동지가 생겼지만 처음에는 저 혼자였습니다.

그래서 소화를 돕고 자연스러운 분위기 조성을 위해 식사와 신문 보는 것이 동시에 끝나도록 계획을 짰습니다. 책상 위에서 약간의 잠을 청한 후 오후 10시에 독서실 문을 나설 때의 뿌듯함은 영구히 간직하고 싶은 것이었습니다.

그간에 각 과목 기본서 1회독, 문제집 2~3권을 3~4회독씩 마치고 자신감이 충만한 가운데 치른 18회 1차였습니다. 그러나 가까스로 합격한 것을 알았을 때 시험 당일의 강추위에도 없었던 소름이 온몸에 끼쳐 올랐습니다. 어려운 여건 하에서 제 뒷바라지를 맡으셨던 숙부님 내외분께 깊이 감사드립니다.

이때 2차를 응시하는 것이 사법시험을 모독하는 것 같아 포기하려 했습니다. 다음 기회를 위한 준비 자료를 얻기 위해 1차 발표가 있은 다음 20여 일간 단권으로 되어 있는 과목 몇 가지만 2회독씩 하고 법전을 참조하면서 실력 과시 아닌 성실표시(誠實表示) 같은 답안을 작성한 후 조금도 손을 대지 못한 것이 없다는 식으로 자위하는 어리석음을 보였습니다. 원래 모르는 것이 절대적으로 더 많은 시기였으므로 실패는 예정된 코스였지만 어쩌면 하고 요행을 바라는 유약한 인간의 욕망을 가졌으나 이것을 짓밟아 버리는 공평한 결과엔 숙연해지지 않을 수 없습니다. 그러나 과락 없이 평균 48점이란 나에게는 분에 넘치는 소득이어서 19회 합격에 고무적인 결과를 얻었습니다.

당연한 실패임을 너무나 잘 아는 저에게 보내지는 주위의 눈초리가 두려웠습니다. 관념상 길게 느껴져야 할 6개월이 쉽게 지나간 것은 다행한 일이라고 할까? 그 간에 세 번의 학교 시험, 군대 문제 해결, 졸업논문 작성, All night를 저에게 가르쳐준 여행이 있었습니다.

　이 당시에 애독한 고 김홍섭 판사님의 유집(遺集)「무상(無常)을 넘어서」는 저의 인격 수양과 수험 생활 등 모든 면에서 진실한 안내자가 되어 주었습니다. 법조인과 종교인들은 물론 수험생에게 일독을 권하는 데 주저하고 싶지 않습니다.

　1976년 7월 10일, 다시 나그네의 길을 자청했습니다. 전에 효과를 본 조양으로 갔습니다. 전과는 다르게 밤공부로 바꾸었으나 15일 만에 환원하지 않으면 안 되었습니다. 전 과목 1회독을 위한 몸부림이 빚어낸 눈병으로 인한 안과 신세만 지다가 청주로 내려오고 말았습니다.

　뜻하지 않은 복병의 출현에 고심하면서 가벼운 마음으로 행정법을 넘기던 중 법률 과목에 대한 체계적인 인식을 어렴풋이나마 하게 된 것이 이때였습니다. 안타까운 상황에서 얻은 이것이 19회 합격의 원동력을 이룰 줄은 꿈에도 몰랐습니다. 이후부터는 전에 어렵던 부분의 이해가 잘 되고 항상 새로운 것을 대하는 지적 희열을 느끼곤 했습니다.

　조급한 마음에서 20여 일 간의 부족한 휴양을 끝내고 공기 맑고 조용한 안양법률연구원에서 2개월을 보내기로 했습니다. 서울에서의 고전을 여기서 재연할 줄을 그 누가 알았으랴? 서울대학병원 신세를 지면서 1개월을 허비하고 나니 눈앞이 캄캄해졌습니다. 굳은 결심과 세밀한 계획을 세웠지만 상황이 이렇게 되고 보니 그것이 오히려 나에게 강박관념을 더해 주었습니다. 같이 공부하던 팔기동지(八起同志)들의 추상같은 호령과 아기자기한 격려, 각지에서 날아드는 친구들의 편지 세례 속에서 나머지 1개월간 4

과목의 기본서와 문제집을 정성들여 일독했습니다. 이때 토론을 통해 많은 지도를 해주신 R형님의 애석한 실패를 통탄하며 차기 합격을 기원합니다.

시험 연기 발표 후 여유를 찾는다고 일주일을 소비하면서 서울대학 주최 학술 논문 발표 대회에 참가, 가작 입선한 것은 나에게 합격에 대한 자신감을 더해 주었습니다. 경제 사정 때문에 집에서 생활하기로 하고 하향하여 졸업 시험을 끝냈을 때 갑자기 좋은 소식이 있었습니다. 어 교수님의 주선과 김기선 교수님의 각별한 배려로 해인사 원당암(海印寺 願堂庵)에서 공부할 수 있는 기회를 얻게 된 것입니다. 이곳에서 명문 출신 선배들과 같이 하는 공동생활은 저의 안목을 넓히는데 결정적으로 기여했습니다.

토론 없는 자기 위주 공부의 위험성을 실감하였고 냉철한 자기반성만이 합격의 지름길이며, 화려한 과거의 영광에 사로잡혀 현재의 생활을 경시하지 말아야겠다는 것을 배웠습니다. 또 남에게 보이기 위한 것이 아닌 자신에게 부끄럽지 않은 성실이 객관적 지위보다 중요하다는 것을 인식했습니다. 여기서도 눈 때문에 고생을 했으나 같이 생활하던 선배·동료들의 따뜻한 보살핌과 혜은(慧恩) 스님의 염려로 위기를 넘기고 전 과목 문제집 1회독과 민법 기본서 1회독을 마쳤습니다.

그러나 해인사 생활이 고시 합격과 인간 도리의 갈등 속에서 끝을 맺을 때의 아쉬움은 이루 말할 수 없었습니다.

갑작스러운 청주(淸州) 귀환(歸還)으로 허둥대던 중 우암동(牛岩洞) 아주머님의 특별한 배려로 밝고 조용한 곳에서 마지막 정리를 할 수 있게 되었습니다. 졸업 전까지 3주간의 방황이 있었지만 4일

간의 감기 공세를 마지막으로 나머지 1개월간은 평균 15시간의 작전을 아슬아슬한 순간을 넘기면서 성공적으로 끝내고 Stand까지 서울로 수송하는 극성을 피우면서 치른 19회 2차는 소나기가 내리는 가운데 막을 내렸습니다.

군더더기 말

기라성 같은 선배님들에게 저 같은 애송이가 무슨 할 말이 있겠습니까만, 천진난만한 3살 먹은 어린아이의 솔직한 대화에 귀를 기울여 주시길 바라면서 제 생활 단상을 적어 보겠습니다.

(1) 오뚝이 철학

수백 번을 넘어뜨려도 계속해서 일어나는 불굴의 의지로서의 오뚝이 철학을 얘기하려는 것이 아닙니다. 잠이 깬 후 일어날까? 말까? 생각하지 말고 오뚝이처럼 오똑 일어나서 옷을 입고 밖으로 나가는 생활 습관을 그렇게 명명하겠습니다. 특히 겨울에 이불 속에서 일어나느냐, 계속 누워 있느냐 하는 사고 투쟁에서 후자에게 승리의 월계관이 씌워지는 것이 인간이 지닌 약점의 하나라고 볼 때 이의 탈피에 오뚝이 철학은 특효약이 아닌가 생각됩니다.

(2) 규칙적인 생활

생활의 Rythme을 거슬리지 않으려고 노력했습니다. 전날 밤에 늦게까지 술자리가 마련되었거나, 인생상담소가 개설되었다할지라도 다음 날 기상 시간을 어기지 않으려고 몸부림쳤습니다. 또 아침 공부는 못할지라도 아침 운동은 거르지 않았습니다. 「잠자는 시간을 아까와 하지 말라! 눈을 뜬 시간에 문제점이 있다」는 판사님의 Advice를 신봉했습니다(매일 평균 낮잠 포함하여 7시간 자고 12시간 공부함). 저녁 12시가 취침 시간이었는데 좀 더 공부하고픈 욕망을 억제하면서 잠자리에 드는 영단(英斷)을 내린 적이 한 두 번이 아니었습니다. 경제 사정이 여의치 못한 저에게는 아침 운동과 사이사이의 심호흡, 물구나무서기, 윗몸 일으키기와 요가 중의 일부 동작을 흉내 내는 것은 규칙 생활과 함께 건강 유지에 불가결한 것이었습니다.

(3) 자기합리화 방지와 공부 실적 기록

매일의 시간을 새벽 · 오전 · 오후 · 밤으로 4등분하여 각 부분의 목표 시간을 정해 놓고 그 날에 공부한 시간과 공부량을 적어 나갔는데 자기 생활 통제와 반성에 많은 공헌을 했습니다.

또 자기합리화 방지에 주력했습니다. 지난해 눈병으로 애태울 때 떨어져도 할 말이 있다는 안도감이 저를 엄습해 왔습니다. 그때 저는 생각했습니다. 만약 실패할 경우 눈병을 변명의 구실로 삼지 않는다. 오히려 그러한 난관이 있었음에도 불구하고 합격하는 무서운 사람이 되어야 한다고 나 자신을 격려했습니다.

특히 지방대생의 경우 지방이라는 핸디캡, 즉 교수진이 미약하고 출제 위원이 서울에 편중되어 수험 정보에 어둡다는 등 불평들을 하는 데 이것은 잘못하면 자기기만이나 핑계 이상의 의미를 갖지 못하니 주의하십시오.

(4) 생활의 단순화

생활의 단순화는 절대 필요합니다. 그러나 지나친 생활의 단순화는 오히려 실패의 원인이 된다는 것을 명심하셔야 됩니다. 왜냐하면 고시 공부와 인격 도야는 병행되어야 올바르고 폭넓은 사고를 가진 법조인이 될 수 있기 때문입니다. 나는 고시 공부를 하니까 모든 것에서 떠나야 한다고 주장하면서 행하는 과잉 자기 통제가 비능률적일 수도 있다는 것을 경계하는 것입니다.

(5) 기타

Warming-up이라는 생각을 버렸으면 합니다. 공부한 기간이 짧다, 실력이 모자란다는 등의 월권(越權)이 포함된 자기 판단을 근거로 시험을 포기하거나 참가하는 데 의의가 있다는 식의 응시는 삼가는 것이 바람직합니다. 공부한 양의 다과(多寡)에 불구하고 그때까지의 자기 능력을 최대한 발휘해 보겠다는 자세로 시험에 응한다면 좋은 결실이 약속될 것입니다. 저의 경우 이번 시험에 많은 회의를 느끼다가 마지막 한 달을 남겨두고 전과(前過)를 뉘우치고 떨어질 때 떨어지더라도 「최선을 다하자」면서 자신감을 가지고 공부했는데 이것이 의외로 좋은 성과를 올렸습니다. 부끄럽습니다만 참고로 지난해 평균 48점이었던 제가 올해는 평균 57.87점으로 석차 20위로 합격한 것을 알려드립니다. 응시 경험은 차기 응시에 많은 도움이 됩니다만 타성화되지 않도록 신중을 기하십시오.

맺으면서

부채 많은 여정에 종지부를 찍고 수혜(受慧)로운 인생의 출발을 가능케 해 주신 여러분께 고마움을 전합니다.

어려운 상황에서 못난 자식을 위해 밤낮이 없고 심지어 끼니를 거르면서 헌신하신 부모님들께 영광과 은공을 드립니다. 대학 4년 동안 변함없이 이끌어 주신 정석규 학장님 이하 법·행정학과 교수님들 야전군 사령으로서 수고하시는 어인의 교수님 영전에 삼가 조의를 표합니다.

모든 어려움을 함께하여 서로가 수족(手足)이 되어 헌신적으로 도와준 팔기회원(八起會員)들에게 무한한 감사를 보내며 홍형의 합격을 축하하고 타 회원들의 애석한 실패가 차기의 합격으로 승화되길 기원합니다. 그리고 홍·이·우군의 건투와 학교 후배들의 분발을 촉구합니다.

변변치 못한 담담한 글을 끝까지 읽어 주시고 당돌한 저의 비례(非禮)를 너그러이 용서하시는 동도 제형들의 소원 성취를 굳게 믿으면서 글을 맺습니다.

* * *

이어 문재인은 '변호사의 길로'라는 소제목으로 사법연수원을 수료하고 변호사가 되었다고 간략히 기술한다.

변호사의 길로

사법연수원 시절은 평탄했다. **생소한 법률 문장과 판결문 문제도 별로 어렵지 않게 익숙해졌다.** 적은 액수이지만 봉급을 받게 돼 처음으로 경제적 자립을 했다. 아내와 결혼하고, 첫 아이를 낳았다. 처음 만난 때로부터 만 7년, 긴 연애 끝의 결혼이었다.

(중략)

시위 전력으로 결국 판사 임용이 안 돼 변호사의 길로 나서게 됐다. 그때 나만 판사 임용이 안 된 게 아니었다. 연수원 동기 중에 여성이 딱 2명 있었다. 그중 한 명이 연수원 전체 3등으로, 대한변협 회장상까지 받았다. 그녀의 아버지가 반공법 위반으로 복역 전과가 있고 보호관찰 대상자라고 했다. **연좌제가 없어진 후였는데도 아버지의 반공법 전과 때문에 판사 임용이 안됐다. 그 때문에 다른 여성 동기와 함께 검찰로 갔고, 둘이 사상 첫 여성 검사가 됐다.**

심지어 그때 법원은 소아마비 장애가 있는 동기생 4명을 임용에서 제외해 엄청난 여론의 비판을 받기도 했다. 결국 법원은 3

개월 후에 그들을 판사로 추가 임용하는 것으로 손을 들었지만, 당시 법원의 의식 수준이 그 정도였다.

그런 것들을 보면 내가 판사로 임용되지 않은 것이 외압 때문은 아니었다. 법원, 특히 대법원의 시대에 뒤처진 의식이 스스로 낙후된 결정을 내리게 한 것이다. 그래서 어쩔 수 없이 변호사의 길로 들어서게 됐다. 그 길목에서 노무현 변호사를 만났다.

내가 변호사가 된 그 모든 과정들이, 결국은 노무현 변호사를 만나기 위해 미리 정해진 운명적 수순처럼 느껴진다.

문재인은 자서전 1부 만남에서 '첫 만남'이란 소제목의 글에서 검사로 임용될 수 있었는데도 변호사가 되어 부산으로 내려간 과정을 밝힌다.

첫 만남

1982년 8월, 사법연수원을 수료하면서 판사를 지망했다. **연수원 성적이 차석이어서 수료식에서 법무부장관상을 받았다. 사법고시 합격자 수가 많지 않은 때여서 연수원을 마치면 희망자 전원이 판사나 검사로 임용됐다.**
그래서 판사에 임용되지 않을 것이라는 생각은 미처 하지 못했다.
[운이 좋아 합격했다고 했으니 문재인은 합격자 가운데 등수가 상위권은 아니었을 것이다. 연수원 졸업 성적은 사시 2차가 3분의

1, 연수원 성적이 3분의 2이다. 연수원 성적이 차석이라는 말은 연수원 시험 성적만은 수석이었다는 말인가? 확인이 필요하다.]

(중략)

당시 법원행정처장은 내가 학교 다닐 때 민사소송법을 가르쳤던 은사였다. 검찰에서는 받아들여 줄 것이라는 이야기가 있자, 그분은 내게 우선 검사로 임용 받을 것을 권유하기도 했다. 검사로 임용받아 2~3년간 근무하면 임용 불가 딱지가 떨어질 테니 그때 판사로 전관(轉官)하라는 것이었다. 그렇게까지 하고 싶지 않았다.
[먼저 검사로 임용되어 판사로 전관하는 것이 무리수인가?]

할 수 없이 뒤늦게 변호사 개업으로 방향을 바꾸었다. 연수원 마친 사람이 전원 판·검사로 임용되던 시기여서, 바로 변호사 개업을 한다는 것은 아주 희귀한 경우였다. 성적도 괜찮았던 덕에 금세 소문이 돌았다.
[연수원 졸업 성적이 차석이라면서 '우수한 성적'이 아닌 '괜찮았던'이란 표현을 쓰는 것이 이상하다.]

지금처럼 로펌이 많은 시절이 아니었는데도 〈김앤장〉을 비롯해 괜찮은 로펌 여기저기서 스카우트 제의가 들어왔다. 몇 군데 만나 제안을 들어보기도 했다. 조건이 좋았다. **보수도 파격적이고 승용차도 제공해 준다고 했다. 3년 정도 근무하면 미국 로스쿨로 유학도 보내 준다고 했다.** 잠시 솔깃했다.

하지만 내가 생각했던 변호사 상(像)과 너무 달랐다. 대학 시절 학생운동을 했기 때문만은 아닐 것이다. **내가 그렸던 법률가 상은 꼭 인권변호사가 아니더라도 보통 서민들이 겪는 사건들 속에서 억울한 사람을 돕고 보람을 찾는 모습이었다.** 이건 좀 아닌 듯했다. 그때 로펌의 스카우트 제의를 받아들였다면 전혀 다른 삶을 살게 됐을 것이다. 국제변호사나 기업 전문 변호사, **뭔가 고급스러워 보여서 오히려 내키지 않았다.**

[영어가 제로인 문재인인에게 미국 로스쿨 유학은 오히려 부담이었을 것이다. 검사가 되지 않은 것, 〈김앤장〉으로 가지 않은 것 모두, 형편없는 법률 지식이 탄로 날까 두려워한 때문이 아니었을까?]

그냥 보통 변호사의 길을 가기로 했다. 이왕 그렇게 한다면 어머니도 모실 겸, 아예 부산으로 가는 게 좋을 것 같았다. 별 주저는 없었는데, 잠시 고민이 됐던 건 아내에 대한 미안함이었다. 음대를 나온 아내는 그때 서울시립합창단 합창단원으로, 서울에서 직장 생활을 하고 있었다. 대학 시절부터 내가 구속되는 걸 지켜보며 면회도 오곤 했던 **아내는 부유함을 꿈꾸는 여자는 아니었다.** 사법고시 된 것만으로도 충분히 고마워했다. 그렇다 해도 서울에서 좋아하는 일을 하고 있는 서울 여자에게 부산으로 가자고 하니 미안했다. 다행히 동의해 줬다.

그렇게 해서 만난 게 노무현 변호사다.

【왜 어머니를 모시러 부산으로 갔다고 했을까? 이후 어머니란 말도 나오지 않는다. 문재인이 어머니라고 하는 여성이 친모가

아닌 계모란 주장은 계속 있어 왔다.

이와 관련한 인터넷 신문 《뉴스메이커 USA》 기사

…모든 정황을 종합해 볼 때 문용형은 해방 직후 결혼을 해 1949년 북한에서 문재인을 낳은 것으로 추정된다. 친어머니는 지난 2004년 7월 금강산에 열린 이산가족상봉 때 만난 이모 강병옥(본명 안순옥)이 유력하다. 남한의 어머니 강한옥(2019년 사망)은 계모(繼母)가 확실하다는 것이 강한옥 주변사람들의 전언이다.

익명을 요구한 강한옥의 지인 A씨(부산 거주)는 기자에게 "문재인의 주장대로라면 강한옥 씨의 고향은 함경남도 함주"라면서 "내가 강한옥 씨와 한 동네에서 20년 이상 살았지만 강씨가 함경도 사투리 쓰는 것을 한 번도 못 봤다"고 말했다.

A씨는 "강한옥 씨가 남한으로 온 것이 23세임에도 불구하고 함경도 사투리를 안 쓰고 죽을 때까지 억센 부산 사투리를 쓴 점을 문재인은 어떻게 해명할지 궁금하다"고 전했다.

이어 A씨는 "문재인의 계모가 강한옥이란 사실은 부산 바닥에서 공공연한 비밀"이라면서 "문재인 아버지가 남한에서 새장가를 가서 1남 2녀(문재인과 누나 문재월 포함 2남 3녀)를 낳은 것으로 알고 있다"고 밝혔다.

거제도 토박이 노인들은 "문재인은 거제도에서 태어난 적이 없다"고 입을 모았다.

"문재인이 절친인 송철호 울산시장에게 사석에서 '나와 1949년생 동갑'이라고 말한 정보가 있다."

전직 고위 정보기관원 B씨는 "2004년 이산가족 상봉 당시 강한옥은 억센 부산 사투리로 '병옥이가?'(병옥이냐?)라고 했고, 북한의 동생은 함경도 사투리로 '언니 맞소?'라고 물었다. 23세에 월남한 강한옥이 함경도 사투리를 잊었다고 보느냐?"고 반문했다.

B씨는 "당시 청와대 민정수석이던 50대의 문재인은 70대 이상만 이산가족 상봉이 가능함에도 불구하고 권력을 이용한 가족 상봉을 해 정권 내에서도 말이 많았다. 또한 당시 정보기관원들도 북한 여동생과 남한 언니의 닮은 모습을 하나도 발견하지 못해 이상하게 생각했다"고 전했다.

이어 B씨는 "지난 2019년 10월 29일 강한옥은 대통령 어머니임에도 불구하고 경호원도 없는 6인 병실에서 쓸쓸하게 지내다 세상을 떠났다. 그녀가 병원에 입원했을 당시 며느리 김정숙이 병문안 한 번 가지 않은 것에 대해 어떻게 생각하느냐"고 반문했다.

이어지는 B씨의 증언이다. "강한옥이 입원했던 부산가톨릭 의료원 메리놀병원은 낡고 오래된 부산의 중형급 병원에 불과할 뿐이다. 강한옥은 자신의 아들이 대통령이란 사실을 병원 측에 알리지 않았고, 메리놀병원 의사들조차 이 같은 사실을 알지 못했다. 강한옥이 문재인의 어머니라는 사실이 알려진 것은 10월 16일 문재인이 병원을 찾고 나서이다.

강한옥이 정녕 친모라면 문재인과 김정숙이 이처럼 홀대했겠나? 아마 서울로 이송시켜 삼성의료원이나 세브란스병원 또는 서울대병원 같은 고급 대형병원 특실에 입원시키고 청와대 경호원들로 하여금 병실을 지키도록 했을 것이다. 그리고 자주 병문안도 다녔을 것이다.

강한옥은 엘리베이터도 없는 허름한 5층짜리 아파트에 살았으며, 병원 6인실에서 지내다 외롭게 생을 마감했다. 난 이 상황을 보며 문재인 부부가 결코 좋은 사람들이 아니라고 생각한다."

또한 B씨는 "문형용이 거제도 포로수용소에서 풀려난 것이 1953년 6월인데, 1953년 1월생 아들이 있다는 것이 믿겨지느냐"며 "나는 문재인이 1949년 북한에서 출생한 것으로 알고 있다"고 말했다.

B씨는 "문재인이 절친인 송철호(1949년생) 울산시장에게 사석(私席)에서 '사실은 나도 49년생'이라고 말한 정보가 있다"며 "현재 문재인이 공식적으로 밝히고 있는 1952년 또는 1953년 출생년도는 모두 허위일 가능성이 크다"고 덧붙였다.

그렇다면 북한 태생인 49년생 문재인이 어떻게 남한에 와서 1953년 1월 24일생으로 둔갑할 수 있었을까.

이에 대해 B씨는 이렇게 말했다. "6.25 전쟁 직후는 혼란이 극도로 심한 시절이었다. 정부 문서 관리도 엉망이었고 피난민이 하도 많아 생년월일, 이름 등을 제대로 파악할 수조차 없었다. 북한에서 온 사람들이 그냥 불러주는 대로 가족관계가 만들어질 때였다.

혼란을 틈타 문재인과 누나 문재월의 생년월일이 결정됐을 것이다. 당시에는 휴전선이 지금처럼 철통같을 때가 아니라 남북을 오가며 이산가족을 연결시켜 주는 브로커들이 많았다고 한다. 나는 문용형이 포로수용소에서 풀려난 후 거제를 떠나 부산에 정착했을 때 북한에 있는 지인과 연락이 됐거나 브로커들을 만났을 것으로 본다' 그들이 '어린 문재인'과 누나 문재월(호적상 1949년생)을 부산까지 데려왔을 것으로 본다. 언론인 이도형씨 등 일부에서는 문용형이 50년대 중반 입북해서 문재인과 문재월을 데리고 왔을 것이란 주장도 했다.

하지만 지금으로서 이 부분은 추정만 할 뿐 풀리지 않는 '미스테리'이다. 분명한 것은 문재인과 문재월은 흥남철수로 남한에 오지 않았으며 나이도 가짜란 사실이다. 문재인이 49년생이고, 호적상 49년생인 문재월은 그보다 한두 살 많을 것으로 추정된다."

문재인의 어머니(계모) 강한옥(2019년 사망)씨와 이모로 알려진 강병옥(본명 안순옥으로 추정). 하지만 외모 등 여러 가지 정황상 강병옥이 문재인의 친모일 가능성이 높은 것으로 알려졌다.】

'거물 간첩 김용규 증언'이라며 인터넷을 검색하면 나오는 말이 있다.

"김일성 교시로, 김일성 장학금으로 서울에 고시원 10군데 만들어 한 군데서 1년 평균 6명씩, 10곳에서 60명씩 사법고시 합격했다! 1980년경~2010년경까지(30년 동안) 서울에서만 1,800명 합격자가 나왔다."

이것이 유언비어인지 사실인지 철저한 검증이 필요하다.

* 표병관 수기 *

문재인을 이해하는 데, 표병관 선생의 수기가 도움이 될 것이다.

- 남로당 경남 의령지부장을 지낸 아버지, 中2부터 공산주의사상 학습
- 전교조 필두로 영화산업·문학·역사업자, 反한국 헤게모니 성공
- 1986년 '공산주의의 조국' 소련의 현실 시찰한 뒤 너무나 억울
- 미제 식민지란 서울의 거리가 너무나 아름답고 싱그러워져 갔다
- 자유민주주의자들의 목소리에 내 목소리 보탤 것을 맹세한다.

오늘날 수구꼴통이라 불리는 자유민주주의자들이 문재인 정부에 의한 자발적인 적화를 우려하면 자칭 진보적 시민들이 반응하는 말이 있다. "이것이 적화라면 살만하네" 이 말에 자유주의자들은 경악하겠지만 어린 시절 학창 시절 철저하게 공산주의 교육을 받은 나에겐 퍽이나 친근하게 들리는 소리다. 미국의 식민지라 생각한 대한민국 서울에 대학 공부하러 올라온 내가 자신에게 던진 말이랑 같다. "미국 식민지가 이 정도면 살만 하네" 이 말을 아버지에게 했다가 태어나 두 번째로 뺨을 많이 맞았다.

아버지는 1921년생, 남로당 경남 의령 지부장으로 해방 후 한국에서 일어난 첫 번째 '광주사태'인 10.1폭동을 주동했다고 사형선고를 받은 분이다. 물론 장시간 도피와 도망자로, 또 위기의 순간마다 당신을 구해준 아내이자 내 어머님의 목숨을 건 재치로 살아 남으셨다.

그 댓가로 어머님은 한겨울에 몽둥이 찜질과 권인숙보다 더 혹독한 고문을 받으셔야 했다. 그럼에도 세월이 흐른 뒤 어머니는 자신을 고문한 경찰에 대한 원망보다 석방되던 날 남편 없이 아이를 키운다며 쌀 한 가마를 보내준 경찰서장의 마음을 더 진하

게 간직하고 계신다.

1961년생인 나는 중학교 2학년인 시절부터 아버지에게 정치학습을 매몰차게 받았다. 공산주의 사상을 기반으로 훗날 조국 통일의 일꾼으로 쓰기 위한 훈련이었다. 대구 남산동에 살던 나에게 아버지의 전력을 아는 집안이나 동네의 또래 아이들은 나를 향해 빨갱이 아들이라고 놀리곤 했다. 그때마다 난 오히려 더 서슬 퍼런 얼굴로 "우리 아버진 영웅이다"라고 외쳤다. 그리고 나는 아이들을 대한민국에 세뇌된 무(無)개념의 '얼라'로 취급하였다. 당시 나는 학교에서 나누어 주던 반공 방첩 리본을 내동댕이치는 호기어린 모습을 주변 아이들에게 보여주기도 했다.

교육청에서 실시하는 백일장 대회의 글쓰기 제목이 "이승복 어린이"면 난 당당하게 나의 주장을 펼쳤다. "공산주의란 경제적 개념인데 한낱 어린 국민학생인 승복이가 공산주의 경제를 어떻게 알고 무작정 싫다고 외치다 죽었겠느냐? 대한민국 박정희의 무서운 세뇌공작으로 인해 승복이가 죽었다"며 열변을 토했다.

선생님에게 맞고 친구들에게 욕도 먹었지만 이런 일로 정보부에 끌려가지는 않았다. 당시 간첩 사건이 터지면 정보부 사람들이 구둣발로 우리 집으로 들어와 온 장농과 책상 서랍을 뒤졌지만 당돌하게 대항하는 나에게 어떤 제재도 가하지 않았다.

동네 친구들에게 김일성은 다수를 위한 독재지만 박정희는 재벌, 군벌, 문벌 등 소수 특권층을 위한 독재라고 주장하여도 큰 문제는 없었다. 돌이켜 생각해 보면 박정희는 형식적인 민주주의는 추진했다고 볼 수 있다. 박정희 집권 시기 민주당 전 대표 김한길의 아버지인 김철을 사회당 대표로서 1974년 영국의 세계 사회당 기구 지도자 회의, 1977년 동경에서 개최된 사회주의 인터내셔널 지도자 회의에 참석 시킨걸 보면 박정희의 독재는 상당히 열린 독재로 보여졌다.

1975년부터 아버지와 재일교포 아저씨(조총련)의 교육은 참으로 치밀하고 깊이가 있었다.

당시 조총련을 비롯한 공산주의자들의 핵심사업은 첫째, 용어 전술로 남쪽을 공략하라. 둘째, 역사를 무기화하라이었다. 이 두 가지 역점 사업은 완벽하게 성공하였다.

우선, 이들은 정치집단에 보수와 진보란 용어를 차용했다. 진보의 반대는 보수가 아니고 퇴보기에 이러한 용어를 남쪽이 수용하는 순간 대한민국의 국민들이 인민화되는 건 부지불식간이란 것이다.

진보정치란 말은 세상에 없는 말이다. 사안에 따라 전통을 따라야 할 게 있고, 뛰어넘어야 할 것이 있다. 과거 한때 공산주의 사회주의를 진보라고 부른 적이 있지만 20세기 말에 이것을 진보라고 부르는 사람은 없다. 북한이나 소련이 대한민국, 미국보다 더 진보적이라고 생각하는 사람은 없을 것이다.

노무현이 연세대학에서 "어떤 놈의 보수를 가지고 와도"란 표현에도 입을 닫고 있는 대한민국 정치인을 보면 "참으로 적화가 늦어지고 있구나"란 생각과 함께 대한민국 사회가 정치부재란 판단을 하게 되었다.

노무현이 언급했듯이 "자기처럼 머리 좋은 사람이 대학 못가는 사회가 건강하냐?"는 말에 분명히 대답해야 한다. "노무현 당신의 생각보다 대한민국은 훨씬 더 건강하고 위대하다"고.

상고 나온 사람을 국회의원, 장관, 대통령으로 시켜준 나라가 바로 대한민국이다. 노무현이 북한에 태어났다면 결코 김정일, 김정은 자리에 갈 수 없을 테니 말이다. 정치학습이 턱없이 부족한 노무현이 대통령 임기를 마친 시점에 진보라는 것이 용어 전술의 허구라는 것을 알아차렸으리라 생각한다.

역사의 무기화는 단 한마디로 친일파와 반일주의를 기점으로 친미파 미제국주의로 확장해 나가는 것이다.

"역사란 모두가 현대사일 뿐이다"란 말은 현대 역사가들의 공통된 인식이다. 역사란 "일어난 역사"가 아닌 "쓰여진 역사"기 때문이다. 특히 국사라는 거울은 백설공주에 나오는 마녀가 보는 거울일 뿐이다. 한국의 국사 교육은 민족이란 단 하나의 개념에 의거해 역사를 파악하는 것을 당연시 해왔다. 친일행위를 개인의 악이 아니라 한 시대의 불행으로 인식해야 함에도 늦게 태어났다는 것만으로 100년 전의 사람들을 일방적으로 비판과 심판을 일삼는 남쪽 국민들을 보면 황당하기도 했다. 하지만 북한의 역사를 무기화하는 전략이 남한 사회에 먹혀 가는 걸 보면 혀를 차게 한다.

햇볕정책으로 청바지와 자유가 북한에 들어가면 김정일 정권이 무너진다는 건 완전한 착각이다. 2차 대전 당시 할리우드 영화가 일본에서 인기였고, 나치 조종사가 전투기 동체에 미키마우스를 그려 전장으로 간 이야기는 유명하다. 그렇다고 일본과 독일 정신이 미국에 물들지 않았다. 이것은 지금도 적용된다. 북한보다 훨씬 자유로운 남한의 경우 1998년 일본의 문화 수입이 자유롭게 된 뒤부터 반일감정은 더욱 증폭되었다. 바로 최상층에 있는 북한 세력이 문화운동을 전방위로 전개한 정치공작이 유효했기 때문이다.

이러한 공작은 쉽게 통일전선전술이라 말할 수도 있지만 기존의 통일전선과는 판이하게 달랐다. 통일전선은 소수파에 놓여있는 집단이 상대편의 세력을 약화 또는 고립시키기 위해 이해관계가 같은 계층이나 집단이 정치적으로 협동하는 공산당의 전통적인 전술이다. 그러나 남한에서의 전술은 사회공산주의란 이해나 동조가 없더라도 역사란 과거의 힘으로 정의를 정당화하고 사기적인 역사로 역사에 위배된 자를 배제시킴으로써 통일전선을 완성하는 것이다. 가히 업그레이드된 통일전선이다.

남한의 경우 전교조를 필두로 영화산업, 문학, 역사업자들의 입체적인 운동이 자신들도 모르게 무기가 되어 한국 정신이 가질 자부심을 파괴하고 反한국 역사란 무기가 한국 사회에서 헤게모니를 잡는데 성공한 것이다.

1975년부터 1980년까지 "아름답지 않은 것은 공산주의일 필요가 없다"고 믿으며 난 10대 중후반에 세계가 사해동포주의에 입각한 사회주의를 건설하는 기수가 되겠다는 생각을 마음에 문신처럼 새기고 있었다. 그런 나의 마음에 빨간불이 참으로 빨리 켜졌다. 1980년 5월 광주 사태였다. 아버지와 그의 동료들은 모여 미국이 광주를 도와주기 위해 항공모함을 끌고 온다는 얘기를 전파하고 나에게 은밀한 지령을 내렸다. 그것은 당시 20살이란 내 나이에 받아들이기엔 너무나 힘든 일이었다.

나에게 주어진 임무는 경찰이 사용하는 곤봉으로 대전에 사는 운동권 대학생을 피투성이가 되도록 린치를 가하라는 것이었고 그로 인해 학생이 사망해도 무관하다는 것이었다.

아버지는 광주사태를 대전 등 전선을 전국으로 확대하기 위해선 반드시 필요한 과업이라 했지만 난 선뜻 받아들일 수 없었다.

이 사실을 알게 된 어머니는 당분간 집에 오지 말고 여행이나 친구 집에 있으란 말로 아들을 보호하였다. 아버지가 내 앞에서 백번도 더 되풀이하신 "목적을 위한 수단은 그 어떤 것도 정당하다"란 말씀에는 늘 맞장구치며 머리로 수긍했지만 막상 주어진 임무에는 난 손가락하나 까딱할 수 없었다. 목적을 위한 모든 수단이 정당하다는 말이 괴물처럼 들렸기 때문이다.

광주사태를 지금은 민주화운동이라고 부른다. 이것을 민주화운동이라 명명하면 전두환의 신군부를 비난할 수 없는 일이 된다는 걸 모르는 건지 개의치 않는 것인지 사뭇 궁금하다.

민주화 운동이라면 사전에 모의하고 작당하며 비전을 제시해야 한다. 그건 신군부의 주장을 도와주는 일임에도 불구하고 5.18 단체는 겁 없이 민주화운동이라 말하고 이젠 사전모의를 했다고도 언급하는 지경이 되었다. 가히 혁명의 만조기를 넘어 지배하는 양상이다.

5.18은 북한의 역사이기도 하기에 광주의 유족들은 대한민국적인 감성도 발휘되지 않는다. 5.18의 희생자는 군인이든 민간인이든 현대사의 피해자다. 우리 정서로 이해할 수 없는 광주정신은 아직도 5.18 희생자인 군 사망자 23명, 경찰 사망자 4명의 위령제를 지내지도 않고 있다. 그들을 5.18 희생자에 함께 포함시키지도 않고 있다. 이런 처세는 대한민국에서 결코 보편적이고 상식적이지 않다.

　그러나 우리의 정서가 아닌 북한정서로는 충분히 가능한 일이다. 북한소설에 가족이 죽임을 당한 광주의 어머니에게 선량한 군인이 어머니라 부르며 사죄를 하자 어머니는 그 군인에게 돌을 던지며 "한국의 엄마는 너 같은 아들을 낳은 적이 없다"라고 말하는 장면이 나온다. 이런 창작은 철저하게 북한적이고 주체사상적 마음이지 반대 진영에 대해 돌을 던지기보단 화해하려는 한국적인 마음이 아니다.

　광주사태 이후 난 "아름답지 않고, 인간중심이 아닌 것은 공산주의일 필요가 없다"는 공산주의자들의 말이 너무나 공허하게 들렸다. 난 아버지와 당신 동료들의 교육으로부터 멀어져갔다. 인간본성을 무시하고 개인주의가 가지고 있는 이기주의 그 '초월성'을 보지 못한 마르크스로부터 나는 자연스레 벗어나고 있었다.

　대학 졸업 후 조총련의 세포가 되겠다던 나의 희망은 이미 썩어버린 낙엽이 되었다. 미제 식민지란 서울의 거리가 너무나 아름답고 싱그러워져 갔다. 대학 졸업 후 나는 아버지에게 여러 핑계를 대며 직장생활을 하게 되었다.

1986년 내가 근무하던 직장에서 유럽산업 시찰이 있었다. 당시 항공편이 일본 국적기 JAL이라서 모스크바를 경유한다기에 나는 시찰단 모집에 적극적으로 지원하였다. 아버지의 사상적 모국인 소련! 그곳이 어떤 곳인지 모스크바 공항이라도 샅샅이 살펴보겠다는 마음에 무척이나 설레였다.

   독일, 프랑스에서 산업시찰을 마치고 모스크바 공항에 도착했다. 트랜스퍼 시간이 길지 않아 바쁜 걸음으로 공항내부를 누비고 다녔다. 화장실에 들어간 순간 나는 커다란 충격에 휩싸였다. 인터내셔널 에어포트 화장실에 화장지 대신 신문지 같은 종이가 못에 꽂혀 있는 것이었다. 그리고 쇼스타코비치의 혁명이란 부제의 음반을 사러 가게에 발을 들여놓았을 때 여자 점원의 불친절과 잔돈을 던지다시피 하는 행동에 내 가슴은 무너지기 시작했다. 이런 나라를 사상적 조국으로 받들며 살아오신 내 아버지를 생각하니 너무나 억울했기 때문이다. 겨우 이런 것으로 소련을 평가해서는 안 된다는 사람이 있다면 나는 큰 소리로 그를 욕할 것이다.

   우리에게 가장 중요한 것은 현실이며 일상이다. "저 높은 곳"이 아니다. 한국에 돌아와 아버지에게 모스크바 공항의 비루한 현실에 대해 말했을 때 난 태어나 가장 많은 뺨을 맞았다. 얼마나 맞았는지 내 뺨은 복어 볼떼기가 돼버렸다. 그러나 나는 아무런 고통도 느끼지 않았다. 아버지가 내면에 지니고 계셨던 사상적인 의문과 늘 자신이 상상하던 아름다운 소련은 현실이 아닐지도 모른다는 불안감을 아들의 입을 통해 확인하게 되는 게 두려워 매몰차게 나의 뺨을 내리치시지 않았을까란 짐작에 가슴이 먹먹해졌다. 그러나 세월이 지난 지금은 아버지의 생각과 신념이 이긴 게 아닐까란 생각을 지울 수 없다.

아버지와 그의 동료들은 88올림픽 이후 노래를 부르듯이 말하였다. "공화국은 남한의 경제성장을 부러워할 필요가 없다. 어떤 이기심을 부려도 통장 잔고만 늘려 나가는데 만족하는 집단은 결국 정치학습으로 무장된 사람들에게 질 수밖에 없다.

박정희의 과오는 정치학습을 포기한 거야. 결국 대한민국은 잘 익은 스테이크로 우리 차지가 된다."

1994년 유행처럼 번지는 분신 정국 아래 서강대 박홍 총장의 주사파 발언에 난 내심 "이놈들 큰일 났구나"했다. 그러나 이러한 상황을 메카시적 현상처럼 가볍게 처리하고 오히려 박홍 총장이 조롱받는 한국을 보며 망치에 맞은 것처럼 휑한 기분이었다.

그랬다. 80년대 중반 이후 몸에 신나를 뿌리고, 옥상에 매달린 채 독재타도를 외치는 주사파 아이들을 지켜보며, 확고한 세상의 가치방향과 정치철학 없이 시집 장가 잘 가기 위해 도서관을 전전긍긍하는 아이들이 40대 50대가 되면 과연 정치권에서 이들을 이겨낼 수 있을까란 불안을 오래전 가진 적이 있다. 그 불안을 오늘날 현실로 보고 있다.

되돌릴 수 있을까? 이런 나의 불확실한 마음이 기우가 되었으면 하는 바람이다. 이 바람이 현실이 되기 위해선 자유민주주의자들의 목소리가 비겁해선 안 된다. 여러 사람들이 담아갈 수 있게 가치 있고 비전 있는 참신한 목소리를 만들어 가야 한다. 미력하나마 내 목소리를 보탤 것을 맹세한다.

11장 · 노무현 합격 수기 분석

1975년 3월 27일 조간신문에 17회 사법시험 합격자 명단이 실렸다. 60명의 합격자 가운데 노무현이 있었다.

1975년 잡지《고시계》7월 호에 노무현의 합격 수기가 실렸다.

[노무현의 합격수기를 주의하여 읽어보면 황당하기 짝이 없다.
문재인 자서전에 나오는 '고시 공부' 부분 못지않게 어이없다.
이런 초능력자들이 평생을 같이 한 이유도 짐작이 간다.
먼저 노무현 합격 수기를 대충 다루어 본다.
합격 수기 내용 전부가 의심스럽지만 중요 부분만 다룬다.]

〈과정도 하나의 직업이었다〉

1. 머리에

지나간 일은 언제나 아름답게만 보인다지요? 산꼭대기에서는 힘겹게 올라온 가파른 산길마저도 한 폭의 그림처럼 보이듯이 말입니다. 또 승자의 과거는 그것이 자서전이든 타인의 작품이든 가끔 신화적으로 수식되어 있음을 봅니다.

사법시험의 합격, 이것이 긴 여정에서 하나의 중간 목적지에 불과하지만 하나의 성취와 조그마한 승리로 평가될 수도 있기에, 막상 합격기라는 것을 쓰려 하니 자칫 어떤 승리감에 도취되거나 과거를 돌아보는 낭만적인 기분에 도취되어 힘겹고 괴로웠던 긴 수험 과정의 체험을 스스로 미화시켜 얘기하는 잘못을 범하게 될까 여간 두렵지 않습니다.

그러나 고졸 합격자라는 다소 특이한 제 입장이 독학도들에게 어떤 관심의 대상이 될 수도 있지 않을까 하여, 둔한 솜씨나마 될 수 있는 한 사실대로 기억을 더듬고 그때의 생생한 감정들을 살려서 몇 자 쓰고자 합니다.

2. 동기 - 꿈을 키우던 시절

나는 경남 진영이라는 읍에서 약 10리나 떨어진 산골 가난한 농가에서 태어났다.

위로는 형님이 두 분, **큰형님은 부산대학교 법대를 졸업하고 고등고시를 준비하였으나** 본래 가난한 살림에 벅찬 대학 공부 때문에 가세는 더욱 기울어 내가 국민학교 3학년 때쯤 끝내 응시도 해보지 못한 채 그만두고 말았다.

당시 나는 형님을 따라 마을 뒤에 있는 봉하사라는 절에 가서 그곳에서 고시 공부를 하는 형님 친구들의 법이론이나 시국에 대한 토론을 자주 듣곤 했으며 또 형님은 자신의 좌절에서 오는 울적한 심경을 털어놓기를 좋아했던 모양으로 가끔 사뭇 상기된 어조로 나에게 여러 가지 얘기들을 들려주곤 했다.

[큰형이 부산대 법대를 나왔다고 하는데, 거짓일 가능성이 크다. 이름과 학번만 말하면 확인은 어렵지 않다. 다녔다면 언제 다녔는지도 알 수 없다. 그저 노무현의 글로 그 시기를 추정해 볼 수밖에 없다.]

물론 나는 그 때의 얘기들이 너무 어려워서 잘 이해되지 않는 것이 많았으나 그들의 엄숙한 표정과 격한 어조의 토론은 만만한 젊음의 패기와 이상을 그리고 격렬한 논쟁의 뒤에 주고받는 소탈한 웃음은 사나이들의 인간미와 호기를 상징하는 것으로 느꼈고, 이것들이 고시학도들의 속성이요 또 그들만이 가지는 특권으로까지 생각했다. 결국 이런 분위기는 나에게 고시를 해보겠다는 막연한 꿈을 갖게 해주었다. 그러나 살림은 더욱 기울어 둘째 형은 중학교를 2년에서 중퇴, 부모님의 노동능력은 차츰 줄어 갔고, **내가 중학교 2년이 되는 해에는 마침내 최후의 명줄로 남아있던 조그만 과수원마저 빚에 쪼들려 처분해야만 했다.**

[공식적으로 여러 자료에 나오는 노무현의 초기 약력은 다음과 같다.

1946년 9월생
1959.2. 진영대창국민학교 졸업
1960.3. 진영중학교 입학(재수하여 중학교에 입학한 듯)
1963.2. 진영중학교 졸업

1966.2. 부산상업고등학교 졸업

1966. 삼해공업 사원

1966. 제7회 사법 및 행정요원 예비시험 합격

1971. 육군 제1군사령부 제3군단 제12보병사단 제52보병연대 2대대 상병 만기 제대[21]

1975.3. 제17회 사법시험 합격

1977.8. 제7기 사법연수원 수료.

노무현의 말로 보아 큰형이 부산대 법대를 다닌 시기는 노무현이 국민학교 다니던 시기라고 보아야 한다. 즉 1953~1959년 사이이다. 50년대에 대학생이 얼마나 희귀했는지는 누구나 아는 일이다. 집안에 경제력이 좋았던 모양이다. 가세가 기울어 중학교 2학년 때(1961년) 과수원을 팔았다고 한다.]

나는 3학년이 되면서 일찌감치 고교진학을 포기하고 5급 공무원(지금의 9급) **시험을 거쳐 독학으로 고등고시에까지 밀고 나가 보겠다는 결심으로** 옛날 형님께서 보시던 누렇게 바랜 "법제대의"와 "헌법의 기초이론(유진오)"을 꺼내 읽기 시작했다.

그러나 그해 10월에는 일자리를 찾아 나갔던 형님께서 돌아와 내가 하는 꼴을 보고 크게 나무라시면서 진학을 권하셨다. 나도 가정 사정을 들어 고집을 부려 보긴 했으나 끝내 강권에 못 이겨 부산상고에 장학생으로 들어가게 되었다. 그러나 예순이 넘으신 부모님들의 생활은 아무런 토지의 근거도 없이 자신들의 노동으로 해결하시도록 내버려 둔 채 둘째 형님이 세탁소 직공으로 벌어 내 숙식비를 부담해야 했으니 대학 진학은 아예 엄두도 내어 보지도 못하고 취직반에 들어갔다. 그래도 역시 막연하게나마 길러 오던 고시에의 꿈을 버릴 수는 없었던지 3학년 말 농협에 취직시험을 치른 후 발표도 나기 전에 65년도 11월호 "고시계"를 한 권 샀다. 고시의 냄새를 알기 위하여.

[노무현은 가세가 기울어 중학교 3학년(1962년)이 되면서 고교 진학을 포기하고 9급 공무원을 목표로 했다고 한다. 9급 공무원이 되면 고등고시할 생각도 했다고 한다.

그런데 1962년 10월 일자리 찾아 집을 나갔던 큰형이 돌아왔다고 한다. 대학을 나오고 군대도 해결한 모양인데, 아무 일자리도 못 얻는다?

좋은 직장은 드물었던 시절, 대졸 실업률이 높았던 시절이기는 하지만 눈을 낮추어 독일 광부로도 지원하던 시절이다.

부산상고에 장학생으로 들어갔다는 표현에 중학 시절 성적이 우수한 줄로 착각하게 된다.

박정희 대통령이 만든 정수 장학 재단이 주는 장학금을 받은 것이다. 고교 3학년 말 즉 1965년 말 농협시험을 치렀다는 데, 이는 부산상고 시절 성적이 하위권이었다는 말이다. 성적이 우수한 학생은 은행 시험을 쳤다.]

3. 출범, 그리고 표류

 농협에서 낙방에 이어 개인회사에 취직했으나 생각보다 급료가 박했고, 근무시간이 많았던 것은 고시로 향한 출범의 결정적 계기가 되었다. 야산 돌밭을 개간하여 심은 고구마와 영세민취로 사업장에서 내 주는 밀가루로 연명하시는 부모님들의 실망을 모른 체하고 직장을 그만두었다. 한 달 반의 급료 6천원으로 몇 권의 책을 사고 마을 건너편 산기슭에 토담집을 손수 지어 "마옥당"이라 이름 붙인 후 "사법 및 행정요원 예비시험"을 준비하기 시작했다(당시에는 학력 제한이 있었다).
 [1966년 부산상고를 졸업한 노무현은 농협 시험 떨어지고 삼해공업이라는 곳을 들어갔다. 저임금 장시간 노동하는 직장이었다고 노무현은 말한다.]

 책값을 벌겠다고 울산 한국비료공장 건설 공사장에 막노동을 하러갔다가 이빨이 3개나 부러지고 턱이 찢어지는 불운을 겪으면서도 용케 11월에는 제7회 예시에 합격하였다. 4개월 정도의 준비로 예시에 합격하는 행운과 함께 이제까지의 나의 처절한 투쟁은 막을 내렸다. 나의 예시 합격에 자극받아 큰형님은 67년에, 둘째 형님은 68년에 각각 5급 공무원 시험에 합격했기 때문이었다. 그러나 67년에는 법률서적을 살 형편이 못되어 예비시험과목을 새로 공부하고 있다가 68년에는 군에 입대했다. 군에 있는 동안에도 공부를 해보려고 애썼으나 영어 단어 하나 암기 못하고 3년을 표류하고 말았다.

[예시는 한마디로 말해 고등고시 응시 자격 시험이다. 대졸 또는 대학생에게만 응시 자격을 주었고 그 이외에는 예시를 쳐서 합격해야 했다. 일반교양을 묻는 시험이었다.

상고 졸업생인 아우의 예시 합격에 부산대 법대를 나왔다는 큰형이 자극받아 1967년 9급 공무원 시험 합격했다니 코미디다.

그동안 대졸 백수였던 모양이다.]

(중략)

그러나 67년에는 법률서적을 살 형편이 못되어 예비시험과목을 새로 공부하고 있다가 68년에는 군에 입대했다. **군에 있는 동안에도 공부를 해 보려고 애썼으나 영어 단어 하나 암기 못하고 3년을 표류하고 말았다.**
[이는 영어 어휘가 매우 모자란다는 자백이다. 상고 졸업생, 그 가운데 농협 시험에 떨어질 정도이면 영어 단어가 수백 수준을 넘기 힘들다.]

4. 열풍에 돛을 달고 – 그리고 좌초

71년 제대를 하고 집에 오니 집안 사정은 상당히 호전되어 있었다.

[명확히 제대 시기를 밝히지 않는데 1월로 추정된다. 노무현 수기의 특징은 시기를 애매하게 서술하는 것이다. 이는 문재인도 똑같다. 여기서 알아두어야 할 것이 있다.

같은 마을에 사는 권양숙의 부친 권오석(權五石)이 1971년 1월 8일 마산교도소에서 옥사했다. 전향을 거부하다가 옥사했으니 북한에서는 혁명 열사로 인정한다.

권오석은 1921년 안동 권씨 집성촌인 경상남도 창원군 진전면 오서리에서 아버지 권영찬(權寧贊, 1900~1971년 6월 1일)과 어머니 허달이(1901~1964) 사이에서 1남 1녀 중 외아들로 태어났다. 밀양 공립농잠학교를 졸업하였고 일제강점기 말기에 창원군 진전면 서기로 근무했다.

8.15 광복 후 조선 로동당에 가입했다. 막걸리의 도수를 높이려고 메탄올을 넣어 친구와 마시다가 친구는 사망했으며 본인은 실명.

6.25 전쟁 시기에는 경남 창원군 로동당 부위원장, 반동 조사위원회 부위원장 겸 조사원을 하였는데 이때 양민학살에 가담하여 적어도 11명의 무고한 양민을 죽이는 데 가담하였다.

당시 권오석은 반동분자, 즉 즉결처분할 대상을 골라내는 임무를 맡았다. 눈이 먼 권오석은 아무것도 모르는 주민들을 모아서 손을 만져 보고 처형 대상을 결정했다는 이야기가 있다.

이로 인해 체포되어 수감되었으나 폐결핵 등 질병이 도져 1956

년 집행정지가 내려져 풀려났다. 1961년 강력한 반공을 내건 5.16 군사 혁명이 성공하여 재수감되었다. 사망할 때까지 전향하지 않았으므로 비전향 장기수이다. 권오석은 부모와 처자들의 전향 요구가 강했을 터인데도 전향하지 않았다.

시신은 창원시 마산합포구 고성터널 근처에 안장되었는데, 노무현이 집권하자 확장 묘역이 조성되고 컨테이너 초소가 설치되었다. 이 과정에서 당시 피해자 유가족들의 항의가 있었다.

권오석은 박덕남(朴德南, 1920~2017년 2월 24일)과의 사이에서 장녀 권창좌(權昌左, 1945~생존), 차녀 권양숙(權良淑, 1948~생존), 삼녀 권진애(權珍愛, 1951~생존), 아들 권기문(權奇文, 1954~생존)을 낳았다.]

4월부터 옛날의 "마옥당(磨玉堂)"을 수리하여 공부를 시작, 5월 2일에 3급 1차에 합격[3급 1차 시험합격자 발표시기는 6월초], 그리고 사법시험으로 전환. 처음 법률책을 대하니 다소 흥분되기도 했으나 과연 이 어려운 것을 해낼 수 있을지 더럭 겁부터 났다. 그러나 소설을 읽듯이 마구 읽었다. 생각보다 쉬웠다. 겉만 슬슬 핥으니 그럴 수밖에…. 전과목을 무질서하게 읽었다. 행정법과 상법이 좀 어려운 듯 했다. 민법을 모르니 그럴 수밖에…. 소송법은 전혀 무슨 말인지 알 수가 없었다. 실체법을 전혀 모르니 그럴 수밖에…. 4개월에 걸쳐 오리무중을 헤매면서 전과목 3회독을 마쳤다.

[3급 1차 합격은 행정고시 1차 시험 합격했다는 말. 4월부터 공부했다는데, 4월 중순이면 보름 공부하고 합격했다는 말이고 4월 초순이면 20여 일 공부하고 합격했다는 말.

행정고시 1차 합격이 너무나 쉬운 것이 아니라면 초능력이란 말로 표현할 수밖에 없다. 이 정도라면 7급 공무원 시험이나 9급 공무원 시험은 1주일 공부하고 합격할 판. 고3 때 열심히 공부한 농협 시험 떨어진 사람이 어디서 초능력이 생겼을까?

그런데 왜 2차 시험을 치지 않고 사법고시로 바꿀까? 행정고시 1차 합격하고 2차를 치지 않고 사법고시로 바꾼 사람이 또 있을까? 노력이 아까울 텐데. 거저 합격했으면 아까울 것도 없다.]

고시계를 66년도부터 소급해서 샀다. 그러나 합격기 말고는 아무것도 읽을 수 없었다. 그동안의 체험과 고시계 합격기에서 읽은 것을 정리하여 얻은 것은 책을 읽는 순서 정도였다. 이리하여 민법을 먼저 읽고 소송법에 들어간다는 순서를 정하여 **9월부터 시작했다.** 새로 읽으니 과거의 3회독은 간 곳 없고 전혀 새로 읽는 기분이었다. 그러는 중 10월에 14회 공고가 났다.

[1971년 9월부터 본격적으로 사법고시 공부 시작했다는 말!]

외면하려 했으나 자꾸만 들떴고 마침내는 **고시 사상 최단기 기록을 목표로 하여 무작정 덤볐다.**

[어떤 고시생도 합격만 바랄 뿐 수석합격이니 최단기 합격 같은 목표는 세우지 않는다.

농협 입사 시험마저 떨어진, 초중고 시절 단 한번도 우등생 소리 못 들었던 노무현이 이리도 자신만만한 이유는? 초능력을 과신한 때문인 듯. 최단기 합격은 처음 치는 14회 사법고시 1, 2차를 모두 합격하여 1년 안에 합격하겠다는 말.]

문제집을 샀다. **1차의 합격은** 나의 이러한 만용을 더욱 부채질했다.

[사법고시 1차 합격도 행시 1차 합격처럼 대충 얼버무린다. 시험 친 시기도 밝히지 않는다. 1972년 1월 18일이니 4개월 공부하고 사법고시 1차 합격. 대단한 초능력!

이때 사법시험 1차 시험 과목은 영어와 헌법, 민법, 형법, 상법, 행정법, 민사소송법, 형사소송법 등 8과목이었다. 과목당 40문제, 5지 선다형이다. 시험 시간은 320분으로 하루에 친다.

2차 시험은 논술형이다. 4일 동안 친다. 2차 시험 과목 중에, 1973년부터 1980년까지는 국사가 있었다. 국사는 1981년부터 1차 시험 과목이었다.

1981년부터 1996년까지는 국민윤리가 있었다(국사는 1차 시험 과목으로 바뀌었다). 나머지 과목들은 제도를 만들었을 때부터 지금까지 같다.]

이젠 문제집마저도 내 나름대로 밑줄을 긋고 그 부분만 골라 읽었다. 8개월 정도의 준비로 2차 시험에 응했다.

[14회 2차는 1972년 2월 15~18일 4일간 서울에서 시행. 1차 시험과 2차 시험의 간격은 1개월도 되지 않았다. 그런데 8개월 공부라니, 역산하면 1971년 6월부터 사법시험 공부했다는 말. 그것도 2차만. 행정고시 1차 합격자 발표가 71년 6월이니 이때 사법고시로 전환했다는 말. 8개월 공부하고 사법시험 1,2차 합격이면 영원히 깨어지지 않을 최단기 합격 기록이 된다. 야심이 큰 건가? 미친 건가? 믿는 구석이 있었나?]

시험장에서 고향의 중학교 후배를 만났다. 사법시험 준비는 나보다 훨씬 선배였다. **나의 공부기간을 듣고는 "전 과목 한번 다 보지도 못했겠네요?" 했다.**

어리석게도 나는 자신이 무시당하는 기분에 적이 분개하면서 한편 우습게 받아넘겼다. "두고 보라지." 정말 하룻강아지 '법' 무서운 줄을 모르는 막강한 뱃심이었다. 이런 뱃심으로 시험에 응했다. 기막히게 잘 썼다. 내가 아는 건 다 썼고 또 아는 것은 그뿐이었으며 집에 와서 책을 대조해 보지도 않았으니 기막히게 잘 썼다고 생각할 수밖에. 점수는 50점 얼마였다.

뒤에 읽어보니 문제집에 밑줄을 그어 두었던 부분이 모두 엉터리였다. 다른 색깔로 새로 밑줄을 고쳐야 할 판이었다. 이러한 결과에도 불구하고 수많은 응시자들을 젖히고(?) 과락 없이 300명 안에 들어갔으니 다음에는 틀림없을 거라고 또 한번 낙관했다. 그러나 발표 후 5~6개월을 이유없이 허송했다.

[70년대 사법고시 1차 응시생은 6~7천 명 정도. 1차 시험 합격자 수는 4~5백 명 정도.

1차 시험 합격자는 2회에 걸쳐 2차를 칠 수 있으므로 2차 시험 응시자 수는 7백 명이 조금 넘는다. 노무현은 이중 300등 안에 들었다는 말. 사실상 최종 합격인 2차 시험 합격자 수는 70년대 초는 80명 수준. 노무현이 합격한 17회 사법고시는 60명.]

제대 후 공부도 시작하기 전부터 마을 처녀에게 마음을 뺏기기 시작하여 상대방의 단호한 거부에도 불구하고 열을 올리게 되고 8개월에 걸쳐 집요하게 추근거려 1차 시험 직전에야 겨우 처녀의 마음을 함락시키고는 안도했는데 이제 그녀가 결혼 적령을 넘었다는 사실과 고시와 연애는 양립할 수 없다는 중론사이에서 그녀와 나는 고민의 연쇄반응을 일으켰고 또 이틀이 멀다하고 만나지 않고는 배길 수 없는 애정의 열도에 비례하여 공부를 위한 시간에의 집착이 강하여 심리적 갈등이 심했다.
 [이 긴 문장을 해석해 보면 이렇다.

(1) 제대 후 공부도 시작하기 전에 마을 처녀(권양숙)에게 마음을 뺏기기 시작했다.
(2) 상대방의 단호한 거부에도 불구하고 열을 올렸다.
(3) 8개월에 걸쳐 집요하게 추근거렸다.
(4) 사법고시 1차 시험 직전에야 겨우 함락시키고 안도했다.
(5) 이제 그녀가 결혼 적령을 넘었다는 사실과 고시와 연애는 양립할 수 없다는 중론(衆論) 사이에서 고민의 연쇄반응을 일으켰다.
(6) 그리고 이틀을 마다하고 만나지 않고는 배길 수 없는 애정의 열도에 비례하여 공부를 위한 시간에의 집착이 강하여 심리적 갈등이 심했다.

 여러 내용을 단 한 문장에 애써 담았다. 이런 식의 부자연스런 문장은 무언가 숨기려 하는 마음에서 나온다.
 그러니까 1971년 3월 무렵부터 권양숙을 집요하게 아 다녔다는 말. 11월 사시 1차 시험 직전에 함락했다는 말. 기이하다.
 권양숙은 1971년 1월 부친상을 당했다. 부친상을 입은 지 두 달여 지난 규수에게 구애하다니 이런 무례도 없다. 더구나 '빨갱이 딸'이라고 모두가 기피하는 여자이다. 노무현 눈에는 '빨갱이 딸'이 아닌 '혁명 열사의 유자녀'로 보인 모양. 무슨 이득을 보려고? 설마 혁명 열사 딸이니 같이 월북하면 김일성이 한 자리 줄 거라고 기대하지는 않았을 것이다.

그리고 권양숙은 1971년 6월에는 조부상도 입었다. 조부 권영찬은 1971년 6월 1일 사망. 5개월 사이에 부친상과 조부상을 치렀다. 권양숙 모친 박덕남의 입장으로서는 5개월 사이에 남편상과 부친상을 입은 것이다. 가족들이 마음을 추스르기 힘들 터인데 노무현은 오히려 그것을 노리고 집요하게 구애했는가?

1971~73년 노무현이 겪은 일을 정리하면 다음과 같다.

71년 1월 제대.
4월부터 행정고시 1차 시험 준비.
5월 2일 행정고시 1차 시험 응시. 합격
5월부터 권양숙 쫓아다니기 시작.
6월 사법고시로 목표를 바꿈. 4개월에 걸쳐 오리무중을 헤매면서 사법고시 전과목 3회독을 마침.
9월부터 본격적으로 사법고시 준비
72년 1월 초 권양숙 마음을 함락.
1월 14회 사법고시 1차 응시 합격.
72년 2월 14회 사법고시 2차 시험 응시.
829명의 수험생 가운데 300등 안에 들었다는 말.]

초능력자들　335

그러다가 9월에야 정신을 바짝 차리고 장유암이라는 절에 들어 갔다. **국사의 추가로 부담이 늘었지만 시험이 연기된 것으로 다행으로 여겨 "수석합격"이라는 표어를 내걸고 열심히 공부했다.**
[초능력 믿고 수석합격을 목표로!]

73년 1월에는 예년의 시험 대신에 그녀와 결혼했고 5월에는 아들도 낳았으나 나는 여전히 절에서 계속 열을 올리고 있었다. [권양숙은 1972년 7월 무렵 임신했다는 말.]

아! 그런데… 글쎄 정말 이럴 수가! 그렇게 끔찍이도 나를 아껴 주시던 자신의 못다 한 소망을 나에게 걸어 꿈을 키워 주시던 큰형님이 5월 14일 교통사고로 저세상으로 떠나 버리셨다. 한줌 잿가루로 화해버린 형님의 유해를 고향에 묻고 절로 올라 올 때는 길도 제대로 보이지 않았고, 전혀 공부도 되지 않았다. 단지 타성에 의하여 책장을 넘기고 있는 동안에도 마음은 삶과 죽음에 대한 밑도 끝도 없는 생각들과 고시와 출세에 대한 회의로 가득 차 있을 뿐이었다. 그래도 결론은 하나, 형님의 꿈 그리고 나의 꿈! 어떻든 고시는 필연적인 것이었다.

15회 시험까지 남은 기간은 40여일 뿐, 차츰 초조해지기 시작하고 마침내 책을 읽기만 하면 가슴이 울렁거리며 답답해지는 알지 못할 병에 걸리고 말았다. 하는 수 없이 시험을 한 달 앞두고 보따리를 싸들고 집으로 내려왔다. 그러나 아직 산고가 풀리지 않아 부자유스러운 아내와 핏덩이 신걸이, 자식을 잃은 부모님의 비탄. 공부가 될 리 없으니 병은 점점 더해지고. 수석합격이라는 화려한 표어와는 달리 응시조차 포기하고 싶은 것을 부모님의 시선이 두려워 마지못해 상경하였으나 시험 첫날부터 가슴이 답답하고 목구멍에 무엇이 치밀어 올라 우유와 계란 외에는 아무것도 먹지 못했다. 그래도 기를 쓰고 책을 볼라 치면 몸에서 식은땀이 배어 나왔다. **고시계의 통계란에 따르면 결과는 90위 정도,** 정리만 잘하면… 하는 자신을 얻은 셈이었다.

[14회 사법고시 1차 시험을 합격했으니 14회 2차와 15회 2차를 칠 자격이 있었다. 15회 2차는 72년 7월 2~5일 간 서울에서 시행. 응시생 787명 가운데 90등이었다는 말.]

5. 새로운 좌표 - 직업의식

그러나 좀 쉬어야 했다. 책을 잡기만 하면 예의 증세가 나를 괴롭혔다. 고시를 그만 둘까도 싶었다. **학교 성적이 우수했다는 사실이** 반드시 고시를 해야 할 필연적 이유로 되는 것도 아니라는 것을 깨닫게도 되었고 법을 공부하면서 차츰 정의의 이념을 배워 가는 동안 "고시=권력=출세"라는 과거에 내가 생각했던 등식이 우스운 것임을 느끼게 될 무렵 형님의 뜻하지 않은 타계는 예시 과목의 철학개론을 공부하면서부터 어렴풋하게나마 생각해 오던 삶의 의미를 보다 깊이 생각하게 하는 계기가 되었고 맹목적 출세주의와 "그 수단으로서의 고시"라는 과거의 생각에 결정적인 쇄기를 박았다.

그러나 상고를 졸업한 지 너무 오래되어 새로운 진로를 찾기도 어렵고 하여 고시를 그만 두지 못했다. 다만 이제는 고시 아니면 파멸이라는 배수의 진을 거두어 버리고 하나의 직업인이 자기의 직업에 충실히 종사하듯이 고시 공부도 평범한 생활의 일부로 생각하려했다.

"수석합격"이라는 표어 대신에 "天職=召命"이라 써 붙이고 숙소를 마옥당에서 집으로 철수하여 직장에 출퇴근하는 기분으로 낮에는 마옥당에서 공부하고 밤에는 집에 와서 여유가 있을 때만 공부하기로 했다. 아기가 울면 달래기도 하고 기저귀도 갈아 채우고 밤이 늦도록 아내와 정담을 나누며 잠을 덜자면 이튿날 낮잠을 잤다. 그러나 가슴과 목의 증세는 쉽게 낫질 않아 16회 시험까지는 부담없이 쉬었다.

16회 시험도 주위의 시선이 두려워 응시한 정도였고 성적은 15회보다 내려 130위 안팎으로 생각되었다.

[노무현은 학교 성적이 우수했던 적이 없다!

16회 사법고시는 1차부터 쳐야 한다. 너무나 쉬웠는지 74년 1월 27일 시행된 1차 시험은 말도 하지 않는다. '부담 없이 쉬었'으면서도 1차 합격. 무현이는 행시건 사시건 1차는 거저 합격하는 초능력!

천리안 또는 투시력, 출제자 마음을 읽는 독심술이 있는 모양.

그러나 5지선다인 1차 시험과 달리, 2차는 논술이기에 독심술로 문제를 알아도 논술로 쓰는 모범 답안 작성은 상당한 수준의 법학 지식 없이는 불가능. 초능력이 통하기가 쉽지 않다.

16회 사법고시 2차 시험은 74년 2월 25일~28일 나흘간 서울에서 시행. 705명 응시생 중 130등 정도했다는 말. 16회 최종 합격자는 60명.]

17회 준비 1년간은 정말 순조로웠다. **절에 있을 때 만들었던 독**

서대의 실용신안 특허 출원 관계로 9~10월에 조금 쉰 것 말고는 가끔 아내와의 대판으로 선풍기 목이 부러지거나 문짝이 떨어져 나가 활극이 연출되기도 하는 가운데에도 예전과 같이 재미있는 생활이 계속되었다. 10월 하순부터는 풀었던 긴장을 바짝 조여 이때부터는 아내가 들 건너 마옥당까지 점심을 날라다 주었고 잠은 여전히 집에서 잤으나 신걸이가 잠들기 전에는 우리 방에 못 오게 하고 책을 보았다. 그러나 제17회 때에도 역시 정리가 다 되지는 않았다. 단지 다른 어느 때보다 정리 기간이 착실했으니 훨씬 낫겠지… 집을 나서면서 아내에게 "신문기자들이 수석합격자 인터뷰하러 올 테니 당신도 피력할 소감 한마디 준비해 두지 그래"하고 허풍을 쳤다. 건강은 좋았고 시험은 순조로웠다. 집에 와서도 역시 출발 전의 호언장담을 되풀이했다.

[독서대를 발명하여 특허 출원하러 사법고시 공부를 쉴 정도로 여유만만!

17회 사법시험 2차는 75년 2월 25~28일 나흘간 서울에서 시행. 첫날인 25일은 국사와 헌법 2과목을 쳤다. 국사를 논술형으로 답안 작성하는 것은 매우 힘든 일이다.]

3월 27일 아침 먹고는 불안을 떨쳐 버릴 수 없어 진작부터 낮잠에 들어갔다. 꿈결에 "무현아! 무현아!"하는 친구의 떨리는 목소리, 그도 뒷말을 잇지 못했고 더 들을 필요도 없이 아내는 내 무릎에 엎드려 부끄러운 줄도 모르고 엉엉 소리 내어 울었다. 형님! 지하에서도 신문을 보십니까? 아버지, 어머니도 형님 생각에 자꾸만 우십니다.

[17회 2차 시험 합격했다는 말. 1975년 3월 27일 조간신문 발표!]

노무현 합격 수기는 다른 합격 수기와 매우 다르다.
모두 각 과목을 어떻게 공부했는지 꼼꼼히 쓰는데,
노무현 합격 수기는 전혀 없다.
공부한 게 없어 쓸 게 없는 듯.
고시 1차 시험에서 영어가 걸림돌이 되는 경우가 많다.
영어 어휘 1만 정도는 되어야 한다.
명문대생도 영어 어휘 1만인 경우가 드물다.
어휘 늘리기가 얼마나 힘들고 시간이 걸리는 지는 영어 공부한 사람은 다 안다. 노무현은 거저 어휘가 늘어난 모양!
노무현은 판사 시보 7개월 하다가 변호사 했는데 민형사 소송은 하지 않고 오로지 세무 상담만!

* 너무나 비교되는 합격 수기 *

노무현과 비슷한 시기에 합격한 어느 중졸 합격자 분의 합격 수기는 노무현의 합격 수기와 너무나 대조적이다.

荊棘의 고개를 넘고

朴仁俊·제18회 사법시험 최고령 합격
　　·1936. 4. 20 충북 보은중 졸업
　　·제14회 보통고시 합격

· 문교부 행정주사보

· 변호사(청주시 수곡동 96-20)

· 전화 4-2000, 65-2662

序言

　사시에 합격하고 난 다음 여러 고시 잡지사로부터 합격기를 써 달라는 부탁을 받았으나 나도 합격기를 쓸 수 있을까 하는 생각에서 사뭇 거절하였습니다.

　통상 합격기라 하면 정규 과정을 거쳐 단시일 내에 합격을 따내는 소위 사시의 정도(正道)를 수험생들에게 공개함으로써 그들로 하여금 사시 준비 과정에서 참고로 하게 하는 것이라고 생각합니다. 그러나 이러한 길을 걷지 못한 나는 지난날의 쓰라린 경험을 되새겨 나의 가슴 아픈 상처를 건드리고 싶지 않았기 때문에 신문·라디오·TV 또는 일반 잡지 등의 요청을 일체 거절하였으나 내가 외롭게 사시를 준비하는 동안 자료와 정보를 제공받는 등 등불이 되어 주었던 「고시연구」의 청탁만은 끝내 거절할 수 없어 둔한 필치나마 이 글을 쓰기로 하였습니다.

　최근 사시 합격의 대열에는 독학도가 하나도 끼지 않았기 때문에 사시 준비생 중에는 독학하는 분이 없는 줄 알았는데 합격 이후 전국 각처에서 백 수십 통의 편지를 받고 보니 준비생 중에는 적지 않게 독학도가 끼어 있다고 보아 나로 하여금 지난날의 내 인생을 공개하기로 한 것이 또 하나의 이유입니다.

그리고 차제에 나에 대한 과잉보도나 오보되었던 것은 이 글을 통해 정정하고 바로 잡자는 것도 그 이유로 추가할 수 있습니다.

司試를 택하게 된 動機

사시를 택하게 된 동기를 말하려면 나의 어린 시절을 더듬지 않을 수 없다. 여덟 살쯤 되었을 때 돌아가신 아버님께서 송사문제(訟事問題)로 고난을 겪으신 것으로 짐작된다. 초여름 밤 반짝이는 별빛 아래 멍석을 펴놓고 온 가족이 모여 앉아 담소하는 가운데 아버지께서 「인준이는 장래 판사가 되어야 한다」고 말씀하신 생각이 난다. 그러나 나를 판사로 만드시겠다던 아버님께서는 그 후 병환으로 몇 년을 고생하시다가 가산마저 다 탕진한 뒤 오늘의 이 열매를 보지 못하고 영영 저 세상으로 가시고 말았다.

아버님 병환 때문에 국민학교도 가지 못했던 나는 집에서 틈틈이 한글과 한문 그리고 셈본을 공부하다가 아버님께서 작고하신 뒤 국민학교 4학년에 중도 입학하였다 그때 학교에서는 5학년 실력이 충분하니 5학년에 입학하라고 권하였으나 집안 형편상 중학교 진학이 불가능했으므로 국민학교나마 착실하게 졸업하겠다는 생각에서 4학년에 입학하고 말았다. 입학 후 큰 재를 넘는 10리 길을 마냥 즐거운 마음으로 다니던 중 일주일 쯤 되었을까 학교에서 실시하는 일제 고사가 있었다. 이때 나는 평균 97점으로 전교 1등을 차지하는 경이를 낳았다. 학교생활에 익숙하지도 못한 나를 교장 선생님께서 조회 시간에 불러 내세우시더니 극구 칭찬을 하신 뒤에 상장을 주셨다. 그때 그 기쁨을 나는 지금도 잊을 수가 없다.

어려운 처지였지만 어머님과 형님의 보살핌에 힘입어 예능 과목만을 제외하고 학과 성적은 항상 100점이었으므로 학교에서는 공부 잘하는 학생이란 별명까지 붙게 되었으며 내가 살던 소여 마을에서 10리가 되는 학교를 3년간 개근한 사람은 나 하나뿐이었다고 기억한다. 그러나 졸업기를 앞두고 다른 어린이들은 중학교에 진학을 하게 되어 기뻐 날뛰는데 반해 진학을 단념할 수밖에 없던 나는 우울한 나날을 보내고 있었다.

그때 담임이었던 유재춘 선생님께서 비록 상급학교에 진학하지 못할지라도 일단 시험에 응해 달라고 말씀하셨다. 그래야 담임의 체면을 세울 수 있다는 것이었다. 나는 합격한 뒤 진학을 하지 못하면 더욱 괴롭기만 할 것 같아 울면서 선생님의 말씀을 거절하였었다. 그러나 담임선생님은 어머님을 학교로 불러 설득까지 했다.

그 당시는 연합고사(중학교 시험문제가 전국 동일)이었기 때문에 담임선생님의 권유도 이해가 된다. 난생 처음 버스를 타고 보은 중학교에 가서 시험을 보았다. 결과는 보은군에서 1위, 충북에서 4위를 하게 되니 이때 담임선생님께서는 무척 기뻐하시며 입학 절차를 밟아주셨고 마노면장(馬老面長)과 절충, 구호양곡을 받아 하숙비까지 해결해 주는 은총을 베풀어주셨다. 이렇게 하여 나는 생각조차 할 수 없었던 중학생활이 시작되었다.

중학교 재학시에는 소위 특대생으로 학비는 전액 면제를 받았으며 학원사 장학생 선발 시험에 뽑혀 장학금을 받게 되니 오히려 내가 집안 살림을 도와가며 공부할 수 있게 되었다. 중학 1년 때는 전국 중학교 학술 경시대회에서 충북 4위로 머물러 중앙 진출이 차단되었으나 2학년 때는 충북 대표로 중앙에 진출 전국 제 4위를 차지하기도 했다.

그러나 3학년이 되자 원인도 모르게 현기증이 나고 미열이 나기 시작했다. 진찰을 받고 늑막염이라는 것을 알게 되었다. 이 무슨 청천벽력이란 말인가. 부득이 학교를 쉬면서 치료를 받게 되니 학업 성적은 떨어지고 고등학교 진학을 단념하지 않을 수 없게 되었다. 당시 이 병마만 아니었던들 학원 장학금으로 능히 고등학교를 마치고 대학까지 순탄하게 다닐 수 있었으리라고 믿는다.

중학교 특대생이었던 내가 병마로 인해 3개월 간이나 결석을 하게 되고 성적도 반에서 10위로 떨어져 상장하나 없이 졸업을 하고 말았다. 이것이 나의 학교생활의 마지막이었다.

병이 치료되자 국민학교 은사님의 소개로 서울 모 개인병원에서의 조수생활이 시작되었다. 그때만 해도 실무를 익히며 의서(醫書)를 공부하여 의사 시험을 보자던 것이 나의 희망이었다. 그러나 의사 국가시험 제도가 바뀌어 의과 대학 졸업생에게만 응시자격을 인정할 뿐 독학으로 의사가 되는 길이 막히고 말았다.

병원생활을 계속하다가는 평생 병원 조수 신세를 면할 수 없다는 것이 나의 희망을 뒤흔들어 놓고 말았다. 한편 내가 있던 병원장의 자녀들은 모두 경기고·경기여고 학생이었는데 사람됨이 좋아 함께 고등학교 교과서를 놓고 토론하기 일쑤였다. 그러나 내 마음 한구석에는 언제나 이들과의 경쟁심이 도사려 지고 싶은 생각은 없었으나 의사가 되는 길이 영 막히게 되자 병원생활에

싫증이 생겨 견디다 못해 서글픈 마음으로 하향하고 말았다.

하향 후에는 뜻을 바꿔 당시 4급(현재의 7급) 공무원 자격시험인 보통고시 준비를 시작했다. 8개월 간의 준비 끝에 혹시나 하고 제14회 보통고시에 응시, 예상외로 합격을 하게 되었으며, 이렇게 되자 이 곳 산골에서 또 한번 내 이름을 날리게 되었다. 그러나 그때만 해도 정실이 난무하던 자유당 말기라서 공직 임용은 거의 불가능했다. 가정 형편으로 보아 취직을 해야겠는데 부르는 곳은 없고 실의에 빠져 허둥대던 중 제13회 고등고시 사법과 시험 시행공고가 나왔다.

이때 불현듯 돌아가신 아버님의 말씀이 되살아났다. 「인준이는 판사가 되어야 한다…」하시던 말씀, 그렇다! 내가 갈 길은 이 길이다. 아버님 말씀대로 판사가 되는 길로 가자. 마음을 다져 먹고 당시 1차 시험과목인 헌법·민법·형법을 파고들었다. 책도 제대로 구비하지 않은 채 2개월 간의 맹공으로 1차 합격을 따내는 개가를 올렸다. 이렇게 되자 내 심정은(좀 실례 되는 말이지만) "대학생들도 별 것이 아니구나"라는 자만심으로 가득 차 있었다.

「그렇다! 하자, 하면 된다」라는 각오로 나의 신분에 대한 보은군수의 추천서와 보통고시 합격증을 가지고 고학의 길로 떠났다.

고학(苦學)의 길은 형극(荊棘)의 길, 갖가지 모욕과 희롱을 당하기도 했다. 물건을 팔기 위해 가가호호를 방문하는 나를 걸인 취급하는 것은 일쑤이고 같은 나이의 남녀 학생으로부터 희롱을 받고 맞붙어 싸우기도 했다. 순박한 시골 출신의 아저씨로부터 분에 넘치는 융숭한 대접을 받던 일, 또 시골 할아버지의 요청에 따라 막걸리를 사서 대접하던 일, 모두가 기억에 새롭기만 하다.

이럭저럭 고학으로 모은 돈으로 사법시험에 필요한 책을 대충 구비할 수가 있었다. 이러던 중 4·19와 5·16혁명이 나고 혁명정부의 재무부에서 보통고시 합격자 등록 통지가 왔다. 형님, 동네 어른들과 상의한 끝에 짐을 꾸려 상경했다. 그러나 소정 교육을 마치면 일선 세무서로 배치한다는 것이 당시만 해도 시골에서는 밀조주가 성행, 이를 적발하는 세리(稅吏)에 대한 감정이 좋지 않았기 때문에 문교부의 부름도 있는 터라 나는 재무부 교육을 포기하고 문교부로 가기로 결심했다. 문교부 총무과 인사계, 여기서 나의 관직생활의 첫 발이 시작되었다. 근무를 하면서 틈틈이 책을 보았으나 사시 합격까지에는 요원하다는 생각이 들었다.

이때 상사들은 내가 사시 준비를 한다는 것을 알고 담당 업무를 적게 해주었으며 동료 직원들도 많은 협조를 해주었다. 그러나 날이 갈수록 찾아오는 손님이 많아 시간을 빼앗기게 되었다. 이렇게 되자 직장생활과 사시 준비의 병행은 불가능하다는 생각이 들어 나는 양자의 갈등 속에서 고민하게 되었다.

어느 날 시골에서 오신 형님과 같이 영화 구경을 갔다. "저 하늘에도 슬픔이"라는 영화였다. 주인공 윤복 군의 처지가 어찌나 나와 비교가 되는지 매정한 나의 눈에는 눈물이 고이기 시작했다. 급기야는 만사 제폐하고 말았다. 당시 나의 퇴직에 대해 남아라면 기어이 목적 달성을 해야 한다고 찬성하는 동료는 두 사람뿐, 대부분의 동료들은 문교부 인사계, 이 자리가 어떤 자리인데 경솔하게 퇴직을 하느냐고 만류하는 것이 아닌가. 그때만 해도 취직난이 심했기 때문이었으리라.

소문에 의하면 그때의 동료들은 지금 서기관 또는 사무관으로 복무하고 있다는 것이다. 나는 이제 사시에 합격을 하였으니 내 인생을 위하여 어느 길이 현명했던가, 국가와 사회에 봉사할 수 있는 길은 어느 것이었던가 생각하게 된다. 그러나 아직 결론을 내리기는 빠르다고 생각한다.

本格적인 투쟁

문교부 재직시에 어느 정도의 기초 공부는 되어 있었고 그때만 해도 사시가 1년에 2회 실시되었으므로 늦어도 3년 내에 합격하겠다는 생각을 가졌었다. 그러나 사시는 역시 나에게 난관이었던가 보다. 연 2회 실시하던 사시가 1회로 줄어들고 설상가상으로 제도가 바뀌어 1차 시험에 선택 과목 2과목이 부과되어 청천벽력이 아닐 수 없었다. 공연히 퇴직을 하였구나 하는 후회감마저 들었다. 그러나 기필코 합격해야 한다. 그리고 여력이 있다면 행시도 합격할 생각으로 선택 과목은 영어·정치학·행정학으로 결정하였다. 그러나 영어는 나에게 난공불락인 것만 같았다. 중학교 1학년 교과서부터 시작하여 매일 1시간씩 영어공부를 하니 차차 재미도 붙고, 하면 되겠다는 자신이 생겼다. 고등학교 교과서를 어느 정도 읽은 뒤 영자 신문 10여 매를 구하여 모르는 단어를 찾아 단어장을 만들고 시사 영어를 읽었다. 그리하여 1차 시험은 무난히 합격을 따낼 수 있었다.

그러나 이때 뜻하지 않던 경제적 파탄으로 부득이 사시를 포기하지 않을 수 없게 되었다. 퇴직 후 경제적인 부담을 일체 형님에게 지우고 있던 나는 집안 경제 사정이 어떻게 되는지도 몰랐는데 형님께서는 나에게 곤궁함을 보이지 않으려고 채무를 져가며 나의 하숙비를 감당해 나가고 계셨던 것이 급기야 수습할 수 없는 지경에 이르게 되었던 것이다.

모든 책임은 나에게 있다는 자책감 때문에 눈물을 머금고 상경, 선후책을 강구하려 했으나 방안이 서지 않았다. 같이 있던 문교부 친구들에게 누를 끼치기 싫어 부산이나 대전에 가서 경제적인 성공을 해보려고 조치원행 열차를 탔다. 초조함과 무기력에 지쳐 하염없이 고개를 떨구고 있던 중 우연히 중학교 동기인 조성훈 군(현 대한 적십자사 충북 지부 사무국장)을 만났다. 목적지에서 하차 저녁 식사를 같이하던 중 나의 감춰진 수심어린 표정이 비쳤든지 성훈 군의 나의 근황에 대한 끈질긴 추궁에 그만 자초지종을 털어놓고 말았다. 한동안 아무 말 없이 묵묵히 듣고 있던 성훈 군은 목적 달성을 할 때까지 경제적인 뒷받침을 제의하였다. 묵묵했던 나는 성훈 군의 이 제의를 거절했다. 그러나 성훈 군은 나를 떠나지도 못하게 하고 같이 자면서 어려운 때에 친구를 도와준다는 것이 무엇이 잘못이냐면서 강요하다시피 했다. 이 각박한 세상에 아무리 친구 간이라지만 다 같이 삶에 허덕이면서 이런 일을 할 수 있을까 싶어 나의 눈에는 눈물이 고이기 시작하였다.

성훈 군은 즉시 형님이 부담해야 할 채무와 나의 학자금을 떠맡기로 약속하고 나는 바로 고향으로 와서 수험생활을 계속하였다. 뒤에 안 일이지만 그 외 몇 사람 동기들도 성훈 군을 통해 힘을 보태주었다는 것이다. 이리하여 친구들의 성원 아래 괴로움 없이 공부를 하였으나 거듭 몇 번을 실패하고 보니 나의 책임은 점점 무거워지고 이제 친구들을 볼 면목조차 없어지고 말았다.
 그러자 나와 같이 공부하고 있던 M(현 K지원 판사)은 사시에 합격하는 영광을 차지했다. M판사는 혼자서 합격한 것을 지극히 미안해하면서 나의 형편을 아는 지라 지금 내 아내와의 중매를 제의해 왔으나 나는 망설여졌다. 지금의 내 처지를 알고 고생을 자청하며 역경을 이겨나갈 수 있는 여자라면 순경(順境)에서 얼마나 복된 생을 영위할 수 있을 것인가 싶은 생각에서 M판사의 제의를 수락하였다. 그녀를 만나 나의 지난날과 현재의 처지를 말했음에도 불구하고 일생을 같이 할 각오가 서 있다고 말하는 아내와 결혼한지도 벌써 7년 여의 세월이 흘렀다. 그동안 뚜렷한 표적이라면 아이 남매를 둔 것이리라.
 그동안 아내의 생활고는 이루 말할 수 없었다. 어찌 필설로 다 표현하랴!
 지금까지 나의 사시(司試) 역정을 더듬어 보려고 해도 너무 오랜 세월이 흘렀기 때문에 기억이 잘 나지 않는다. 다만 억울한 것은 몇 년 전 사법시험의 개정으로 정원 80명을 모집한 때가 두 번 있었다. 이보다 앞서의 석차를 보면 거듭 두 번이나 67위·65위를 하였기 때문에 80명 안에 당연히 끼어야 할 것이지만 내가 평소에 72점·69점 등 65점 이하를 맞아 본 예가 없는 행정법에서 연달아 47점·48점을 맞게 되어 고배를 마셨던 일은 지금도 생각하면 가슴 아픈 일이다. 내가 좋아하는 행정법으로 이렇게 패하다니 실력 제일이라던 나의 신념은 흔들리기 시작했고 시험에도 역시 운이 작용하는가보다 라고 나의 마음을 약하게 만들기도 했다.

18회 사시에 있어서는 행정법의 행정주체에 대한 사인(私人)의 법적 지위와 형소법의 피의자 보전(被疑者保全)이라는 문제를 받고 눈앞이 캄캄하였다. 이것은 책에서 전혀 보지 못하였던 생소한 문제인데 이것을 만일 어느 대학에서 강의를 했다면 나는 도저히 합격할 수 없다고 생각되었다. 제의(題意)조차도 파악할 수 없어 10여 분을 멍하니 앉아 있었다. 생각다 못해 행정법과 형소법 책 전부의 제목을 더듬어 가며 이것저것 관련 문제를 들추어 답안 구상을 하니 내 나름대로 될 것 같기에 써 내려가기 시작했다. 합격자들의 좌담회 때에도 이 문제가 많이 논의되었는데 역시 골탕을 먹은 수험생들이 많은 것 같았다. 그러나 나는 의외에도 이 두 문제에 대한 점수가 좋아서 반사적인 이익을 본 것으로 생각된다.

드리고 싶은 말

「고시연구(76년 6월호)」좌담회에서 말한 바와 같이 14전 15기라고 신어를 낳게 한 주제인데 무슨 조언의 말씀이 있을까마는 나름대로 다음과 같은 가장 평범한 말을 하고 싶다.

(1) 자기 평가를 완전히 하라

지금은 적성 검사 같은 제도가 있기 때문에 어느 정도 과학적으로 자기의 능력과 적성을 측정할 수 있겠지만 공연한 명예욕이나 허영심에 사로잡혀 경솔히 도전하였다가 일생을 망치는 일을 하지 않았으면 한다. 내 나이 40에 사시에 합격하였으나 자신을 위하여 얼마나 득이 되며 국가나 사회를 위하여 얼마나 봉사할 수 있단 말인가? 사시는 결코 굴러들어 오는 것이 아니다. 사람은 모두가 자기의 활동 분야에 충실하면 되는 것이니 오르지 못할 나무는 쳐다보지 않는 것이 좋으리라. 나는 적성이 이공계인데 독학도의 길이 막혔기 때문에 사시를 택한 것이며 그렇기 때문에 고전을 면치 못한 것이라고 판단한다.

(2) 사시 정복을 위한 기초 조건

형설지공의 시대는 이미 지난 것 같다. 사시 정복을 위해서는 첫째, 두뇌도 좋아야 하지만 이에 못지않게 경제적인 조건과 건강이 구비돼야할 줄로 안다. 경제 조건과 건강은 서로 병행하는 것이다. 영양실조에 걸린 자가 어찌 건강할 수 있단 말인가? 정신적인 에너지 소모는 육체적인 것보다 더 큰 것이니 영양 관리 · 소화 장애 극복 · 운동 · 취침 시간 등 규칙적인 생활을 해야지 중도에 쓰러지면 시작을 아니함만 같지 못하리라.

(3) 사시는 전쟁이다

임전 태세를 갖춘 이상 끝까지 싸워라. 전쟁은 어떠한 일이 있더라도 승리해야 한다. 패자의 쓰라림은 겪어본 자만이 알리라. 패자가 그 패인을 심사 분석하여 재무장하는 것은 있을 수 있지만 변명은 금물이라고 생각한다. 오직 승자만이 큰소리 칠 수 있지 않을까.

(4) 기도의 중요성

나는 교인이 아니다(앞으로 기독교에 귀의하련다). 신이 있는지조차 알 수 없다. 그러나 온 가족이 오직 사시만을 위하여 경건한 마음으로 기도를 드릴 때(냉수를 떠 놓고 기도를 드리는 것도 마찬가지일 것임) 수험생이 비록 교인이 아닐지라도 어찌 한 눈을 팔 수 있을까.

(5) 차선의 방법을 택하라

전쟁에서 패할 확률이 농후하다면 무모하게 피만 흘리는 것은 어리석은 일이다. 승리의 가능성이 없을 땐 무조건 항복하고 차선의 방법을 택하는 것이 현명하지 않을까. 사시가 인생의 전부는 아니므로 공연히 주위의 체면을 생각하거나 혹시나 되지 않을까 하는 생각에서 책을 붙잡고 세월을 허송해서야 되겠는가?

차선의 방법을 택하는 가장 중요한 참고 자료는 오직 객관적인 평가인 자신의 시험 점수라고 생각한다. 남들은 오직 2차 시험 준비에 골몰하고 있는데 1차 시험만을 위해 3~4년간 세월을 보내는 자가 사시에 합격할 수 있겠는가. 2차 시험 역시 마찬가지이다. 적어도 5~6회 2차 시험에 응시하여 과락이 거듭 나온다든지 언제나 중위 정도를 상회하지 못한다면 포기하는 것이 현명할 것이다. 내 경우 1차 시험에 실패한 일은 한 번도 없으며 본격적인 사시 준비를 한 뒤부터는 석차 200위 이하가 된 예는 없다(한번 형법 과락이 있었던 것을 제외하고).

(6) 교과서 선택

내가 사는 곳이 벽촌이며 독학도로서 선배님들의 지도를 받아 본

일이 없기 때문에 기본서 선택에 골치를 앓았다. 고시 잡지에 실리는 고시생들의 좌담회나 합격기 등을 참고하는 것이 좋다고 본다.

(7) 공부 방법론

최고령으로 합격한 주제에 무슨 할 말이 있겠는가. 정규 대학을 나오고 단시일 내에 합격한 자들의 방법론을 참조하되 학문에 정도는 없으니 자기에게 편리하도록 하고 문제 위주의 공부를 하지 말라고 권하고 싶다. 특히 요즈음 출제 경향을 보면 어떠한 교과서든지 처음부터 끝까지 읽는 것이 좋지 않을까 한다.

(8) 잡지 활용

대학 강의를 받지 못한 나에게 법률 잡지는 유일한 시험 지침서가 되었다. 교과서를 아무리 통독하더라도 책을 읽다 보면 저절로 나도 모르게 중요 문제가 떠오르게 된다. 그러나 법률 잡지에서 논의되는 것은 학계에서 모두 중요성이나 논점이 있기 때문이니 각 논문을 교과서와 비교하며 하나의 책을 만들어 참고하는 것이 좋으리라 생각한다. 잡지는 마음에 맞는 것을 택하되 구판까지 구비해 두는 것이 좋을 것이다.

(9) 답안 작성 요령

역시 최고득점자나 단시일 내에 합격한 자들의 요령을 참조하라. 다만 내가 권하고 싶은 것은 결코 시간 소모가 아니니 가급적이면 1일 1문씩 문제 작성을 하라는 것이다(나도 완전한 실천은 못하였음). 특히 나와 같이 글씨를 잘 못 쓰는 사람들은 글씨가 느는데도 도움이 될 줄로 믿는다. 그리고 시험에서 도중하차를 하는 자들이 많은데 이러한 정신으로 사시 정복을 할 수 있을는지 지극히 의심이 간다. 비록 전 과목이 과락이 될지언정 최후까지 성실히 도전하는 자세가 현명하지 않을는지? 시험에는 기술도 필요하므로 다음의 응시를 위한 경험을 쌓기 위해서 말이다. 그리고 흔히 의외의 문제가 나왔다고 하는 예가 있는데(나도 마찬가지임) 어떠한 문제가 나와도 교과서에 없는 것이 나올 수는 없으니 책 전체를 조감하고 자기의 있는 지식을 총동원하여 활용하면 결코 과락은 나오지 않으리라고 확신한다.

맺음

이상 두서없이 지난날의 고달픈 경험을 나열해 보았다. 근래 몇 회를 두고서도 최고령으로 합격한 나로서 부끄러우면 부끄러웠지 결코 자랑거리가 되지 못하는 데 전국 각처에서(제주도 제외) 축전이 답지하고 신문·라디오·TV 등에서 이에 대한 보도를 하고 있으며 또 고향에서는 국민학교·중학교 동기생들 그리고 이곳 소여 마을에서 환영회가 벌어졌으니 어떻게 처신을 해야 좋을지 모르겠다. 지금까지 나를 아껴주시고 길러주신 주위의 여러 어른들, 중학교·국민학교 동기 여러분들의 정성어린 보살핌은 결코 잊지 않으련다. 앞으로 이제부터 새 출발이라는 각오 아래 결코 나 개인을 위한 모나고 반짝이는 수정이나 차돌이 되지 않고 이 사회가 요구하는 찰흙이 되고 썩어 없어지는 밀알이 될 것을 다짐하며 이만 줄인다.

* * *

* 노무현 아들 노건호(盧建昊)의 연세대 법학과 편입 *

노건호는 1973년 5월 6일 부산에서 태어났다. 처음 이름은 노신걸(盧信傑)이었는데, 1979년 부산지방법원 밀양지원의 허가로 노건호로 개명. 부산에서 초등학교를 졸업하고 부산 대천중학교에 진학했다.

1988년 4월 13대 총선에서 노무현이 김영삼의 통일민주당 후보로 부산 동구 선거구에 출마해 당선되자, 노건호는 3학년 1학기를 마치고 상경하여 서울특별시 영등포구 여의도동에 있는 윤중중학교로 전학했다. 졸업 후 여의도고등학교에 진학했다.

【1990년 1월 이른바 3당 합당(민주정의당+통일민주당+신민주공화당)으로 민자당(민주자유당)이 탄생했다. 그리하여 1노 3김의 4당 체제는 민자당과 김대중의 평민당(평화민주당) 2당 체제가 되었다.

이기택, 노무현, 김정길, 김광일, 장석화 의원 등 민주자유당으로의 3당 합당을 반대한 통일민주당 의원들이 1990년 6월 15일 민주당을 창당했다. 이철, 박찬종 등 무소속 의원들이 합류하여 국회 의석수는 8석이었다. 총재는 이기택, 원내총무는 김정길, 사무총장은 이철, 정책위의장은 김광일이었고 노무현은 기획조정실장이 되었다. 이 민주당은 흔히 '꼬마민주당'이라 불렸다.

3당 합당으로 평민당이 소수 야당이 되자 김대중은 재야인사들을 영입하여 1991년 4월 신민주연합당으로 당명을 바꾸었다.

1991년 3월 26일과 6월 20일 2번에 걸쳐 지방선거가 치러졌다.

3월에는 기초의원과 6월에는 광역의원을 선출했다. 기초의원은 당적이 없었고 광역의원은 정당 공천이 가능했다.

꼬마민주당은 6월의 지방선거에서 14.3%를 득표해 전국에서 광역의원 21명을 당선시키며 나름대로 상당한 성과를 거두었다. 그러나 소수 정당의 한계를 극복하지 못하고 1991년 9월 16일 김대중의 신민주연합당과 합당, 민주당이 되었다. 당시 신민주연합당과 꼬마민주당의 당세는 거의 10:1이었으나 당명을 민주당(통합민주)으로 하고, 김대중과 이기택이 공동대표를 맡으며, 대의원 구성도 1:1로 했다. 노무현은 통합민주당의 대변인이 되었다.

노무현은 1992년 3월, 제14대 총선에서 통합민주당 소속으로 부산 동구에 재출마했으나 낙선했다.

1992년 10월, 제14대 대통령 선거에 대비해 김대중이 민주당 후보가 되었는데, 이때 노무현은 선거대책위원회 청년특별위원장 겸 물결유세단 단장이 되었다. 12월 김대중은 김영삼에게 패배하고 정계 은퇴를 선언하고 출국하여 이기택이 단독으로 민주당 대표가 되었다. 1993년 귀국한 김대중은 아태평화재단을 만들어 이사장이 되었다.]

노건호는 1992년 2월 고교를 졸업하고, 3월 동국대학교 이과대학 경주 분교 화학과에 진학했다. 1993년 휴학을 하고, 1993년 3월 16일 육군에 입대하여 1995년 5월 18일 병장으로 전역했다. 노건호는 2학기에 동국대에 복학하지 않았다.

【노무현은 1995년 초 민주당 부총재가 되었다.

1995년 6월에 치러질 제1회 전국동시지방선거에 대비해 민주당 경기도지사 후보 공천을 놓고 아태재단 이사장 김대중은 옛 민정계 출신의 이종찬을 추천했다. 그러나 이기택 대표는 장경우 전 의원을 고집했다. 당내 경선에서 장경우가 이겼으나 유세 기간 중 김대중이 다른 지역 유세는 다 가면서도 정작 경기도 유세에는 소극적이었다.

노무현은 1995년 6월 27일 치러진 제1회 전국동시지방선거에서 민주당 부산광역시장 후보로 출마, 낙선했다. 그러나 이 지방선거에서 민주당은 전국적으로 승리했고 민자당을 탈당한 김종필이 1995년 3월 창당한 자민련(자유민주연합)도 상당한 성과를 내었다.

지방선거 결과 광역자치단체장은 민자당 5, 야당 10으로, 야권이 대승했다(민자당이 부산/인천/경기/경남/경북, 민주당이 서울/광주/전남/전북, 자민련이 강원/대전/충남/충북, 무소속이 대구/제주를 차지했다). 기초단체장, 지방의회 선거에서도 민자당을 능가했으나 당 총재로 복귀하려는 김대중과 자리를 지키려 한 이기택의 갈등은 심화되었다.

김대중이 1995년 7월 17일에 정계 복귀와 신당 창당을 공식 선언하자, 당시 민주당 소속 의원 95명 중 65명이 탈당하고 신당에 참여하면서 새정치국민회의는 창당과 동시에 제1야당이 되었다. 1995년 9월 11일에 정식 등록되었다. 이로써 정계는 1여 3야(국민회의, 자민련, 민주당)의 구도로 재편되었다. 여당인 민자당은 1995년 12월 신한국당으로 당명을 개정했다.

국민회의에 따라가지 않고 민주당에 잔류한 인사들은 시민운동 계열을 끌어들여 1995년 12월 "통합민주당"을 창당한다. 초기에는 민주화 운동의 명사나 경제정의실천시민연합 등의 시민단체가 개혁신당을 창당하고 합당, 대거 합류하면서 개혁적인 정당으로 성공할 수 있을 것으로 보이기도 했다.

통합민주당은 1996년 4월의 제15대 국회의원 선거에서 15석(지역구 9석 + 전국구 6석) 확보에 그치면서 의석이 절반으로 줄어들며 원내교섭단체 구성에 실패했다. 서울에서는 강동구 갑의 이부영을 제외한 대부분이 낙선했고, 부산광역시에서는 이기택 대표를 포함하여 전원이 낙선했다. 이 선거에서 통합민주당은 참패하여 예전의 꼬마민주당으로 돌아갔다.

노무현은 통합민주당 소속으로 서울 종로구에 출마했으나 신한국당의 이명박, 새정치국민회의의 이종찬 등에 밀려 3위로 낙선했다.

1996년 6월 통합민주당은 당명을 민주당으로 바꾸었다.

이후 김원기, 김정길, 이부영, 이철, 유인태, 박계동, 김부겸 등의 민주당 내 반 이기택 성향 지구당위원장들과 함께 국민통합추진회의(일명 '통추')를 결성했는데, 노무현은 상임집행위원이 되었다.

1997년 15대 대선이 다가오자 민주당은 조순 서울 시장을 대통령 후보로 추대했다. 그러나 지지율이 부진하자 11월 민주당은 이회창이 대통령 후보인 신한국당과 합당하여 한나라당이 되었다. 그러나 노무현은 김대중이 당선될 것으로 보고 김대중의 새정치국민회의에 입당하여 부총재가 되었다. 이때 노무현은 입당협상 과정에서 장관 자리를 요구했고 김대중이 받아들였다.】

노건호는 1996년 3월 연세대학교 법과대학 법학과(96학번)로 편입학했다.

당시 연세대학교는 다른 학교와 달리 엄격한 전공 편입시험으로 편입생을 선발했으므로, 타 대학 법학과 수석급들이 연세대학교로 편입해 왔었다.

노건호는 전혀 다른 전공으로 편입했는데, 이게 당시 연세대학교 편입 제도상 매우 어려운 일이었다. 연대 법학과는 인기 학과였으므로, 편입은 엄청나게 경쟁률이 높았다. 당시 연세대학교 법과대학 법학과 편입이 500명을 뽑던 사법시험 합격보다 더 어렵다는 말까지 있을 정도였다. 사법시험 합격 후에도 학벌이 작용하기 때문에 사법시험 공부 중에도 연세대학교 편입 시험을 보는 고시생이 있었다.

고려대학교는 전공 시험이 아니라 영어 시험으로 편입생을 선발했었기에 연세대학교 법과대학 편입으로 몰렸었다. 비전공자인 노건호는 고대 편입을 노리는 것이 순리이다.

【2002년 제16대 대통령 선거 당시 연세대 편입이 구설수에 오르자, 노건호는 동국대학교에 진학했다가 전역 후 재수하여 연세대학교 법과대학에 입학했다고 말했다.】

노무현 집권 시절 대통령 비서실장과 과학기술부 장관을 역임한 연세대 화공과 교수 김우식(金雨植, 1940~)이 노건호 편입에 모종의 역할을 하지 않았나 하는 추측이 있다. 김우식 교수 재직 당시에도 연구 능력보다 정치력이 뛰어나다고 평가받았다.

김우식 약력

연세대학교 화학공학과 교수(1968년~2005년 2월)

연세대학교 대외협력 부총장(1998년~2000년)

제14대 연세대학교 총장(2000년 8월 1일~2004년 2월 14일)

제27대 대통령비서실장(2004년 2월 14일~2005년 8월 19일)

열린우리당 고문 겸 당무위원(2006년 1월~2006년 2월)

제25대 부총리 겸 과학기술부장관(2006년 2월 10일~2008년 2월 28일)

노건호는 2002년 8월 연세대 법학과를 졸업했다. 1996년 편입이 2학년 편입이라면 6학기가 정상인데, 13학기를 다닌 것이다. 학업을 못 따라 간 모양이다. 이 정도면 초능력을 전수받기 어렵다.

노무현이 사법시험을 폐지한 것은 초능력 전수에 실패하여 절망한 때문일까?

| 끝맺는 말 |

2021년 9월 19일 SBS '집사부일체'라는 프로그램에서 제20대 대통령 선거 출마를 선언한 윤석열이 출연하여 무용담을 늘어놓았다. 고시 공부를 제대로 한 사람들은 이것이 얼마나 우스갯소리인지 안다.

"1986년 사법시험 28회 때 내가 합격했으면 이재명 지사랑 연수원 동기가 됐을 거다. 이재명 지사가 28회 합격했다. 나는 33회다."

"그해 내가 장충동 동국대학교에서 2차 시험을 보는데 그 앞에 족발집이 있다. 그때도 할머니 족발집이 유명했다. '시험 끝나면 친구들이랑 저기 가서 한잔해야지' 그러고 있었다."

"시험을 화요일부터 금요일까지 본다. 금요일 마지막 과목이 형사소송법이다. 쭈욱 쓰다 보니 20분이 남았다. '밖에 친구들이 와있겠지. 나가서 족발이랑 소주 먹자' 해서 나왔다. 친구들이 '너, 벌써 나오면 어떡하냐?'고 해서 '그냥 족발집 빨리 가자'했다. 친구들이 불안해하더라."

초능력자들 361

"그 해 시험에 떨어졌다. 알고 보니까 다른 건 합격점에 올라갔는데 형사소송법에서 40점이 과락인데 39.66점을 받았다. 20분간 더 썼으면 여유 있게 붙었을 거다. 내가 미쳤지."

"그때 붙었으면 이재명 지사와 동기였을 거다"며 "그때도 네 번째 시험인가 했는데 그 후로 내가 5년을 더했다. 시험을 8번 떨어졌다."

(떨어질 때마다 무슨 생각했냐?)
"오늘 가서 한잔 먹자. 내년에 수석하자 했다."

"지치고 좌절하는 스타일이면 9수를 못 한다."

1991년 7월 2일 2차 시험을 불과 사흘 앞둔 6월 말. 오랫동안 함께 사법시험을 준비하던 동기가 고시를 포기하고 대구에서 결혼식을 올리게 되면서 함진아비를 부탁하자, 윤석열은 대구로 갔다고 한다.

친한 친구가 대구 친군데, 장가를 간다고 토요일 날 함이 들어

간다는 거라. 함이 들어가는데, 화요일부터 나흘간 2차 시험이 인제 있어. 그런데 토요일 날은 공부해야지, 그런데 이 친구가 야, 너 뭐 내년에 붙으면 되지, 뭐 올해.

그러니까 계속 안됐으니까. 그래서 나보고 야, 너 뭐 괜히 공부할 것도 아니면서 이러지 말고 대구에 내려가서 함 넣고 술이나 먹자 이러더라고. 야, 그런데 임마. 그래도 화요일부터 2차 시험인데 토요일 날 어떻게 대구를 내려 가냐. 공부해야지. 그래 가지고 어, 그래! 그럼 뭐 공부해라. 그러고 자기는 인제 고등학교 동기들끼리 함을 넌 모양이야.

그런데 인제 신림동 도서관에 있는데, 공부가 안 돼. 그래 가지고 인제 쪼그만한 가방에다가 형소법 책 한 권만 딱 넣고 강남 터미널로 갔어.

아무래도 내가 그런 친구들, 함 이런 거 빠져본 적이 없는데, 공부한다고 앉아 있으니까 이게 공부도 안 되고 말이야. 이럴 바에는 뭐 고속버스 안에서 읽으면 되지. 뭐 이러면서….

그래 가지고 고속버스를 탔는데 이게 대구 들어가는 진입로가 토요일이니까 엄청 밀리더라고. 그래서 인제 형사소송법 책을 내가 꺼냈어. 꺼냈는데 앞에 시험에 맨날 나오는 부분은 읽기가 싫은 거고. 그래서 이거 뭐 재미있게 읽을 부분이 없나 하고, 제일 뒤에 보면 죽어도 시험에 안 나오는 부분이 있어요. 그래서 사람들이 안 읽어, 거기는.

호기심에 재미로 아, 이런 것도 있나 한번 보자, 왜냐하면 차가 밀리니까. 그래서 내가 그거를, 거기를 봤어. 아, 이게 뭐 무슨 약식 명령이 이런 거고. 뭐 재심 비상상황은 이런 거구나. 이러고 재미로 한번 봤어요.

그러고 인제 친구 집에 갔더니 함은 이미 들어가 있고 인제 딱 술판 벌어지고 있더라고. 거기 가서 인제 고등학교 동기들하고 인제 술도 먹고.

그러고 다음 날 인제 서울로 올라왔거든. 뭐 하여튼 시험은 뭐 대충 봤는데, 마지막 날 형사소송법, 이렇게 방이 좍 두루마리가 떨어지는데, 내가 그 고속버스에서 본 게 나는 거야.

일제 시대 때 고등문관시험 사법과부터 시작해서 그때까지 단 한 번도 안 났던 건데. 그게 딱 나온 거야.

아, 그러니까 벌써 두루마리가 딱 떨어지는데 다들 곡소리가 나는 거야, 저게 왜 나왔냐?

고게 기억이 딱 나더라고. 그래서 내가 거의 사진 찍듯이 딱 써 갔고 그 회에 합격을 한 거야.

아까 장충동 족발 때문에 형소법 과락으로 떨어졌다고 그랬지.

합격할 때는 형소법을 거의 최고득점 받아 갖고 붙었어요.
 그런데 시험문제가 정확히 재심과 비상 상고를 비교하라, 이렇게 났거든.
 비상 상고라는 거는 항소 이런 거 없이 그냥 대법원에다 바로 하는 건데. 그러니까 판결은 확정은 됐어. 확정은 됐는데, 여기에 법률상 문제가 있는 경우에, 이거를 다시 시정해 주시오 라고 하는 게 비상 상고야.
 그거는 판사, 검사, 변호사가 몰라도 되는 거야. 검찰총장이 직권으로 총장만이 행사하는 권한이에요, 비상 상고라는 거는 검찰총장 안 되면 비상 상고할 이유가 없거든. 그런데 내가 총장이 돼서 비상 상고를 역대로 제일 많이 했어요. 그게 운명이었나 봐.

2021년 12월 7일 윤석열은 KBS '옥탑방의 문제아들' 이라는 프로그램에 나와 또 우스갯소리를 했다.

 뭐, 사람 좋아하지요. 제가, 고시 공부 함내 하고 백수생활 할 때는 온 동네 관혼상제를 다 다녔죠.
 백수가 과로사한다는 말이 있어요.
 쟤는 뭐 부르면 언제든지 온다 생각하니까 연락이 많이 오잖아요. 그러니까 백수가 과로사하는 거예요.

이런 적은 있었어요.
일찍 결혼한 친구가 부부싸움을 해 갖고 그 와이프가 그냥 잠시 나가버렸어. 그때가 주말, 일요일인데.
석열아, 내가 내일 출근을 해야 하는데 이 애들을 놔두고 내가 출근할 수가 없구나.
애가 둘이었어요.
그래갖고 출근하라. 그리고 낮에 친구 딸들하고, 애기들하고 있는데, 인제 내 친구는 아침도 안 먹고 갔는데, 애들 밥을 해먹여야 되잖아.
하여튼 간단히 하나 만들어서 걔들하고 밥을 먹었어.
먹고 계속 기다리고 있었던 거야.
그랬더니 저녁때 되니까 친구 와이프가 오더라고. 그러면서 정말 미안하다고….
제가 막 친구 와이프 보고 뭐라고 했어요.
이게 뭐냐 말이야. 애들, 내가 안 왔으면 어떻게 할 뻔했냐.

그런데 어떻게 내가 온 걸 알은 모양이야. 그리고 자기 남편이 어떻게 하나 볼라고 그런 모양이야. 다행히 그날 저녁에 들어옵디다.
내 친구 녀석은 내가 떠날 때까지 안 왔어, 이놈.

나중에 보니까 내가 정치한다고 후원금도 얼마 넣습디다.

(그 얘기도 들었거든요. 뭐 친구, 공부 중에, 사실 공부 집중해야 하는데)
함도 지고 뭐. 다음 주부터 사법시험 2차 보는데 토요일 날 대구에 함도 지러 가고 그랬다고.

(2차 시험 앞두고요? 거의 식음을 전폐하고 완전 집중해야 되는데)
그렇지, 처음에는 내가 못 간다고 그랬지.
다음 주 화요일부터 화, 수, 목, 금 나흘 동안 오전 한 과목 오후 한 과목씩 나흘 동안 여덟 과목을 인제 시험을 보는데, 논술형 시험을 보는데, 내가 그해에 1차를 붙어서 1차 한 번 붙으면 2차는 두 번 볼 수 있어요.
내년에 2차 보면 되지, 내려와라 이러더라고.
그런 식이야. 그래 내가 도서관에 인제 토요일 날 떡하니 앉아 있는데, 이놈들 함값 받아갖고 놀 거 생각하니까 공부가 안 돼.

저는 다섯 끼 먹었는데요.

(죄송한데 언제 공부하셨어요?)

윤석열도 노무현, 문재인 마냥 초능력이 있는 모양이다.

윤석열은 문재인에게 초능력을 전수받은 모양이다.

윤석열은 2002년 2월 사표를 내고 검사를 그만두고 로펌 태평양으로 갔다.

6개월 다니다가 그만뒀다. 12월 노무현이 대통령에 당선되고 곧장 정무수석에 문재인을 임명했다. 윤석열은 문재인 덕에 2003년 2월 검사로 복귀할 수 있었다.

보통 사이가 아님을 알 수 있는데, 초능력을 전수 받는 사제 관계라서 그런 것이 아닐까?